KB070591

왜곡된 스튜어드십 코드와
국민연금의 진로

나남
nanam

신장섭

영국 케임브리지대학에서 경제학 박사학위를 받았고 기획재정부 장관 자문관,〈매일경제신문〉논설위원 등을 역임했다. 1999년부터 싱가포르국립대학 경제학과 교수로 재직 중이다. 기업과 금융, 경제가 결합된 경제학을 연구한다. 캐치업(catch-up)에 관한 국제 비교연구와 반도체산업과 철강산업에 관한 사례연구를 했다. 1997년 외환위기 이후 IMF 처방 및 구조조정에 비판적인 글을 쓰고 대안을 모색해왔다. 2008년 세계금융위기 때에는 국제금융시장을 이해하기 위한 '5대 금융명제'를 내놓고 정책적 제안들을 내놓았다. 헤지펀드 행동주의에 대한 국제연구를 진행해왔고〈매일경제신문〉에 '기업과 경제'라는 정기칼럼을 연재하고 있다. 주요 저서로는 Value Creation and Value Extraction(2017, 공저), The Global Financial Crisis and the Korean Economy(2014),《김우중과의 대화: 아직도 세계는 넓고 할 일은 많다》(2014),《금융전쟁: 한국경제의 기회와 위험: 잘못된 5대 금융상식과 5대 금융명제》(2009),《한국경제 패러다임을 바꿔라》(2008),《삼성반도체 세계 일등 비결의 해부: '선발주자 이점' 창조의 전략과 조직》(2006), Restructuring Korea Inc.(2003, 공저), The Economics of the Latecomers(1996) 등이 있다.

나남신서 1960

왜곡된 스튜어드십 코드와
국민연금의 진로

2018년 3월 29일 발행
2018년 3월 29일 1쇄

지은이 • 신장섭
발행자 • 趙相浩
발행처 • (주) 나남
주소 • 10881 경기도 파주시 회동길 193
전화 • (031) 955-4601 (代)
FAX • (031) 955-4555
등록 • 제 1-71호(1979. 5. 12)
홈페이지 • http://www.nanam.net
전자우편 • post@nanam.net

ISBN 978-89-300-8960-9
ISBN 978-89-300-8001-9 (세트)

책값은 뒤표지에 있습니다.

나남신서 1960

왜곡된 스튜어드십 코드와 국민연금의 진로

신장섭 지음

나남
nanam

Distorted Stewardship Code
and the Future of National Pension System

by

Jang-Sup Shin

nanam

스튜어드십 코드에 던지는 7가지 질문

복잡한 문제일수록 기본으로 돌아가야 그 본질이 쉽게 이해된다. '스튜어드십 코드'(*Stewardship Code*)에 대해서는 처음 이 말을 만들어낸 영국부터 지금 적극적으로 도입하고 있는 한국까지 여러 가지 정의(定義)가 사용된다. 겉으로 내세운 화려한 언어의 향연을 쫓아가다 보면 길을 잃기 십상이다.[1] 남들이 내세운 정의를 쫓아가지 말고 내가 알고 있는 단어의 원래 뜻에서부터 내용을 살펴보면 얽혀 있는 실타래가 쉽게 풀리는 경우가 많다.

스튜어드십 코드를 그 뜻대로 번역하면 '집사준칙'(執事準則)이다. 고객을 위해 일을 대행하는 주체가 정말 고객을 위해 제대로 일

---

[1] 예를 들어 다음과 같은 정의로부터 독자들이 실질적으로 무엇을 건질 수 있겠는가? "스튜어드십 코드는 기관투자자들의 주주활동(모니터링 + engagement + 의결권) 강화를 통해 투자대상 기업의 지속가능성 및 지배구조 수준을 제고함으로써 투자자와 기업 간의 상생을 도모하는 글로벌 규준이다(류영재, 2017)."

하도록 하는 규범이다. 그러면 누가 고객이고 누가 집사인가? 스튜어드십 코드에서 고객은 금융기관에 돈을 맡긴 개인이고 집사는 기관투자자이다. 고객에는 연금가입자도 있고, 보유자산을 불리기 위해 금융기관에 돈을 맡긴 사람들도 다 포함된다. 집사에는 연금공단, 뮤추얼펀드, 증권사, 자산운용사, 보험사 등 고객의 돈을 받아서 대신 운용해 주는 기관이 모두 포함된다.

그렇다면 스튜어드십 코드는 고객이 돈을 맡긴 뜻에 맞게 기관투자자들이 그 임무를 성실히 수행하도록 만드는 준칙이어야 한다. 돈을 맡긴 고객은 기관투자자에게 무엇을 요구하는가? 가장 중요한 것은 투자수익을 내는 것이다. 연금의 경우는 노후자금이기 때문에 수십 년 후에 쓸 수 있도록 안정적·장기적 수익을 내야 한다. 스튜어드십 코드가 원래 말뜻대로 이렇게 돈을 맡긴 고객의 뜻을 충실히 수행하기 위한 준칙이라면 어느 누구도 문제를 제기할 이유는 없을 것이다.

그러나 스튜어드십 코드가 2010년 영국에서 처음 만들어질 때부터 지금 한국에 적극 도입되는 과정을 살펴보면 스튜어드십 코드는 본래 말뜻에서 크게 왜곡되어 있다. 겉으로 내세운 '구호'(rhetoric)와 '실제'(reality) 간에 커다란 괴리가 있는 것이다. 해외에서건 한국에서건 스튜어드십 코드에서 핵심내용은 '주주행동주의', 더 정확히는 '기관투자자 행동주의'라고 할 수 있다. 기관투자자들이 투자대상 기업에 대해 적극적으로 관여도 하고 압력도 넣어야 기업의 경영성과가 좋아지고 따라서 주식투자 수익률이 높아져 궁극적으로 기관투자자에게 돈을 맡긴 고객들이 좋아진다는 것이다.

영국의 스튜어드십 코드도 이런 맥락에서 "주식투자의 장기수익률을 개선하기 위해 투자자와 기업 간 관여의 질(質)을 높이는 것을 목적으로 한다"고 밝힌다.[2] 최종구 금융위원장도 스튜어드십 코드에 대해 "의결권 행사와 적절한 주주활동을 통한 기업과의 적극적 대화가 기관투자자에게 주어진 소명이라는 인식이 시장에 뿌리내릴 수 있도록 유도할 것"이라며 "기업의 중장기적 성장을 통해 기업은 물론 자산운용사와 투자자 모두가 이익을 향유할 수 있다"고 강조한다.[3]

1) 7가지 근본적 질문

그러나 이렇게 기관투자자 행동주의에 경도된 스튜어드십 코드는 다음과 같은 7가지 근본적 질문을 던지게 한다.

첫째, 기관투자자들이 충실한 집사로서 고객이 원하는 수익률을 올리는 방법이 여러 가지 있는데 그중에서 기업에 개입하는 방법을 통해 수익률을 올리는 것이 얼마나 중요한가? 기관투자자들이 기업

---

2 원문은 다음과 같다. "The UK Stewardship Code aims to enhance the quality of engagement between investors and companies to help improve long-term risk-adjusted returns to shareholders(FRC, 2017)."

3 최종구, "스튜어드십 코드로 기관 소명의식 강화할 것", 〈조선일보〉, 2017. 9. 29. 물론 금융위원회 보도자료는 스튜어드십 코드에 대해 "위탁자가 맡긴 돈을 자기 돈처럼 소중히 여기고 최선을 다해 관리·운용하는 '기관투자자의 책임'을 행동지침으로 구체화한 것"이라는 원뜻에 가까운 정의를 제공한다(금융위원회, 2017a). 그러나 최 위원장의 발언이나 금융위원회 정책의 초점은 기관투자자들의 수탁자금 관리운용보다 기관투자자 행동주의에 놓여 있다. 정부는 이러한 성격을 스튜어드십 코드가 '공정경제' 확립을 위한 재벌개혁 수단이라는 〈2018년 경제정책방향〉에서 명백히 밝혔다(3장 1절 "한국 스튜어드십 코드의 추진 과정: 정부주도의 정치적 스튜어드십 코드" 참조).

주식을 보유하면서 수익을 올리는 방법은 크게 두 가지다. 하나는 주식을 사고파는 것, 즉 거래(trading)를 통해 매매차익을 얻는 것이고, 다른 하나는 주식을 계속 보유하면서 배당을 받거나 지속적 주가상승을 기다리는 것이다. 기관투자자 행동주의가 스튜어드십 코드의 핵심이 되려면 해당 기업의 주식을 계속 보유하면서 관여를 통해 주가를 상승시키는 것이 수익률을 올리는 데에 핵심적 수단이 되어야 한다. 그렇지만 20세기 초 기관투자자들이 등장할 때부터 지금까지 수익을 달성하는 주된 수단은 주식거래, 즉 포트폴리오 구성 및 조정이다. 관여와 개입을 통해 중장기적 가치상승 효과가 날 때까지 인내심있게 주식을 들고 기다리는 기관투자자는 별로 없다. 그럼에도 불구하고 왜 스튜어드십 코드에서는 기관투자자가 고객을 위해 수익 올리는 수단으로서 기업관여(engagement)를 그렇게 중시하는가?

둘째, 기관투자자들이 고객에게 얼마나 충직하게 봉사하는가를 보는 척도가 여러 가지 있는데 그중에서 기업관여가 얼마나 중요한 일인가? 고객과 기관투자자의 관계에서 종종 문제되는 것은 수수료이다. 별로 하는 일 없이 수수료를 과다하게 매기는 적도 있다. 고객이 손실을 보더라도 금융사는 이익을 보는 경우도 있다. 고객에게 부과하는 표면 수수료는 낮지만 기관들이 뒤에서 금융상품을 판매하는 회사로부터 받는 이면 수수료가 높아서 고객의 이익에 부합되지 않는 금융상품을 권하는 경우도 있다. 기관투자자들이 내부에 수많은 펀드를 운용하면서 한 펀드의 이익으로 다른 펀드의 손실을 보전하는 경우도 있다. 반대로 특정 펀드의 수익률을 높이기 위해 다른 펀드들이 그 펀드의 주식이나 채권을 사 줄 수도 있다. 기관투자자 내부에서 '내부거래'를 하는 것이다. 숨긴 수수료 공개나 내부거래 투명화는 돈 맡긴 고객과의 관계에서 굉장히 중요한 스튜어드십 사항인데도 불구하고 스튜어드십 코드에서는 전혀 언급되지 않고 있다. 왜 그런가?

셋째, 기관투자자 행동주의가 실제로 기업가치를 상승시키고 투자수익률을 높였는가? 높일 수 있는가? 스튜어드십 코드 추진 주체들은 이 질문에 대해 이미 단정적인 답을 갖고 있다. 영국 스튜어드십 코드는 '투자자와 기업 간 관여의 질'을 높이면 '주식투자의 장기수익률이 개선된다'고 전제한다. 최종구 위원장도 '적절한 주주활동'이 '기업의 중장기적 성장'을 가져온다고 단정짓는다. 그렇지만 기관투자자 행동주의가 1980년대에 미국에서 본격적으로 시작된 지 30여 년이 흘렀지만 기업경쟁력을 높이거나 장기적으로 수익을 높였다는 증거는 확립된 것이 없다. 투자자들의 압력에 따라 자사주 매입, 배당 등 '주주환원'이 늘어나면서 단기적으로 기업주가가 높아진 사례는 있지만 장기적으로 주가가 높아졌다든지 이익이 증가했다는 증거는 없다. 오히려 기업의 성장잠재력을 갉아먹고 경제 전반에 걸쳐 고용불안, 분배악화라는 부정적 결과가 더 뚜렷이 나타났다. 특히 미국에서는 '약탈적 가치착출'(*predatory value extraction*)이 강하게 벌어졌다는 증거만 있을 뿐이다.[4] 그런데 왜 기관투자자자 행동주의의 긍정적 효용이라는 것만 그렇게 강조하는가?

넷째, 영국과 미국 등 외국 기관투자자들이 정말 돈 맡긴 고객들에게 좀더 충실하기 위해서 스튜어드십 코드를 도입했는가? 국내 정책당국자나 학자, 언론이 스튜어드십 코드를 '글로벌 스탠더드'

---

[4] 1장 " '기관투자자 행동주의'의 역사와 실패" 참조.

혹은 '세계적 흐름'이라며 한국도 빨리 도입해야 한다고 주장할 때에는 해외의 스튜어드십 코드가 고객 돈을 관리하는 집사로서의 역할을 충실히 수행하기 위해 기관투자자들이 자발적으로 도입한 것이라는 전제를 갖고 있다. 그러나 영국과 미국에서의 스튜어드십 코드 도입 과정을 면밀히 살펴보면 정부의 직접규제가 들어오는 것을 선제적으로 막기 위한 '대안적 선택'(alternative option)으로 '자율규제'를 내세운 측면이 많다. 그 내용이 돈 맡긴 고객을 위한 것이라고 말하기도 어렵다. 코드를 이행하지 않았을 때에 이행을 강제할 방법도 없다. 따라서 고객 입장에서 보면 스튜어드십 코드는 기관투자자들이 집사로서의 임무를 성실히 수행하고 있다는 시늉을 하는 '립서비스(lip service) 준칙'이라고 받아들일 수밖에 없다.[5] 국내 정책담당자나 학자들은 이 사실을 모르는가? 아니면 아는데도 이를 애써 무시하며 왜곡하는가?

다섯째, 정부가 적극적으로 나서는 '자율규제'라는 것이 진짜 자율규제인가? 다른 의도는 없는가? 한국은 다른 어느 나라보다 정부가 가장 적극적으로 나서서 '자율규제'라는 스튜어드십 코드 도입을 추진하고 있다. 대통령의 공약사항에도 들어가 있고 정부의 경제정책 방향에서도 중요한 과제다. 청와대 정책실장, 금융위원장, 보건복지부 장관, 국민연금공단 이사장, 공정거래위원장까지 적극 나서서 스튜어드십 코드 도입 필요성을 강조한다. 정말 필요한 규제라면 정부가 직접규제를 해야 하는 것 아닌가? '자율규제'라면 민간에 맡겨야지 왜 정부가 적극적으로 나서는가? 자율규제는 '규제'라는 말만

---

5 2장 "영국과 미국의 왜곡된 스튜어드십 코드: '대안적 선택'" 참조.

붙였을 뿐 해당 집단의 이익을 보호하는 데에 쓰이는 적이 많다. 국내에서 재벌기업들이 전국경제인연합회를 통해 '자율규제'를 하겠다면서 〈공정거래법〉을 없애 달라고 주장하면 그 진의를 믿어 줄 사람이 얼마나 있겠는가? 그런데 왜 정부가 추진하는 '자율규제'는 액면 그대로 받아들여 달라고 하는가? 정부가 책임지지 않고 중요한 정책을 집행하려는 것은 아닌가?

여섯째, 한국의 스튜어드십 코드는 국내 주식시장에서 가장 강력한 기관투자자인 국민연금을 스튜어드십 코드 집행의 전위대로 만들려고 한다. 전 세계 어느 연기금보다도 국민연금은 국내 주식시장에서 차지하는 비중이 압도적으로 높다. 30대그룹 주요계열사에 대해 평균 9%가량의 주식을 보유한 단일 최대주주다. 정부가 '5% 룰'과 같이 자본시장 질서를 유지하기 위한 일반규제를 국민연금에만 예외적으로 면제해 주면서까지 기업관여를 손쉽게 할 수 있도록 만들어 주고, 국민연금의 위탁자산 배분 시 스튜어드십 코드에 가입하는 자산운용사에 대해 가산점을 주겠다는 것은 정부가 국민연금을 통해 전체 자산운용사들을 '줄 세우고' 대기업 경영에 적극 개입하겠다는 얘기가 아닌가?

실제로 정부는 〈2018년 경제정책방향〉에서 스튜어드십 코드 도입을 '공정경제'를 실현하기 위한 국정과제의 주요수단으로 내놓고 '기업지배구조 개선을 통해 경영의 투명성 및 효율성 제고'라는 항목에 스튜어드십 코드 도입을 집어넣었다. 620조 원에 달하는 거대한 국민 노후자금을 어떻게 하면 잘 관리할 것인지에 대한 얘기는 없고, 국민연금의 힘을 '기업개혁'을 하고 '공정경제'를 실현하는 데에 사용하겠다는 방침만 강하게 드러나 있다. [6] 한국이 자본주의 국가 최초로 연금사회주의를 실현하는 나라가 될지 모른다는 우려가 제기되는 가장 큰 이유다. 국민연금은 스튜어드십 코드가 도입되기 전에도 이미 정권의 뜻에 맞게 행동주의적 개입을 시작했다. 2017년 11월 20일 KB 금융 주주총회에서 노동조합이 추천한 사외이사 선임 건에 대해 찬성표를 던졌다. '노동이사제'는 문재인 대통령의 선거공약 사항이었다. 과연 연금사회주의 우려가 아무 근거 없는 것인가? 정부 관계자들은 이 우려에 대해 사실이 아니라고 펄쩍 뛴다.[7] 그렇다면 지금 그 우려를 불식시킬 행동을 하고 있는가? 아니면 증폭시킬 행동을 하고 있는가?

일곱째, 스튜어드십 코드 추진 주체들은 국민연금을 스튜어드십 코드 집행의 전위대로 만들기 위해 국민연금이 그동안 수익률도 만족스럽지 못하고 의사결정과정에도 많은 문제가 있었기 때문에 스튜어드십 코드를 통해 '내부 개혁'을 해야 한다고 주장한다. 스튜어드십 코드가 '선한 청지기'를 만들기 위한 것이라는 얘기도 뒤집어 보면 국민연금 등 국내 기관투자자들이 과거에 '선한 청지기'가 아니었다고 단정짓는 전제에서 나온 말이다. 국민연금의 투자성과가 과연 그렇게 나쁜가? 국민연금의 운용이 그렇게 형편없었나? 그러나 실상을 살펴보면 한국의 국민연금은 안정적·장기적 수익률이라는 면에서 세계에서 가장 성공적인 연금에 들어간다.[8]

국민연금 비판론자들은 또 2015년 삼성물산-제일모직 합병 과정

---

6 3장 1절 "한국 스튜어드십 코드의 추진 과정: 정부주도의 정치적 스튜어드십 코드" 참조.
7 3장 3절의 3) "시장주의적 '연금자본주의'?" 참조.
8 4장 1절 "국민연금의 기금운용 성과" 참조.

에서 국민연금이 대기업 로비와 정치권 압력에 의해 국민연금에 손해 끼치는 투표결정을 했다며 국민연금의 내부 의결권 행사구조를 문제 삼는다. 그리고 스튜어드십 코드가 도입되면 그런 일이 벌어지지 않을 것이라고 주장한다. 그러나 실상을 살펴보면 국민연금은 당시 합리적 투표결정을 했다. 굳이 따지자면 오히려 반대표를 던졌던 외국인투자자들이 비합리적 투표결정을 했다고 할 수 있다.[9] 왜 국민연금의 성과와 운용에 대한 객관적 사실들을 외면하면서 스튜어드십 코드를 통한 '개혁'을 주문하는가?

2) 이 책의 구성

이 책은 이러한 근본적 질문들에 답하면서 스튜어드십 코드의 실체를 밝혀내고 그 대안을 모색하고자 한다. 필자는 한국의 스튜어드십 코드가 '정직성'과 '전문성'이 모두 결여된 정책으로 폐기되어야 마땅하다고 주장한다. 대신 '자율규제'라는 가식(假飾)을 벗고 국제금융시장과 한국경제의 현실을 반영한 균형 잡히고 포괄적인 '기관-기업 관계 규준'을 민관이 함께 마련할 것을 제안한다. 또 국민의 소중한 노후대비자금인 국민연금은 안정적・장기적 수익률이라는 가장 중요한 목표에 초점을 맞춰 운용해야지, 국민연금의 강력한 힘을 기업 개혁이나 사회적 '책임투자' 등 다른 목적에 사용하지 말아야 한다고 주장한다. 물론, 국민연금이 공공이익에 어긋나는 일을 해서는 안

---

9 3장 2절 '삼성물산-제일모직 합병' 투표 5대 쟁점 다시 보기" 참조.

된다. 그렇다고 국민연금이 모든 공공목적을 추구할 수는 없는 일이다. 국민연금에 부여된 목표에 초점을 맞추고 다른 것들은 부차적 사안으로 취급해야 한다.

제1장에서는 스튜어드십 코드의 핵심인 '기관투자자 행동주의'를 다룬다. 기관투자자 행동주의는 새로운 현상이 아니다. 2010년 영국에서 스튜어드십 코드라는 말이 나오기 훨씬 이전인 1980년대부터 '기업지배구조 개혁'(corporate governance reform)이라는 이름으로 강력하게 진행되었던 세계적 조류이다. 이 과정에서 기관투자자 행동주의가 어떤 역할을 했고 어떤 성과가 있었는지에 대한 이해 없이는 지금의 스튜어드십 코드를 이해할 수 없다. 이를 위해 행동주의가 가장 발달한 미국에서 기관투자자 행동주의가 어떻게 진행됐는지를 살핀다. 국내에서는 미국의 기관투자자 행동주의가 크게 성공한 글로벌 스탠더드인 듯이 받아들이는 경향이 있다. 그러나 이 장에서는 미국의 기관투자자 행동주의가 크게 실패했다는 사실을 밝히고, 왜 실패했는지를 상세히 분석한다.

제2장에서는 기관투자자 행동주의가 실패했는데도 불구하고 왜 '스튜어드십 코드'라는 새로운 이름으로 전 세계에 퍼지고 있는가를 분석한다. 먼저 이 용어를 탄생시킨 영국의 사례를 살펴본다. 또 미국에서는 왜 7년 가까이 스튜어드십 코드에 관해 아무런 논의가 없다가 2017년 초에 기관투자자들이 '투자자 스튜어드십 그룹'(ISG: Investor Stewardship Group)을 별안간 출범시켰는지 그 이면을 분석한다. 영국과 미국에서 공히 스튜어드십 코드는 정부의 직접규제를 회피하기 위해 내세운 '대안적 선택'이었고 따라서 고객을 위한 '집사준칙'이라는 원뜻에 비추어 볼 때에는 내용이 크게 왜곡된 '립

서비스 자율규제'라는 사실을 강조한다.

제3장은 해외에서 왜곡 탄생되어서 전파된 스튜어드십 코드가 한국에 추가로 변질 도입되는 과정을 해부한다. 2015년 금융위원회가 스튜어드십 코드를 처음 도입하려 했을 때에는 주식시장의 장기성장 기반을 마련한다는 경제적 명분으로 해외에서 왜곡된 정도만큼만 받아들이며 시작한 것 같다. 그렇지만 2016년 가을 이후 이른바 '국정농단' 사태에 뒤이어 박근혜 전 대통령의 탄핵과 조기 대통령 선거 및 문재인 대통령 정부의 등장 과정에서 한국의 스튜어드십 코드에는 '재벌개혁'이라는 정치적 색채가 강하게 칠해지면서 크게 변질됐다. 그리고 재벌개혁의 실행수단으로서 국민연금의 역할이 대폭 강조됐다. 스튜어드십 코드 추진자들은 2015년 삼성물산-제일모직 합병에 대한 국민연금의 찬성투표가 잘못된 것이라는 전제를 가졌고 이것을 '재벌개혁론'과 '국민연금 역할론'의 연결고리로 사용한다. 그러나 이 장은 그 연결고리가 크게 잘못됐다는 사실을 입체적으로 분석한다. 그리고 스튜어드십 코드에 국민연금을 적극적으로 동원할 때에 야기될 연금사회주의의 위협에 관해 기술한다.

제4장은 한국 스튜어드십 코드의 가장 중요한 실행주체로 내세워지는 국민연금의 성과와 대안을 다룬다. 스튜어드십 코드 추진 세력은 그동안 국민연금의 투자성과가 좋지 않았다든가 의결권 행사를 독립적으로 하지 못했다는 등의 얘기를 하며 스튜어드십 코드 도입을 통해 국민연금을 개혁해야 한다고 주장한다. 그러나 이 장은 가능한 객관적이고 포괄적인 자료분석을 통해 안정적·장기적 수익률이라는 관점에서 볼 때에 국민연금이 그동안 세계 최상위 수준의 성과를 거두었다고 평가한다. 또 의결권 행사제도에서 각종 위원회 간의

권한과 책임이 명확히 나누어지지 않은 부분적 문제는 있어도 의결권 행사의 '독립성'에서는 별 문제를 삼을 여지가 없다고 진단한다. 그리고 전체적 기금운용의 전문성과 독립성이라는 관점에서 어떤 개선 방안이 필요한지에 대한 제언을 내놓는다.

제5장은 앞의 논의를 기반으로 국제금융시장과 한국경제의 현실을 반영한 포괄적이고 균형 잡힌 '기관-기업 관계' 틀을 만들어내기 위한 대안을 제시한다. 기관투자자와 기업 간의 관계 설정은 1930년대에 미국의 '뉴딜(New Deal) 금융규제'가 만들어질 때부터 주식시장을 관리하는 중요한 축(軸)이었다. 금융규제는 금융시장의 현실 변화와 국가경제에 바람직하다고 생각하는 정책목표의 변화에 따라 변화할 수밖에 없다. 스튜어드십 코드와 같이 해외에서 새롭게 만들어진 것을 무비판적으로 한국에도 필요하다며 갑자기 도입하는 것이 아니라, 국내외 현실 변화를 반영한 기존 규제의 합리적 조정이라는 차원에서 기관투자자와 기업 간의 관계를 다시 점검해야 한다. 이러한 관점에서 필자는 ① 주주제안에 장기적 기업가치 상승 합리화를 의무화하자 ② 장기투자자에게 더 많은 투표권을 주자 ③ 관여 내용 공시를 의무화해야 한다 ④ 기관투자자 투표의무화는 폐기해야 한다 ⑤ 포괄적 수탁자 규정을 별도로 만들어야 한다 ⑥ 5% 룰은 더 강화해야 한다 ⑦ 투표와 관여는 투자결정 부서에서 함께 관장해야 한다 등의 7가지 제안을 내놓는다.

3) 경제민주화와 스튜어드십 코드

이 책은 필자가 2016년에 나남출판에서 내놓은 《경제민주화 … 일그러진 시대의 화두》의 연작(連作)이라고 할 수 있다. 경제민주화는 국내의 대기업 비판론자들이 내걸고 있는 '재벌개혁'의 정치적 슬로건이다. 1987년에 정치민주화가 이루어진 뒤 한국경제에서 '민주화'를 가로막는 가장 큰 세력이 재벌이라는 전제하에 재벌개혁을 통해 '진정한 민주화'를 달성해야 한다는 것이다. 이와 비교할 때에 '스튜어드십 코드'는 국민연금을 동원한 '재벌개혁'의 정치적 슬로건이라고 할 수 있다. 기관투자자 행동주의를 통해, 특히 국내 최대기관투자자인 국민연금의 적극적 기업관여를 통해 재벌을 개혁하고 '공정경제'를 실현해야 한다는 것이다. 그래서 경제민주화를 추진하는 세력과 스튜어드십 코드 도입을 추진하는 세력은 거의 일치한다.

필자는 경제민주화가 "개념설정이나 원인분석, 대안제시 등에서 아무런 설득력이 없다. '민주'라는 단어 때문에 정치구호로 사용되고 있을 뿐, 건설적 대안은 내놓지 못하고 사회를 분열시키기만 하는 일그러진 시대의 화두(話頭)다"라고 지적했다. 첫째, 개념설정에서 "경제민주화가 절실하다"는 말은 현재 한국이 '경제독재' 체제라는 얘기인데, 그것이 과연 맞는 말인지 질문했다. 실제로 한국의 재벌은 '국정농단' 사태에서 보듯이 정치권의 '요청'에 따라 속절없이 수백억 원의 돈을 신생 미르재단, K재단 등에 내놓기도 하고 창조경제혁신센터 등에 수천억 원을 지원한다. 2016년 국정농단 사태가 벌어지기 전 박근혜 대통령 정부에서만 재벌이 준조세로 내놓은 돈만 2조 2천억 원에 달했다.[10] '재벌총수'라는 사람들 중에서 감방

살이를 하지 않은 사람도 별로 없다.[11] 수시로 세무조사도 받는다. 해외투자자들에게도 각종 압력을 받는다. 한국 최대기업인 삼성전자는 2016년에 지분이 0.6%가량에 불과하고 주식을 보유한 지 6개월도 되지 못한 '신참 소수주주' 헤지펀드 엘리엇으로부터 지주회사로 개편하면서 30조 원의 특별배당을 하라는 협박을 받기도 했다. 이것이 '독재자'의 모습이라고 할 수 있나?

둘째, 한국사회의 양극화 문제가 재벌체제 때문에 악화됐다고 할 수 있는지 질문했다. 1997년 외환위기가 벌어지기 전까지 1990년대는 삼성전자가 메모리 반도체에서 세계 1위로 올라서고, 현대중공업, 대우조선이 세계 1, 2위 조선사로 올라서는 등 한국의 재벌이 세계적으로 인정받는 융성기였지만 분배구조가 계속 좋아졌다. 재벌체제를 만들어가며 '경제기적'을 달성한 개발연대에 한국은 전 세계 개발도상국 중에서 대만과 함께 유이(唯二)하게 '성장과 분배'의 두 마리 토끼를 잡은 나라였다. 어떤 지표를 보든 한국의 분배는 국제통화기금(IMF: International Monetary Fund) 체제에서 기업지배구조 개혁을 강력하게 수행하면서 나빠졌다. 그렇다면 재벌체제와 분배문제 간의 관계를 근본적으로 다시 따져 봐야 한다. 그럼에도 불구하고 경제민주화론은 그런 사리분별 없이 '재벌원죄론'으로 한국 사회의 모든 문제를 재단하려고 한다.

셋째, 경제민주화론자들이 내놓는 수단의 합목적성에 대해 질문

---

10 "검찰 수사 '알파' 192억 원 … 朴정부에서 대기업 '2조 2,695억 원'", 〈노컷뉴스〉, 2016. 11. 20.

11 "교도소 담장 위의 CEO … '한국선 빌게이츠도 법정 설 수 있다'", 〈매일경제〉, 2017. 8. 9.

했다. 경제민주화론자들은 기업경영의 주요 의사결정이 '민주적'으로 이루어지면 분배가 개선된다고 주장한다. 그래서 재벌주주들의 권한을 줄이고 '소수주주'들의 권한을 강화하는 법개정을 추진한다. 재벌주주들의 의사결정권을 지분과 관계없이 3%로 제한하는 '역(逆)민주주의' 법안까지도 통과시켰다. 그러나 이런 수단들이 집행되면 한국에서 분배가 실제로 어떻게 개선될 것인지에 대한 설명은 전혀 내놓지 못하고 있다. 기관투자자 행동주의가 대폭 강화된 기간에 미국에서 분배가 크게 악화됐고, 한국도 IMF 체제에서 대대적 기업 구조조정 이후 분배가 악화됐는데, 소수주주의 행동력을 더 강화하면 어떻게 분배가 개선될 수 있다는 말인가? 경제민주화론자들은 이에 대해 아무런 설명을 내놓지 못하고 무(無)이론적·무(無)역사적 경제민주화 이념만 되풀이해서 외칠 뿐이다.

스튜어드십 코드는 이러한 경제민주화 자체가 가진 근본적 문제들을 외면한 상태에서 해외의 새로운 움직임을 선택적으로 들여와 경제민주화를 계속 추진하려는 수단이라고 할 수 있다. 따라서 한국의 스튜어드십 코드에는 경제민주화가 가진 근본적 결함에 해외 스튜어드십 코드의 탄생 및 전파 과정에서의 왜곡이 더해졌다. 스튜어드십 코드 추진 주체들은 돈 맡긴 고객을 위해 봉사해야 하는 '집사준칙'이라는 원래 뜻을 왜곡하고 기관투자자들을 투자대상 기업을 관리하는 집사로 환치(換置)해서 사용한다. 여기서 더 나아가 국민연금의 그동안의 성과를 왜곡하면서 국민연금을 강력한 재벌개혁 수단으로 동원한다. 연금사회주의 우려가 나오는 이유다.

경제민주화와 스튜어드십 코드는 둘 다 논리와 실증 없이 진행되는 위험한 정치 프로젝트다. 그러나 경제민주화나 스튜어드십 코드의 본질에 관한 논의가 거의 이루어지지 않는 상태에서 한국경제는 지금 이념이 만들어 놓은 환상의 덫에 빠져 허우적거리고 있다. 이 책은 한국경제가 그 덫에서 빨리 빠져나와 현실적이고 건설적인 대안을 모색하는 디딤돌을 만들어 보려는 시도라고 할 수 있다.

이 책은 필자가 지난 3년 동안 진행한 주주행동주의에 대한 이론적·역사적 연구가 중요한 기반이 됐다. 제1장 "'기관투자자 행동주의'의 역사와 실패"는 이 연구의 요약판이라고 할 수 있다. 이 연구와 그간 필자가 언론을 통해 발표했던 스튜어드십 코드 비판 글들을 발전시켜 책으로 만들어내는 계기를 마련해 준 것은 2017년 12월 21일 김종석 의원이 주최한 "왜곡된 스튜어드십 코드 도입, 무엇이 문제인가"라는 제목의 국회 세미나였다. 이 세미나에 발표한 "왜곡된 스튜어드십 코드와 정책 대안: 연금사회주의를 경계한다"라는 논문을 쓰면서 이것을 책으로 확대해야겠다는 생각을 갖게 됐다. 김종석 의원과 세미나 참석자 및 준비팀에게 이 자리를 빌려 감사드린다.

국민연금에 관한 내용이 풍부해질 수 있었던 것은 이 세미나에서 "국민연금 기금운용의 주요쟁점과 경험적 소회"라는 제목으로 기조연설을 해주었던 최광 전 국민연금공단 이사장 덕분이다. 국민연금에 대한 필자의 견해는 원칙주의자인 최 이사장과의 오랜 만남과 대화를 통해 상당부분 형성됐다. 최 이사장은 또 기조연설문을 이 책에서 맘껏 활용할 수 있도록 제공해 주었다. 제4장 "국민연금의 성과와 기금운용 방향"은 최 이사장의 글에 크게 의존했다. 최 이사장과의 대화를 통해 항상 학문적으로나 인간적으로 많이 배운다. 30년 가까이 이어진 최 이사장과의 만남에 감사드린다. 제4장의 내용은 필자가 최 이사장과 공감하기 때문에 필자의 언어로 실은 것이고 혹시 국민연금에 대해 잘못 기술한 것이 있다면 그것은 전적으로 필자의 책임이다.

이 책이 시의성 있게 나올 수 있게 된 것은 나남출판의 고승철 대표와 편집부의 협조와 노력 덕분이다. 2016년 가을 《경제민주화 … 일그러진 시대의 화두》를 출간할 때에도 빡빡한 일정이었지만 수준 높은 작품을 만들어 줬다. 이번에도 필자가 요청한 짧은 기간에 읽기 좋고 보기 좋은 책을 만들어 주었다. 이 책에는 《경제민주화 … 일그러진 시대의 화두》와 일부 내용이 겹치는 부분이 있다. 그러나 이 책만을 읽는 독자에게 완결성 있는 작품을 제공하기 위해 겹치는 부분이 있더라도 전작(前作)을 참고하라고 하는 대신 이 책의 맥락에 맞춰 그 내용을 다시 집어넣었다.

이 책은 집을 집무실처럼 사용하는 필자를 항상 마음속 깊이 지원해 주고 어떤 주제든 편하게 때론 불꽃 튀게 대화하는 아내 연기, 아들 재웅, 딸 수지에게 바친다.

2018년 3월

신 장 섭

나남신서 1960

왜곡된 스튜어드십 코드와 국민연금의 진로

차 례

'기관투자자 행동주의'의 역사와 실패

스튜어드십 코드를 추진하는 사람들은 그 이전에도 '기업지배구조 개혁' 논의가 뜨겁게 진행됐다는 역사적 사실을 무시하고 거론조차 하지 않는 경향이 있다. 그리고 그것이 크게 실패했다는 사실과 논리적 근거를 받아들이지 않는다. 실증과 논리 없이 똑같은 일이 명패만 바꿔서 진행되고 있을 뿐이다. 스튜어드십 코드의 실체를 이해하기 위해서는 지난 30여 년 동안 범세계적으로 기업지배구조 개혁이 어떻게 추진됐고 왜 실패했는지에 대한 근본적 이해가 선행되어야 한다. 그래야만 스튜어드십 코드와 관련해서 무엇을 어떻게 해야 할 것인지에 관한 대안이 마련될 수 있다.

기업지배구조 개혁 논의는 1980년대에 미국에서 시작됐다. 세계를 제패하던 미국경제가 어려워지면서 미국 대기업의 운영방식에 대한 비판이 일어났기 때문이다. 1980년대에 미국경제가 어려워진 이유는 여러 가지였다. 그러나 당시 대기업 비판론자들은 경영진

27

이 자신들의 아성(牙城)을 구축하고 방만한 경영을 하다가 경제가 어려워졌다는 데 초점을 맞췄고, 따라서 '기업지배구조'를 바꿔야만 '근본적' 문제가 해결된다고 내세웠다. 이들이 기업지배구조 개혁의 방법으로 동원한 것이 '주주행동주의'(shareholder activism)였다. 주주들이 기업에 적극적으로 영향력을 행사해서 기업을 고친다는 것이다.

그러나 실상을 살펴보면 이것은 '기관투자자 행동주의'(institutional activism)라고 말하는 것이 더 정확하다. 기관투자자가 미국 주식시장의 절대다수 보유자로 올라서는 힘을 배경으로 했고, 기관투자자는 주식의 '주인'(owner)이 아니라 고객의 돈을 관리하는 '수탁자'(fiduciary)라는 법적 지위를 갖기 때문이다. 1980년대 중반 이후 기업지배구조 개혁론이 폭넓게 받아들여지면서 1930년대부터 반세기 동안 유지되던 '기관-기업 관계' 규제 틀이 크게 바뀌었다. 그 후 1990년대 미국경제의 '부활'과 맞물려 이 새로운 기관-기업 관계 규제 틀은 '글로벌 스탠더드'로 전 세계에 전파됐고, 한국은 1997년 외환위기 이후 IMF 체제하에서 '기업 구조조정'의 일환으로 이를 대폭 받아들였다.

관심을 기울여야 할 것은 지금 도입되고 있는 스튜어드십 코드의 핵심도 '기관투자자 행동주의'라는 사실이다. 기관투자자들이 투자기업에 대해 적극적으로 관여도 하고 압력도 넣어야 기업의 경영성과가 좋아져 투자수익률이 높아지고 따라서 기관투자자에게 돈을 맡긴 고객들이 좋아진다는 것이다. '기업지배구조 개혁'을 슬로건으로 내세우면서 진행된 기관투자자 행동주의와 본질적으로 아무런 차이가 없다. 따라서 스튜어드십 코드의 실체를 이해하기 위해서는 '기업지배구조 개혁'을 목표로 내세운 기관투자자 행동주의가 어떤 성과를 냈는지에 대한 평가가 선결되어야 한다.

　기업지배구조 개혁론자들은 자신들이 기관-기업 관계를 대폭 바꾸기 이전의 미국 체제가 문제투성이였다고만 포장하는 경향이 있다. 그러나 긴 안목으로 볼 때 미국경제는 '지배구조 개혁'이 이루어지기 전에 훨씬 좋았다. 오히려 '지배구조 개혁'이란 것이 이루어진 다음에 성장과 고용, 분배에서 많이 나빠졌다. '약탈적 가치착출'이 일상화됐다. 기업지배구조 개혁론자들의 이상과 달리 왜 미국경제가 더 나빠졌는지 이해하기를 위해서는 이들이 무엇을 간과했는지, 그 이전 기관투자자 행동주의가 엄격히 규제되던 시기에 왜 미국경제가 더 좋은 성과를 보였는지 등에 대한 이론적·역사적 이해가 선행되어야 한다.

1. 주주민주주의, '뉴딜 금융규제'와 기관투자자

미국에서 20세기 초 주식소유의 분산이 이루어지기 시작했을 때에 주식을 새로이 소유하게 된 계층은 대부분 개인투자자들이었다. 이들은 기업경영에 관심이 없었다. 오히려 경영에 관심을 기울일 필요도 없고 책임도 지지 않으면서 돈을 굴릴 수 있고 또 언제든지 팔고 나올 수 있는 유동성 있는 새로운 투자대상이 만들어진 데에 관심이 많았다. 매입하는 주식에 대한 신뢰는 자세한 경영내용을 알기보다 해당 대기업의 대외적 명성과 JP 모건과 같이 중개를 선 투자은행에 대한 신뢰를 통해 만들어졌다. 당시 개인투자자들은 주식을 매입할 때에 자신은 경영에 관여하지 않고 경영진이 기업의 통제권을 갖는다는 사실을 '기꺼이' 받아들였다(Lazonick & O'Sullivan, 2001 : 113 ; Lazonick & Shin, 2017 ; Lazonick, 2007 ; Lazonick & O'Sullivan, 1997 ; Coffee, 1991).

개인의 주식보유가 확산되면서 미국에서는 '주주민주주의'(*share-holder democracy*)가 만들어지기 시작했다. 현재 많은 주주행동주의자들은 주주민주주의가 정치민주주의에서 개인의 참정권이 확대되듯이 개인투자자들의 경영참여권이 확대되는 것이라고 주장한다. 그리고 마치 처음부터 주주민주주의가 그렇게 시작된 듯이 얘기한다. 그러나 미국에서 20세기 초 '대중투자'(*mass investment*)라는 이름으로 등장한 '주주민주주의' 혹은 '투자자 민주주의'(*investor democracy*)는 사회통합을 위한 보수적 정치 프로젝트였다.

이민으로 구성된 미국사회에서 '아메리칸 드림'(*American dream*)만을 갖고 신천지를 찾아온 수많은 근로자들이 미국에 대한 뿌리의식이 별로 없었고 자신이 일하는 기업에 대한 소속감도 별로 없었기 때문이다. 한편 유럽에서 넘어온 사회주의적 성향의 '경제민주주의'(*economic democracy*)가 근로자와 학자들을 중심으로 빠르게 퍼져나가고 있었다. 공산주의도 힘을 얻고 있었다. 이런 상황에서 미국의 보수적 정치인, 기업인, 금융인들은 위기의식을 느꼈다. 이들은 근로자들이 주식을 조금이라도 소유하게 되면 기업에 대한 소속감과 미국사회에 대한 뿌리의식이 높아지리라고 기대했다. 주식발행을 통해 기업 자금조달이 늘어날 가능성에 대해서는 기대하지도 않았다. 기업의 자금조달에 주식발행이 별로 기여하지 않는다는 사실을 이미 잘 알고 있었다.[1] 이들의 주관심사는 정치적이었다.

줄리아 오트(Julia Ott) 교수는 미국의 투자자 민주주의 형성에 관한 고증 연구에서 다음과 같이 말한다. "(대중을 대상으로) 금융증권에 대한 투자를 촉진시켰던 사람들은 대중투자가 자금을 조달하는 데에 특별히 효율적이거나 수익성이 높다고 생각하지 않았다. 기업 자본주의에 대한 대중의 적대감과 (이민자들로 구성된 미국에서) 시민의식을 어떻게 만들어갈 것인지에 관한 정치적 우려가 주식소유를 일반화하는 수많은 프로젝트를 활발하게 끌고 가는 중요한 동력이었다(Ott, 2011: 4)." 처음부터 정치적 프로젝트로 추진됐기 때문에 미국 주주 민주주의 대상은 정치적 주권(主權)을 가진 개인이었다. 주권이 없는 기관투자자는 그 대상이 아니었다. 기관투자자(institutional investor)는 단지 '돈 관리인'(money manager)에 불과했다. [2]

한편, 대중투자의 기반이 만들어지면서 자생적으로 투자신탁(investment trust)이나 뮤추얼펀드(mutual fund) 등 기관투자자들이 등장했다. 이들은 개인투자자들과 함께 1920년대 주식시장 붐을 이끌었고 결국 1929년 뉴욕증시 대폭락으로 이어졌다. 이때까지 미국에는 기관투자자들에 대해 별다른 법적 규제가 없었다. '자율규제'만 있었을 뿐이다. 그러나 1930년대에 '뉴딜 정책'이 추진되면서 기관투자자들에 대한 규제 틀이 처음으로 만들어졌다. 1933년 〈증권

---

1 실제로 그 후 지금까지도 주식시장은 기업의 자금조달에 별로 기여하지 않고 있다. 주식시장은 선진국에서 대체적으로 자금공급 창구라기보다 자금 유출창구로 기능했다. 미국의 경우에는 1990년대 이후 기관투자자 행동주의가 강화되면서 주식시장이 기업으로부터 자금을 대폭 빼가는 창구가 되었다(1장 3절 "기관투자자 행동주의의 성과: '약탈적 가치착출'과 '1% 대 99%' 구도" 참조).

2 영미권에서는 지금도 '기관투자자'라는 말 못지않게 '돈 관리인'이라는 말이 많이 사용된다. 예를 들어, 뱅가드(Vanguard) 창업자인 보글(John Bogle)도 미국 기관투자자들을 '킹콩'(King Kong)이라고 부르며 '미국의 최대 돈 관리인들'(America's largest money managers)이라고 표현했다(Bogle, 2005: 75).

법〉(*The Securities Act of 1933*), 1934년 〈증권거래법〉(*The Securities Exchange Act of 1934*), 1940년 〈투자회사법〉(*The Investment Company Act of 1940*)이 그 뼈대를 구성한다. 이 법안들은 기관-기업 관계에서 크게 다음의 3가지 원칙을 확립했다(Roe, 1990; 1991).

① '내부자 정보'를 이용한 이익취득을 포함해서 '사기와 기만'(*fraud and deceit*)을 금지한다.
② 기관투자자들이 '그룹'으로 공동행동하는 것에 대해 엄중하게 규제하고 '투자자 카르텔(*cartel*)'은 일반적으로 금지한다.
③ 기관투자자들의 투자다변화를 촉진시키고(*encourage*) 기업경영에의 관여를 억제한다(*discourage*).

첫 번째 원칙은 지금까지도 변함없이 기관-기업 관계에 대한 금융규제에 적용된다. 그러나 두 번째와 세 번째 원칙은 1980년대 이후 미국에서 기관투자자 행동주의가 강화되면서 크게 허물어졌다.

뉴딜 정책 입안자들은 기관투자자들이 기업에 영향력을 행사하는 것에 대해 대단히 부정적이었다. "투자신탁이 다변화를 통한 투자라는 정상적 채널을 벗어나서 기업을 통제하는 비정상적인 길로 들어서는 것을 막아야 한다"는 견해가 일반적으로 받아들여졌다. 증권거래위원회(SEC: Securities and Exchange Commission)의 한 고위간부는 의회 증언에서 "뮤추얼펀드의 유일한 긍정적 기능은 투자다변화다. 그 이상을 하려는 것은 도둑질하려는 것이다"라고까지 말했다(Roe, 1991: 1488).

이렇게 기관투자자와 경영진을 분리시킨 것은 기본적으로 두 주체가 하는 기능이 다르기 때문이었다. 경영진은 생산활동의 주체이다. 새로 설립된 SEC도 경영진의 생산활동 지원에 많은 관심을 기울였다. 그래서 SEC 설립목적에 '자본축적'(*capital formation*)을 집어넣었다. 반면, 기관투자자의 주된 기능은 '투기'(*speculation*)다. 주식을 값쌀 때 사서 비쌀 때 팔아 차익을 남기는 것이다. 물론 벤처캐피탈처럼 처음부터 생산에 기여하면서 그 수익을 나누는 경우도 있지만, 대부분의 기관투자자들은 공개시장에서 주식을 사서 공개시장에서 판다. 개인투자자들과 비교할 때 투기에서의 차이는 기관투자자들은 관리하는 자금규모가 크기 때문에 '다변화'를 통해 위험을 분산할 수 있고, 투기와 관련된 연구 역량에 돈과 인력을 더 많이 투입할 수 있다는 사실뿐이다.

기관투자자들이 힘이 세지고 경영진에 영향력을 미칠 수 있게 되면 내부자 정보를 쉽게 얻거나 주가를 조작할 수 있게 되어 첫 번째 원칙에 손상을 준다. 또 이런 일이 가능해지면 주주민주주의에도 손상이 간다. 힘 있는 기관투자자들이 그 영향력을 활용하여 그렇지 않은 투자자들에 비해 쉽게 '투기'를 하거나 더 나아가 '조작'까지 할 수 있게 되면 투자자 간에 형평성이 깨져 버리는 것이다.

이 시기에도 기관투자자나 개인투자자가 기업 경영진에게 자신들의 목소리를 전달할 수 있는 통로는 만들어져 있었다. 주주총회에서 투표권을 행사할 수도 있고 기업 경영진에게 소정의 절차를 거쳐 의사를 전달할 수도 있었다. 그렇지만 뉴딜 금융규제는 이 소수주주들의 견해가 경영진에 전달되는 길을 마련해 주는 것보다 이들이 기업에 대한 영향력을 기반으로 불공정거래나 사기와 기만 등을 할 가능성을 차단하는 데에 더 많은 관심을 기울였다.

한편 기관투자자들은 당시 정부가 이렇게 경영에 개입하지 않고 내부자 정보를 이용한 편법행위를 금지하는 '행동준칙'(code of conduct)을 확립해 준 것을 오히려 반긴 측면도 많았다. 아직 시장에서 자신들의 힘만으로 투자자들의 신뢰를 얻기 힘들었기 때문이다. 정부가 공식적으로 제대로 된 규제를 한다는 사실이 고객의 신뢰도를 높일 수 있는 대안이었다. 새로이 일어나는 뮤추얼펀드들은 "자신의 투자상품을 대중에게 팔기를 원했고 자신의 비즈니스가 대중의 인증을 받기 위해 (외부에서 주어진) 행동준칙이 필요했다(Roe, 1991: 1489)." 기관투자자들은 경영개입에 아무런 관심이 없었다. 돈 관리인으로서의 임무와 그에 따르는 수입에만 관심이 있을 뿐이었다. 뉴딜 금융규제는 소수주주들과 경영진 간의 역할을 완전히 분리시켰다.

이러한 뉴딜 금융규제 틀은 1980년대까지 거의 도전받지 않았다. 예를 들어, 미국에서 연금규제의 기틀이 된 〈근로자 퇴직소득 보장법〉(ERISA: Employee Retirement Income Security Act) 이 1974년 도입될 때에도 거의 같은 원칙이 지켜졌다. 첫째, ERISA는 근로자들이나 펀드매니저들의 '자기이익 추구 거래행위'(self-dealing behavior)를 금지했다. 둘째, 연금이 지나치게 위험 부담하는 것을 억제하고 투자 포트폴리오의 폭넓은 다변화를 촉진할 것을 요구했다. 셋째, 연금펀드들이 자신들의 포트폴리오에 들어 있는 기업들에 영향력을 행사하는 것을 억제하도록 했다(Blair, 1995: 157). 연금의 영향력이 커지는 추세를 누구보다 먼저 꿰뚫어 봤던 경영학의 구루(guru) 피터 드러커(Peter Drucker) 는 "[연금펀드가] 경영하려고 하는 건 본분이 아니다. … 수탁자(trustee) 로서의 의무와 부합되는 것이 아니다"라며 이러한 원칙은 "ERISA에 명쾌하고 엄격하게(sharply and strictly) 정의되어 있다"고 강조했다(Drucker, 1976: 83).

그림 1-1 **미국의 소득분배 장기 추이**

(지니계수, 기간: 1947~2013)

출처: 신장섭 (2016a)

관심을 기울여야 할 사실은 현재 주주행동주의자들의 주장이나 기대와 달리 기관투자자 행동주의가 강력히 억제되던 1930년대부터 반세기 동안에 미국은 '팍스 아메리카나'(*Pax Americana*)를 이루어냈다는 것이다. 경제 전반에 걸쳐 성장과 분배라는 두 마리 토끼를 동시에 잡았고, 미국기업들도 세계경제를 지배했다. 대표적 분배지수인 지니계수(*Gini coefficient*) 추이를 살펴보자. 미국의 지니계수는 제2차 세계대전 직후부터 1960년대 후반까지 계속 감소추세를 보였고 1970년대 중반 이후에나 조금씩 올라갔다(〈그림 1-1〉).

사회민주주의가 정치체제에 들어간 유럽국가들과 비교할 때에는 소득분배가 불균등하지만, 국제적으로 비교할 때에 불평등도에서 '중간' 수준을 유지했다. 미국의 중산층이 확립된 것도 이 기간이다. 그러나 기관투자자 행동주의가 강화된 1980년대 이후 분배가 빠르게 악화되었다. 미국은 지금 소득분배에서 중남미 국가들과 같이 불평등도가 아주 높은 수준이 되었고 '1% 대 99%'의 대립구도가 만들어져 있다.

미국이 이 기간에 성장과 분배를 동시에 달성한 이유는 경영인들이 '조직인'(*organizational man*)으로서 평가받으며 '유보와 재투자'(*retain-and-reinvest*)의 경영철학을 실현하고 그렇게 할 내·외부적 여건이 갖춰져 있었기 때문이었다(Lazonick, 1992; 2014). 이 시기에 경영인들에게 가장 큰 보상은 주식옵션이 아니라 조직 내에서의 승진이었다. 조직에 기여하고 그것을 인정받아 승진하면서 보수가 계속 올라갔다. IBM이나 HP처럼 종신고용을 철학으로 삼는 대기업들도 많았다. 이런 인센티브 체계에서는 전문경영인들이 자신이 몸담은 조직을 키우는 데 진력하고 장기적으로 생각하게 된다. 야심 있는 사람은 젊었을 때 회사에 들어온 뒤 30년가량의 장기전망을 갖고 자신의 행동거지도 결정하고, 회사에 어떻게 기여할지 지속적으로 생각한다.

기업의 장기적 성장이 행동목표가 되고 경영자들도 조직 내에서 장기적 전망을 갖게 되므로 투자에 적극적이 된다. 장기적으로 생각하면 단기적으로 생각할 때보다 투자할 수 있는 건수가 훨씬 많아진다. 단기적으로 성과를 낼 수 있는 투자는 실제로 그리 많지 않다. 또 단기적으로 성과를 내지 못하지만 장기적 잠재력이 큰 투자의 경우, 해당 경영자가 기업 내에서 장기적으로 남아 있을 가능성이 낮거나 이에 대해 제대로 평가받지 못하면 투자를 실행하기 어려워진다. 경영자들의 장기전망과 장기존속은 지속적 투자에 의한 성장이 이루어지는 근간이라고 할 수 있다. 이 당시 미국의 경영자들은 돈을 벌면 배당을 늘리기보다 이익을 유보해 놓은 뒤 새로운 기회를 찾아 적극적으로 재투자하는 행태를 보였다. 1930년대 대공황 기간에 매출

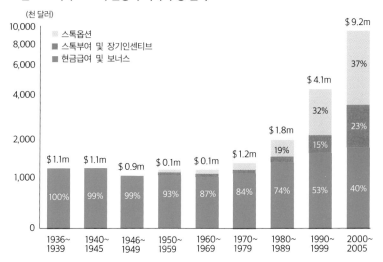

그림 1-2 **미국 CEO의 연봉 추이와 구성 변화**

(천 달러)

- 스톡옵션
- 스톡부여 및 장기인센티브
- 현금급여 및 보너스

출처: Lawrence & Davis(2015)

의 극심한 감소로 어려움을 겪으면서도 연구개발(R&D)에 지속적으로 투자하는 정도였다.

기업의 장기적 성장을 우선시하는 분위기에서 임원들의 임금상승도 억제됐다. 이 당시에도 국제적으로 비교하면 미국의 경영자들은 다른 선진국의 경영자들에 비해 상대적으로 높은 연봉을 받았다. 스톡부여(stock award)나 스톡옵션(stock option) 등도 상대적으로 많이 받았다. 그렇지만 임원보수에서 절대적으로 큰 부분은 현금급여였다. 또 1970년대까지는 최고경영자(CEO)들의 인플레이션 차감 실질보수가 별로 올라가지 않았다. 그러나 기관투자자 행동주의가 강화된 1980년대 이후 CEO들의 연봉은 대폭 상승했다. 주주와 인센티브 체계를 맞춘다는 명목의 스톡옵션 및 스톡부여 등 주식관련 보상 급증이 미국 CEO 연봉의 급격한 상승을 이끌었다(〈그림 1-2〉).

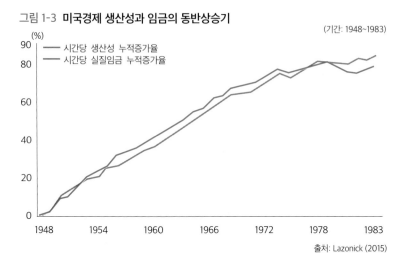

그림 1-3 **미국경제 생산성과 임금의 동반상승기**

출처: Lazonick (2015)

　주목해야 할 사실은 미국경제의 황금기에 생산성과 임금이 동반상
승했다는 점이다(〈그림 1-3〉). 기업이 투자를 적극적으로 하니 고
용이 창출되고 임금도 올라간 것이다. 생산성이 올라가는 것에 맞춰
임금이 상승하면 경영자나 근로자나 서로 만족할 수 있다. 경영자들
은 근로자들이 생산에 기여한 만큼 임금을 올려 주기 때문에 회사의
장기 성장잠재력을 계속 유지할 수 있다. 근로자들은 일을 열심히 잘
하면 계속 임금이 올라간다는 기대를 갖기 때문에 일을 더욱 열심히
잘하려고 노력하게 된다.

　한편 근로자들은 회사에서 장기간 안정된 임금을 받으면서 일할
수 있다는 기대를 갖기 때문에 미래에 대한 불안이 줄어들고 계획을
세워 소비를 늘려갈 수 있다. 이것은 내수확대를 불러왔다. 내수확
대로 경제가 성장하고 그 전망하에 기업은 투자를 늘리는 선순환에
들어갔다. 미국경제의 전성기에 중산층이 확립된 것은 이러한 선순
환의 결과라고 할 수 있다.

2. 기관투자자 행동주의와 '기관-기업 관계' 규제개정

팍스 아메리카나를 구가하던 미국은 1980년대에 본격적 도전에 직면한다. 일본, 서독 등 새로운 경쟁자들에게 뒤지는 모습이 나타나면서 미국기업들의 효율성에 대한 비판이 제기되기 시작한 것이다. 과거 미국기업들이 다각화 투자를 많이 벌인 것에 대한 비판도 일었다. 석유파동으로 인해 경제가 침체에 빠져 기업들의 사정이 전체적으로 어려워진 것도 대기업의 효율성에 대한 부정적 인식을 만드는 데 가세했다. 1970년대부터 본격적으로 진행된 인플레이션도 대기업 비판의 원인을 제공했다. 금융투자자들은 인플레이션을 상쇄하기 위해 보유 주식에 더 높은 수익률을 요구하게 됐다. 반면 기업은 금리가 크게 올라 수익성을 높이는 데 어려움을 겪는 상황에서 투자자들에게 더 많은 배당을 하기도 어려웠다. 경기침체에 따라 주식시장이 전반적으로 침체된 상태에서 주가를 올리기 위해 내놓을 수단도 별로 많지 않았다.

사회운동가, 노동운동가, 기업사냥꾼(*corporate raiders*), 기관투자자, 변호사, 학자 등 다양한 분야에서 나온 대기업 비판론자들은 당시 미국기업과 금융투자자들이 당면한 상황을 전반적으로 바라보기보다 대기업 경영진이 주주들의 이익을 무시하고 '방만한 경영'을 한다는 데에 비판의 초점을 맞췄다. '방만한' 자금운용을 하거나 돈 맡긴 고객이 원하는 수익률을 달성하는 데에 어려움을 겪는 연금 등 기관투자자들이 당면한 문제는 거론하지 않았다. 대신 대기업 경영진이라는 공동의 적을 이겨내기 위해 서로 다른 성향이나 지향점을 묻어 두고 '주주가치 극대화'(MSV: *Maximizing Shareholder Value*)란 공동의 이데올로기로 뭉쳤다. 그리고 공동행동의 결과 대기업들을 복속시켰다.

1) '펀드자본주의'의 급진전과 대형공공연금

1980년대에 기관투자자 행동주의가 대두된 것은 무엇보다 '펀드자본
주의'가 급진전되면서 기관투자자들의 힘이 막강해지고 있었기 때문
이다. 앞서 지적했듯이 미국의 주주민주주의는 개인투자자들을 자본
주의 체제 안정 세력으로 끌어들이기 위한 정치적 프로젝트였다. 기
관투자자들은 그 대상이 아니었다. 당시 기관투자자들이 보유한 주
식의 비중도 개인투자자들에 비해 크게 낮았다. 제2차 세계대전이 끝
나던 1945년에 미국 주식시장에서 기관투자자의 주식보유 비중은
6%가량에 불과했다. 그러나 뉴딜 금융규제의 기관-기업 관계 기본
틀에는 변화가 없는 상태에서 기관투자자가 주식시장에서 차지하는
비중은 꾸준히 증가했다. 1960년에 14%로 올라섰고 1970년에는
22%를 돌파한 뒤 1980년에는 32%에 도달했다(〈그림 1-4〉).

그림 1-4 **미국 주식시장의 기관투자자 비중 추이**

출처: 신장섭(2016a)

이 당시 기관투자자의 주식보유 증가를 이끈 세력은 연금이었다. 미국에서는 이미 1970년대 중반에 연금이 집합적으로 미국기업의 최대주주이자 최대 채권자로 뛰어올랐다. 피터 드러커가 세계 최대 자본주의 국가인 미국에서 '연금사회주의'가 실현될 수 있다는 전망을 내놓은 것도 이즈음이다(Drucker, 1976). 사회주의는 생산수단을 개인이 아니라 사회가 소유하는 것인데, 연금이라는 공적 기관이 생산수단인 기업의 최대 보유자가 되었으니 사회주의와 다를 바가 없다는 것이었다.

그러나 1980년대까지는 연금이 주식을 재무적 투자대상으로만 갖고 있었을 뿐 투표권을 거의 행사하지 않았다. 다양한 세력에서 나온 주주행동주의자들은 제대로 사용되지 않는 기관투자자의 투표권과 그에 딸린 영향력이 기업지배구조 개혁의 강력한 수단이 될 수 있다는 사실에 주목했다. 다음 절에서 설명하는 로버트 몽크스(Robert Monks)는 기관투자자들의 투표를 의무화하는 규제를 만들어내면서 기관투자자 행동주의를 강화하는 데 결정적 역할을 했다. '기업사냥꾼'들은 '적대적 인수'(hostile takeover)를 통해 직접 대주주로 올라서면서 기관투자자들의 동조표를 끌어냈다.

이 당시 기관투자자의 투표권을 가장 강력하게 행사한 주체는 대규모 주식보유를 통해 투표권을 직접 갖고 있던 일부 공공연금이었다. 특히 캘리포니아 연금펀드인 CalPERS(California Public Employees' Retirement System)와 CalSTRS(California State Teachers' Retirement System)가 그 전위에 섰다. 공무원연금인 CalPERS는 이미 세계 최대규모의 기관투자자로 올라서 있었고 1980년대 내내 이 위치를 유지했다. 캘리포니아 지역에 있는 주요 대기업의 대주주이기도 한

CalPERS가 보유한 주식의 투표권을 통해 기업에 대한 영향력을 행사하기 시작하는 순간부터 기업 경영진들은 긴장할 수밖에 없었다. 여기에 당시 미국 내 최대 교원연금인 CalSTRS까지 가세하면서 캘리포니아 연금의 기업에 대한 영향력은 더욱 강해지고 있었다.

미국에서 공공연금의 행동주의를 실현시키는 데 결정적 역할을 한 사람은 제시 언루(Jesse Unruh)이다. 언루는 1975년부터 1987년까지 캘리포니아주 재무장관(*State Treasurer*)으로 장기 재임하면서 CalPERS와 CalSTRS의 행동주의를 이끌었고 그 영향력을 이용해서 기관투자자들의 연합체인 기관투자자 평의회(CII: Council of Institutional Investors)를 1985년에 출범시켰다. 미국에서는 주지사와 함께 주정부 재무장관도 선출직이다. 언루는 처음부터 정치인이었다. 그리고 주정부 재무장관으로서의 위치를 그의 정치적 이상을 실현하고 정치적 파워를 강화하는 데 사용했다. 그는 재임 중 월가를 통해 대규모 주정부 채권을 발행해 월가에 강력한 영향력을 행사했다. "미국 내에서 연방 재무장관 다음으로 정치적 영향력이 큰 공공부문 재무책임자"라고 평가받을 정도였다(Boyarsky, 2007).

CalPERS는 지배구조에 문제가 있다고 생각되는 기업들의 명단을 만들어 이들을 집중적으로 공격하는 데 앞장섰다. '실패한 50개 기업'(*failing fifty*) 명단을 만들고 공격을 집중시키기 위해 기업지배구조 문제에 관해 특별히 '손봐야 할' 12개 기업을 별도로 선정했다(Smith, 1996). 언루는 이와 함께 기관투자자의 힘을 키우기 위해 기관투자자 연합단체 결성에 적극 나섰다. 그 결과, 1985년에 전국 22개 공공 및 노조연금의 연합체로 CII가 결성됐고 언루가 공동의 장을 맡았다. 그 후 다른 기관투자자들이 참여하면서 CII는 2017년

말 현재 3조 달러의 자산을 운용하는 120여 개의 연금과 20조 달러의 자산을 운용하는 50여 개 자산운용사를 회원사로 확보한 기관투자자의 세계적 대표기구이다. CII는 스스로를 '기업지배구조의 목소리'(*Voice of Corporate Governance*)라고 규정하고 기관투자자 행동주의를 더 적극적으로 강화한다는 어젠다(*agenda*)를 갖고 있다. 집중투표제를 모든 기업에게 도입해야 하고 차등의결권을 폐지해야 한다는 목표를 내세운다. 기관투자자의 법적 지위가 '수탁자'라는 사실을 알면서도 이와 어긋나게 '주식주인'(*shareowner*)이라는 표현을 공식적으로 사용하면서까지 행동주의 성향을 강하게 보인다.[3]

국내에서 국민연금을 비판하거나 주주행동주의를 내세우는 학자들이나 정책담당자들은 CalPERS가 대단히 성공적인 연금이고 따라서 국민연금이 모델로 삼아야 할 기관으로 포장하는 경향이 있다. 그러나 CalPERS나 CalSTRS의 행동주의는 비판적으로 봐야 할 부분이 많이 있다.[4] 무엇보다 이들이 행동주의에 적극적으로 나선 데에는 연금을 방만하게 운영해서 겪는 재무적 어려움을 타개하기 위한 목적이 있었다는 사실을 봐야 한다. CalPERS는 1980년대 초에 이미 세계에서 가장 '큰' 연금이지만 또 가장 '비싼' 연금이었다. 연금가입자들에게 은퇴 직전 최종임금의 90%를 사망할 때까지 지급했고 이 금액도 물가상승에 연동해 상승시켰다.

CalPERS는 투자수익을 올리기 위해 주식투자 비중을 크게 높였다. 1966년에 이미 전체 투자자산의 25%까지 주식투자를 할 수 있

---

3 CII 웹사이트(http://www.cii.org, 2017년 12월 31일 접속).
4 1장 4절의 4) "기관투자자와 행동주의 헤지펀드의 '공동투자'" 참조.

도록 승인받아 놓은 상태였지만 1980년대 초에 자산의 60%까지 주식에 투자할 수 있도록 주의회에 요청했다. 주의회의 승인을 받지 못하자 1984년에 "제한 없이 주식투자를 할 수 있지만 투자를 신중하게(*prudently*) 하지 않을 경우 이사회 멤버들이 개인적으로 책임을 진다"는 굉장히 이상하지만 새로운 제안을 내놓아서 캘리포니아 주민투표를 통해 승인받았다(Malanga, 2013). 1990년대 중반까지도 미국의 공공연금 대부분이 주식투자를 거의 하지 않고 있었던 상황과 크게 대비된다(Gelter, 2013: 39). 이런 맥락에서 레오 스트라인(Leo Strine)은 "흥미롭게도, 지나친 수익률(*outsized returns*)에 대한 요구는 재원부족에 직면하거나 과거 투자에 실패했던 연금펀드 등 기관투자자들로부터 나왔다"고 지적한다(Strine, 2007: 7).

CalPERS가 공공연금이면서 기업사냥꾼들과 보조를 맞췄던 행태에 대해서도 비판적 안목이 필요하다. 언루는 자신이 행동주의에 적극 나선 이유를 1984년 텍사코(Texaco Inc.)와 월트 디즈니(Walt Disney Production)가 기업사냥꾼들의 '그린메일'(*greenmail*)에 굴복한 것에 대해 분노했기 때문이었다고 말한다(Boyarsky, 2007). 캘리포니아 연금펀드들이 이들 회사의 주식을 많이 보유하고 있었는데, 이들이 기업사냥꾼들에게 시세보다 높은 가격에 주식을 사 주는 것은 연금펀드 등 다른 주주들의 이익을 침해하는 행위라는 것이었다.

맞는 얘기다. 그린메일은 부도덕하고 주주민주주의 정신을 훼손하는 일이다. 그렇지만 그린메일을 제대로 비판하려면 경영진을 협박한 기업사냥꾼들과 이 협박에 넘어간 경영진을 함께 비판해야 한다. 그러나 CalPERS 등 행동주의적 연금들은 경영진만 비판했다. 그리고 정작 자신들은 기업사냥꾼들과 거의 비슷한 일을 하거나 그들과 보조를 맞췄다.

　CalPERS나 CalSTRS가 기업사냥꾼들과 보조를 맞추면서 '기업사냥'에 동참할 수 있었던 존재적 기반에 대해서도 관심을 기울여야한다. 연금은 근로자들의 노후자금으로 투자활동을 하는데, 기업사냥을 통한 구조조정 등으로 회사가 없어지고 근로자들이 일자리를 잃어버리면 연금의 기반이 약해진다. 연금가입자들의 장기적 이익이란 관점에서 봤을 때 연금운용자가 기업사냥꾼들과 보조를 맞추면 고객의 이익을 해치게 된다.

　그러나 미국에서 CalPERS와 같은 공공연금은 주(州)정부 단위로 운영되고 주민 전체를 포괄하는 것이 아니라 공무원이나 교원 등을 대상으로 하는 직역연금(職域年金)이다. 따라서 이들은 국가 혹은 세계적 범위에서 활동하는 미국기업들에 대한 공동체 의식도 약했고 이들의 파산이나 구조조정에 따라 연금에 중장기적으로 악영향이 미칠 가능성에 대해서도 둔감했다. 또 경제가 나빠진다 하더라도 '마지막 보루'로 세금을 통해 연금 부족분을 충당할 수 있다는 기대 때문에 '안정적·장기적 수익성'이라는 연금운용의 본령을 넘어 기업에 대한 행동주의적 개입, '사회적 책임투자' 등에 적극적으로 나설 수 있었다(Gelter, 2013; Malanga, 2013).

　한국의 국민연금은 이와 달리 모든 근로자와 국민을 포괄하고 기초연금까지 담당하는 그야말로 '국민연금'이다. CalPERS나 CalSTRS와 같이 행동할 수 없는 구조이다. [5]

---

5 이에 대한 상세한 논의는 4장 1절 "국민연금의 기금운용 성과" 참조.

2) 기관투자자 투표의무화, ISS와 몽크스의 행동주의

미국에서 '기관-기업 관계' 규제 틀의 대역전이 벌어지는 과정을 이해하는 데는 로버트 몽크스의 견해와 행동, 특히 기관투자자에 대한 투표의무화와 투표자문사 ISS(Institutional Shareholder Service) 설립 및 운영 과정을 제대로 살펴보는 것이 필수적이다.

몽크스는 '기업지배구조 아이디어의 혁신가'(*entrepreneur of the idea of corporate governance*) 혹은 '기업지배구조 변화의 첨병'(*agent of change in corporate governance*) 등의 별명을 얻을 정도로 기업지배구조의 대부(代父)로 인정받고 있다(Rosenberg, 1999). 기업지배구조 개혁에 관한 사상가로서 기관투자자 행동주의의 논거를 만들어냈고, 미국 연금을 총괄하는 최고책임자로서 기관투자자들의 힘을 강화하는 정책을 만들어내는 데에 결정적 역할을 했다.

또한 가장 영향력 있는 의결권 자문회사인 ISS를 설립했고, 기업지배구조 개선 펀드인 렌즈펀드(Lens Investment Management)를 만들었으며, 이렇게 자신이 공익(公益)이라고 내세운 것들을 실현해가는 과정에서 개인의 부(富)도 많이 축적했다. 그가 쓴 기업지배구조 관련 책은 지금까지 전 세계의 대학이나 연구소에서 기업지배구조를 연구하는 사람들의 교과서로 쓰인다(Monks & Minow, 1995). 국내의 대표적 주주행동주의자인 장하성 대통령 정책실장도 몽크스를 자신의 역할모델로 삼았다고 해석할 수 있는 면이 많다. 6

몽크스는 변호사, 사업가, 은행가, 정치가로 다양한 경험을 쌓은

---

6 〈따로 읽기 1〉 "몽크스와 장하성" 참조.

뒤 1984년 미국 노동부의 연금국장으로 부임했다. 자신의 경력과 비교할 때에 '낮은 자리'로 옮겼지만 그는 뚜렷한 목적을 갖고 있었다. "이 직책을 맡은 유일한 이유는 자신의 기업지배구조 어젠다를 달성하는 것이었고 … 주관심사는 연금펀드들이 '기업의 주인'으로서 행동해야 할 의무가 있다는 입장을 확립하는 것이었다(Rosenberg, 1999: 83~84)." 처음부터 그는 연금국장으로 1년만 일한 뒤에 이를 바탕으로 민간부문에서 기업지배구조 관련 일을 하겠다는 목표를 세웠다.

연금국장 재임 초기에 몽크스는 기관투자자 행동주의자들 사이에서 기념비적이라고 인정받는 "기업시민으로서의 기관투자자"(The Institutional Shareholder as a Corporate Citizen)란 제목의 연설을 전국의 연금 행정가들이 모인 자리에서 했다. 그 핵심내용은 다음과 같다(Rosenberg, 1999: 92~93).

기관투자자들이 행동주의적 기업시민이 되어야 하는 것은 자명하다. … 기관투자자들이 모든 주요회사 주식의 거대한 덩어리들(huge blocks)을 소유하고 있기 때문에 경영진을 항상 조용히 지지하거나, 이들이 기업문제를 처리하는 것에 동의하지 않을 경우 주식을 파는 것이 현실적이지 못하게 됐다. 나는 기관투자자들에게 (주주총회 등에서) 안건을 제의하고 통과시키는 것이 기업시민으로서의 의무를 다하는 것이라고 말하고 싶다. … 경영이 잘못되고 있는 기업에서 도망가고 싶어도 여러분들은 한 번에 그렇게 할 수가 없다. … 따라서 좋든 싫든 간에 실무적 비즈니스 이유 때문에 기관투자자들은 갈수록 더 행동주의적 주식소유주(shareholder-owner)가 되고 갈수록 덜 수동적인 투자자가 될 것이다.

몽크스의 연설에서 두 가지 면을 비판적으로 들여다볼 필요가 있다. 첫째는 기관투자자 행동주의의 불가피성이다. 몽크스와 대부분의 주주행동주의자들은 기관투자자의 주식보유가 늘어나면서 해당 기업이 맘에 들지 않을 경우 주식을 팔고 떠나는 '월스트리트 워크'(Wall Street Walk)를 적용하는 것이 어려워진다고 단정적으로 상정한다. 그래서 월스트리트 워크 적용이 어려워진 상황의 따름정리로 기관투자자들의 행동주의 강화를 도출한다.

그러나 기관투자자에게 투자다변화를 요구했던 전통적 뉴딜 금융규제의 정신에 비추어 본다면 이런 주장은 본말(本末)을 전도(顚倒)한 것이다. 다변화를 요구하는 근본적 이유는 투자 포트폴리오의 위험을 줄이라는 것이고 분산투자를 해야 월스트리트 워크를 적용하기 쉽기 때문이었다. 또 그동안 기관투자자들의 숫자가 늘어났고 이들의 주식보유가 많아졌으며 주식을 사고팔 수 있는 시장이 더 커졌고 옛날보다 큰 덩어리의 주식 포트폴리오를 사고파는 것이 오히려 쉬워졌다고 봐야 한다. 그럼에도 불구하고 기관투자자들이 특정 기업 주식 보유에 발목이 잡혀 월스트리트 워크를 적용하기 어렵게 됐다면, 그것은 스스로 상황을 그렇게 만든 것이지 어쩔 수 없는 외부요인 때문이라고 할 수 없다. 그렇다면 기관투자자들이 스스로 주식보유를 분산시켜 그 상황을 풀어가는 것이 순리다.[7]

---

7 필자는 똑같은 맥락에서 국민연금이 국내 주요 대기업 주식의 9%가량을 보유하는 것은 투자다변화의 대원칙을 무너뜨린 것이라고 생각한다. 개별 회사가 잘못될 경우 그 지분을 처분할 수 있을 정도로 개별 기업주식 보유지분을 대폭 낮춰야 한다. 지분율 낮추는 것이 어려울 경우에는 주식투자를 민간 자산운용사에 분산해 위탁하는 방안을 모색해야 한다. 이에 대한 자세한 논의는 5장 2절 "'기관-기업 관계 규준' 7가지 제안" 참조.

몽크스는 대신 기관투자자들이 주식을 팔기 어려워졌으므로 유일한 대안은 행동주의를 강화하는 것이고 그에 따라 규제 틀도 바꿔야 한다고 주장한다. 몽크스가 이런 주장을 내놓는 데에 감추어진 전술은 기관투자자들을 뭉뚱그려 동일한 집단이라고 취급하는 것이다. 그러나 기관투자자들의 종류는 연금펀드뿐만 아니라 뮤추얼펀드, 은행신탁, 보험회사, 투자신탁, 자산운용사 등 다양하다. 같은 종류의 투자자 간에도 투자 원칙과 방향이 다른 경우가 많다.

기관투자자들은 일반적으로 동료라기보다 고객을 더 많이 끌어들이고 수익률을 더 높이기 위해서 치열하게 싸우는 경쟁자다. 이들을 한데 묶어 주식시장에서 집합적으로 차지하는 비중이 너무 커져서 주식매매가 어려워졌다며 그렇기 때문에 집단적 행동주의를 강화해야 한다는 것은 기관투자자들의 '카르텔'을 인정하라는 주장과 다를 바 없다. 실제로 그 후 미국의 금융규제는 금융투자자들이 실질적 카르텔을 만들어 행동하는 것이 점점 쉬워지는 방향으로 바뀌어갔다.

몽크스의 연설에서 비판적으로 들여다봐야 할 두 번째 측면은 기관투자자들을 주식 '소유주'라고 강조한 것이다. 이것은 틀린 표현이다. 법률가 출신인 몽크스는 기관투자자의 법적 지위가 '수탁자'라는 사실을 잘 알고 있었고 자신의 글 곳곳에 수탁자라는 표현을 사용한다. 기관투자자들은 자신의 돈이 아니라 고객이 맡긴 돈으로 대신 주식을 사기 때문이다. 그러나 몽크스는 기관투자자들의 행동주의를 끌어내야 한다는 열망에 소유주라는 표현을 종종 사용했다. 그리고 이 전략은 성공했다. 금융계와 학계에서까지 기관투자자를 '주식소유자'(shareowner)라고 표현하는 사람들이 갈수록 늘어났다.

이에 따라 기관-기업 관계에 대한 인식은 갈수록 '주인-대리인 관계'라는 수직적 틀로 자리를 잡아갔다.

몽크스가 기관투자자 행동주의에 미친 가장 큰 영향은 기관투자자 투표의무화를 실현하고 투표자문사 ISS를 설립한 것이었다. 그는 연금국장으로 재임하던 때에 투표자문사에 관한 아이디어를 이미 공개적으로 내놓았다. "현재 수탁자들은 주인으로서 행동하기 위한 의사도 없고 그렇게 하기 위해 훈련하고 있지도 않다. 스스로 그 능력을 확보하든지, 그렇지 않으면 새로운 기구가 나타날 것이다"라고 말하기도 했고 "기관투자자들이 공동행동을 위해 적합한 메커니즘을 개발해야 할 의무가 있다고 믿는다"고 말하기도 했다. 그리고 갈수록 이를 구체화시켰다. 노동부의 의회 증언에서는 "연금펀드 가입자들과 매니저들이 투표하는 일을 중립적인 제3자에게 맡겨야 할 때가 됐다"고 밝히기도 했다(Rosenberg, 1999).

몽크스는 공익을 내세우는 행동주의자였지만 동시에 그 과정에서 돈을 벌겠다는 비즈니스맨이었다. 연금국장으로 1년만 일하고 민간부문에서 일하겠다는 목표를 처음부터 세운 것도 공공부문의 힘을 자신의 비즈니스에 활용할 수 있다는 생각 때문이었다. 몽크스가 한 회의에서 투표를 맡길 '중립적인 제3자'를 언급하자마자 한 펀드매니저는 그 자리에서 즉각 "몽크스, 이 빌어먹을 녀석. 너 같은 놈들이 정부에 들어가서 산불을 일으킨 뒤 나와서 우리한테 소화기를 있는 대로 다 팔려고 하는 거야!"라며 몽크스의 숨은 의도를 공격했다. 몽크스의 전기를 쓴 힐러리 로젠버그(Hilary Rosenberg)는 이어서 "몽크스는 깜짝 놀랐다. 자기를 직시(直視)하는 사람이 여기 있었다. 그는 펀드들이 투표하는 일을 대신해서 맡길 회사를 만드는 데에 정말로 관심을 갖고 있었다"라고 적었다(Rosenberg, 1999: 117).

　몽크스는 이 펀드매니저가 예리하게 지적한 대로 1985년 연금국 장직에서 사임하자마자 ISS를 차렸다. 그러나 ISS는 고객을 확보하지 못해 고전을 면치 못했다. 기관투자자들은 투표에 별로 관심이 없었고 따라서 ISS의 서비스를 필요로 하지 않았다. 그러나 몽크스가 연금국장으로 재임할 때에 함께 일했던 동료들은 연금의 행동주의를 강화하는 노력을 계속했다. 그 결과 1988년 '애본 편지'(*Avon Letter*)라고 이름 붙은 노동부 차관보의 편지를 통해 민간연금이 투표하는 것이 ERISA가 규정하는 '수탁자 의무'(*fiduciary duty*)라는 유권해석이 내려졌다(Rosenberg, 1999: 165). 1989년에 노동부와 재무부가 같은 입장을 반복 확인하면서 이것이 정부의 공식입장으로 받아들여졌다. 연금펀드는 자신들이 생각하는 '연금가입자들의 최선의 이익'에 따라 투표권을 행사하는 것이 의무가 됐다(Blair, 1995: 158).

　연금의 투표의무화가 실현되면서 ISS의 사업은 날개를 달았다. 모든 연금이 이제 투표자문을 필요로 했고 ISS만이 그 서비스를 제공하는 독점회사였다. 행동주의자들의 투표의무화 노력은 그 후 다른 기관투자자로 확대됐다. 1990년대에 연금을 제치고 최대 기관투자자로 떠오른 뮤추얼펀드들에 대해 2003년 SEC 규제로 투표가 의무화되면서 투표의무화는 대미(大尾)를 장식했다. 투표자문 시장이 급격히 커지는 흐름을 보고 2003년 글래스루이스(Glass Lewis)가 이 시장에 뛰어들어 ISS의 독점에 도전했다. 현재 세계 투표자문 시장은 ISS가 60% 이상, 글래스루이스가 30%가량을 차지하는 과점체제다. 그러나 ISS가 크고 영향력 있는 회사나 금융기관들의 투표자문을 거의 맡아서 하고 있기 때문에 수치상으로 나타나는 것보다 훨씬 더 큰 영향력을 행사한다.

몽크스는 나중에 자신의 사익 추구와 행동주의라는 공익이 공존한다는 것을 '더블 헬릭스'(double helix, 2중 나선구조) 라는 비유를 들어서 합리화했다. DNA 구조에 두 가지 계열의 유전자가 엮여 있는 것처럼 한 계열은 '돈'이고 다른 계열은 '행동주의 사명(mission)'이라는 것이다(Rosenberg, 1999: 118). 필자는 몽크스가 이렇게 공(公)과 사(私)를 섞은 것이 현재 국내에서 문제되는 '전관예우'보다 훨씬 더 심각한 '이해상충'(conflicts of interest) 이라고 생각한다. 공공부문에서 공적인 일에 매진하다 쌓은 경험과 인맥을 나중에 사적 이익을 위해 활용한 것이 아니라, 처음부터 사적 이익을 추구할 목적을 갖고 공공부문에 잠시 들어가 그 영향력을 이용해 자신의 목적을 실현했기 때문이다.

다음 절에서 상세히 설명하듯 몽크스가 공익이라고 내세웠던 '행동주의 사명'이 세상에 바람직한 결과를 가져왔는지는 지극히 의심스럽다. 오히려 세상을 더 혼탁하게 만들었다고 할 수 있다. [8] 그렇지만 그의 사익, 즉 '돈'이라는 목적은 실현됐다. ISS는 '투표의무화' 이후 독점 투표자문사로 금세 돈을 벌기 시작했다. 몽크스는 1990년에 ISS가 SEC로부터 이해상충 문제로 조사받게 되자 ISS에서 형식적으로 손을 뗐다. 그는 '돈을 빼낼 수 없는 재단'(irrevocable trust)을 만들어 3백만 달러의 ISS 주식을 넘기고 자신의 조카 니콜라스 히긴스

---

8 1장 3절 "기관투자자 행동주의의 성과: '약탈적 가치착출'과 '1% 대 99%' 구도" 및
1장 4절의 2) "투표의무화의 폐해: '투표괴물' ISS와 대형 기관투자자의 '립서비스' 투표" 참조.

(Nicholas Higgins)와 아들인 로버트 몽크스 주니어를 재단 신탁자로 만들었다(Rosenberg, 1999: 211~214). ISS는 그 후 모건스탠리로 주인이 바뀌었다. 이 과정에서 몽크스 가족이 얼마나 돈을 받았는지는 알려져 있지 않다. ISS는 그 후 사모펀드인 베스타캐피탈(Vesta Capital)이 인수하여 현재에 이르고 있다.

몽크스는 또 기업지배구조 개선 펀드인 렌즈펀드를 차려서 주주행동주의를 더블 헬릭스 방식으로 계속 추구했다. 그는 렌즈펀드를 나중에 영국 브리티시텔레콤(BT)의 연금펀드인 헤르메스(Hermes Investment Management)에 팔았다. 그의 행동주의 정신은 헤르메스에서 지속된다. 헤르메스는 대표적 행동주의 펀드로 활약하고 있다. 일본에서 기업지배구조 개선 펀드를 만들기도 했다. 2004년에 삼성물산의 지분을 매입한 뒤 삼성전자 보유지분 매각, 삼성카드 증자불참, 삼성물산 우선주 소각매입 등을 요구하며 행동주의에 나섰고, 주가조작 혐의로 논란을 일으키기도 했다.

몽크스와 장하성

몽크스가 미국에서 주주행동주의의 대부로 자리매김하고 있다면 한국에서는 현재 대통령 정책실장인 장하성 전 고려대 교수가 주주행동주의의 대부라고 할 수 있다. 두 사람은 여러 면에서 닮았다. 둘 다 금융시장을 중심으로 사고가 형성됐다. 몽크스는 법학을 공부한 뒤 투자금융업계에서 잔뼈가 굵었고 장하성 교수는 금융을 전공한 경영학자이다. 그리고 대기업들이 소수주주들을 무시한다는 사실에 '분개'해서 주주행동주의를 시작했다. 몽크스는 미국 대기업들이 기업사냥꾼의 그린메일에 쉽게 넘어가면서 일반주주들보다 더 비싼 값에 기업사냥꾼 보유지분을 되사주는 관행에 반기를 들었고, 장하성 교수는 한국의 재벌들이 소액주주들의 의견을 무시하며 재벌총수 위주로 경영하는 관행에 반기를 들었다.

그러나 두 사람은 자신의 이상을 실현하는 과정에서 과도하게 논리를 전개했다. 몽크스는 앞서 지적했듯이 법학도로서 기관투자자들이 '수탁자'라는 법적 지위에 대해 잘 알고 있으면서도 종종 '주인'이라고 강조했다. 또 기관투자자들의 투표의무화를 추진하면서 정치민주주의의 실상을 왜곡해서 주주민주주의에 도입했다. 대부분의 나라에서 투표는 권리사항이지 의무사항이 아닌데, 기관투자자에게 '기업시민'(corporate citizen)이라고 강조하면서 투표를 의무화시킨 것이다.

장하성 교수는 비즈니스 그룹이 보유한 계열사 지분의 성격을 왜곡했다. 장 교수는 1999년에 발표한 "재벌개혁과 소액주주 운동"이라는 글에서 "총수 개인의 지분은 소량에 불과하고 절대지분을 일반 소액주주들이 소유하고 있다. 결과적으로 총수들은 계열사 간의 상호출자를 이용하여 '소유하지 않고 지배하는' 체제를 유지하고 있으며 … 경영에 참여하고 있지 않으나 절대다수의 지분을 소유하고 있는 소액주주들이 바로 기업의 주인인 것이다"라고 주장했다(장하성, 1999).

그러나 이것은 정치민주주의의 '1인 1표' 원칙을 상법에 견강부회(牽强附會)한 것이다. 예를 들어, 한 재벌 계열사에서 오너가족 지분이 5%, 계열사 지분이 55%, 소액주주 지분이 40%라고 가정해 보자. 장 교수는 기업집단이 계열사 간 복잡한 출자구조에 바탕을 두기 때문에 계열사 지분을 다시 개인 지분과 법인 지분으로 나누어 봐야 하고 '순수' 법인이 가진 지분은 실질적 소유권을 따질 때 제외해야 한다고 상정한다.

　이에 따라 55%의 계열사 지분은 '가공(架空)자본'이 된다. 이렇게 가공자본을 제외하고 보면 장 교수의 발언처럼 소액주주들이 40%의 '절대다수 지분'을 보유하는 주인이고, 오너가족들은 5% 지분만으로 '소유하지 않고 지배하는' 구조를 구축한 것이다. 이런 주장은 오로지 개인의 주식보유권만이 궁극적으로 정당하고 법인의 지분은 개인 지분으로 환원돼야 한다는 생각에 입각해 있다. '주권(株權)의 개인환원주의'라고 할 수 있다. 정치민주주의에서 투표권이 개인에게만 있고 법인에는 없다는 사실을 은연중에 원용한 것이다.

　그러나 법인의 주식보유권을 인정하지 않으면 법인의 활동에 큰 제약이 생긴다. 기업이나 은행이 투자를 할 수 없다. 지주회사도 만들 수 없다. 그동안 주식회사 제도가 발전해온 기반을 송두리째 바꿔야만 한다. 실제로 주식회사는 개인 간의 동등한 주권이라는 개념 위에 만들어지지 않았다. '1인(人) 1표(票)'의 주권(主權)이 있는 것이 아니라 기껏해야 '1주(株) 1표'의 주권(株權)이 적용될 뿐이다. 또 나중에 논의하듯 차등의결권 등에 의해 '1주 1표'조차 그대로 적용하지 않는 것이 현실이다(5장 2절의 2) "장기투자자에게 더 많은 투표권을 주자" 참조).

　이러한 정치민주주의 왜곡 적용에 의해 장 교수와 그의 계보를 잇는 국내 경제민주화론자들이 거둔 가장 큰 성과는 〈순환출자 금지법〉이다. '경제민주화'가 대통령 선거의 이슈가 되었던 2012년에 순환출자 규제가 공약사항에 들어갔고 2014년 〈공정거래법〉에 의해 신규 순환출자가 금지됐다. 그 논거는 앞서 설명한 가공자본 논리다. "총수(일가)가 순환출자를 통해 적은 지분으로 전체 계열사를 지배함으로써 소유지배구조 왜곡, 부실계열사 지원 등에 활용하는 폐해가 발생한다"는 것이다(〈공정거래법〉 제9조의 2항. 2014년 7월 25일 시행).

　순환출자는 비즈니스 그룹이 있는 다른 나라에서 흔히 있는 일이다. 순환출자 자체를 금지하는 나라는 전 세계에 없다. 그러나 장 교수와 경제민주화론자들은 순환출자를 한국재벌의 독특한 문제로 취급했다. 그렇게 순환출자를 '일탈'로 계속 다루고 정책담당자와 정치인, 국민의 생각이 그 프레임에 따라 굳어지니 결국 불법으로까지 만들 수 있었다. 1980년대 중반에 시작된 몽크스의 기관투자자 투표의무화 캠페인이 2003년 SEC가 뮤추얼펀드에까지 투표의무화를 도입하면서 완성된 것과 비슷하다(5장 2절의 〈따로 읽기 12〉 "비국제적·비역사적 적반하장 순환출자금지론: 김상조 위원장의 편견과 착각" 참조).

몽크스가 주주행동주의라는 공익(公益)으로 내세운 이상을 ISS와 렌즈펀드 설립을 통해 사익(私益) 실현의 수단으로 사용했던 것과 비슷하게 장하성 교수도 이른바 '장하성 펀드'를 2006년 4월 설립했다. 정식 이름은 '라자드 한국기업지배구조 개선 펀드'(LKCGF: Lazard Korea Corporate Governance Fund)이다. 공개의무가 없는 헤지펀드로 조세회피처라고 할 수 있는 아일랜드에 설립했다. 공식적 펀드운용은 투자은행 라자드 미국 본사의 싱가포르 사무소에서 담당했다.

한국의 기업지배구조를 개선한다는 '공익'을 그렇게 내세웠으면 한국에 설립하고 한국에서 제대로 운용했어야지, 왜 이렇게 복잡한 소유-운용 구조를 만들었는지 필자는 의문이다. 특히 기업지배구조 개선의 목표라고 내세운 것이 소유와 경영 간의 '왜곡된 구조'를 바로잡자는 것이라면 이런 식의 소유-경영 구조를 가진 펀드를 통해 그 목표를 달성하겠다는 것은 앞뒤가 맞지 않는 일이다. 기관투자자들이 자신의 이사회 구조나 내부거래 문제 등에 대해서는 함구하고 투자기업의 지배구조를 개선하겠다는 것과 별로 차이가 없다.

장 교수는 공식적으로 아무런 지분을 갖지 않고 자신이 주도적으로 만든 '좋은기업지배구조연구소'와 함께 '컨설팅 업무'만 수행했다고 한다. 그러나 펀드가 출범한 이후 적극적으로 언론 인터뷰 등을 하면서 이 펀드를 홍보했다. 당시 대표적 경제민주화론자로서 큰 영향력을 행사했기 때문에 언론에서는 이 펀드를 '장하성 펀드'라고 불렀다. 또 주식시장에는 '장하성 펀드 따라하기' 현상이 나타났다. 장하성 펀드가 특정 주식을 샀다는 정보가 나가면 다른 기관투자자들이나 개인투자자들이 따라하기에 나서 주가가 뛰기도 했다.

장하성 펀드가 표면적으로 내세운 한국의 기업지배구조 개선을 얼마나 일구어냈는지는 미지수다. 그러나 투자실적에서는 참담한 실패를 겪었다. 비공개 펀드이므로 전체 수익률은 공개되지 않았다. 그렇지만 여기에 1억 달러를 투자했던 미국의 대표적 행동주의 연금 CalPERS가 펀드성과 보고서에 자신이 맡긴 돈의 수익률을 공개했다. 2008년부터 2011년까지 누적 수익률이 -32.2%였다. CalPERS는 환매를 요구했고 '장하성 펀드'는 2014년 청산됐다. 몽크스의 렌즈펀드가 투자실적을 제대로 못 내면서 결국 영국의 기관투자자 헤르메스에 매각된 것과 비슷하다고 할 수 있다. 그러나 두 사람 다 이 과정을 거치면서 개인적으로는 상당한 부(富)를 일구었다.

3) '5% 룰'과 '관여와 표현의 자유' 무제한 허용

한편 1980년대 후반부터 기관투자자 행동주의자들은 '기관과 경영의 분리'라는 뉴딜 금융규제를 깨고 경영진에게 효과적으로 압력을 넣을 수 있는 방향으로 규제개정을 추진했다. CalPERS와 기관투자자 단체인 CII, 그리고 대표적 기업사냥꾼 티 분 피컨스(T. Boone Pickens)가 주도해서 만든 개인투자자 단체인 '연합주식보유자협회'(USA: United Shareholders Association)가 보조를 맞추었다.[9] CalPERS는 1989년 SEC에 "주식보유자들과 경영진 간에 안건제기(*filing*)와 위임관련 사안(*proxy materials*)에 관한 불균형을 해소하기 위해" 필요하다는 명분으로 49개 관련규제를 개정할 것을 요청하는 공문을 SEC에 전달했다(Sharara & Hoke-Witherspoon, 2005: 336). CII와 USA도 이어서 비슷한 내용의 청원을 SEC에 제출했다.

3년간의 심의 끝에 SEC는 청원내용을 거의 다 받아들였다. 첫째, 투자자들은 5% 이상의 지분을 갖지 않는 한, 해당 기업의 어떤 문제에 관해서도 자유롭게 서로 의견을 교환하고 협의할 수 있게 허용했다. '5% 룰'이라고 불리는 내용이다. 둘째, 투자자들은 SEC가 정하는 절차를 거칠 필요 없이 기업 경영진들을 직접 접촉하고 관여(*engage*)할 수 있게 됐다. '관여의 자유 허용'이라고 할 수 있는 내용이다. 셋째, 투자자들이 언론 등을 통해 공개적으로 해당 기업과 경

---

9 1986년에 출범한 USA는 표면적으로 개인투자자들을 대변한다는 목표를 가졌다. 전국적으로 6만 5천 명이 넘는 회원을 모았다. CalPERS가 '실패한 50개 기업' 명단을 만들고 공격을 집중했던 것과 마찬가지로 USA도 매년 "경영성적이 나쁘고, 경영성적과 최고경영진 보수 간에 괴리가 있고, 지배구조 이슈에 관해 주식보유자들의 요구를 반영하지 않은 정책을 취하는" 50개 기업을 선정해 집중 공격대상으로 삼았다.

영진에 관해 발언하거나 비판하고 자신의 주식매매 의도를 공개적으로 밝히는 것도 "사기가 아닌 얘기인 한"(*as long as the statements are not fraudulent*) 자유롭게 할 수 있게 됐다. '표현의 자유 허용'이라고 할 수 있는 내용이다(SEC, 1992; Sharara & Hoke-Witherspoon, 1993; Bainbridge, 2005; Calio & Zahralddin, 1994: 522~523).

이 '1992년 위임규제개정'(1992 *proxy rule change*)은 뉴딜 금융규제 정신을 완전히 뒤집는 것이었다. 그동안 투자자 카르텔은 엄격하게 금지되고 있었다. 그렇지만 이 규제개정은 카르텔이라는 표현만 사용하지 않았을 뿐 투자자들의 '실질적 카르텔'(*de facto cartel*)을 허용했다. 담합하기 위해 첫 번째로 하는 행위는 당사자들끼리 협의하는 것이다. 미국의 〈반독점법〉이나 한국의 〈공정거래법〉 등에서는 이러한 협의 자체를 불법으로 금지한다. 1992년 위임규제개정은 비록 "5% 지분 이상을 갖고 있지 않는 한"이라는 단서를 붙였지만 담합을 위한 협의를 무제한 허용했다. 뉴딜 금융규제의 기본정신뿐만 아니라 〈반독점법〉의 정신을 허문 것이었다.

또 뉴딜 금융규제에서는 투자자들이 경영진에게 영향력을 행사하면 내부거래가 가능해지고 주가조작도 쉬워진다는 판단하에 이를 봉쇄했다. 투자자들은 기본적으로 투기를 하는 주체이고 경영할 능력도 의사도 없다고 전제하는 것이었다. 그러나 1992년 위임규제개정은 기관투자자들이 경영에 자유롭게 관여하는 것이 바람직하다는 방향으로 뉴딜규제 정신을 뒤집었다. 뉴딜 금융규제는 또 투자자들이 자신들이 주식을 보유한 회사와 경영진에 대해 공개적으로 비판하거나 자신들의 주식매매 계획을 공개적으로 밝히는 것은 이를 주가조작 등에 활용할 가능성이 높으므로 SEC가 정해 준 틀 내에서만 의견을 개진할 수 있도록 통제했다. 그러나 1992년 위임규제개정은 '표현의 자유'라는 명목으로 투자자의 공개적 기업비판과 주식매매 의도 공표를 무제한 허용했다.

SEC는 이 규제개정을 소수주주들이 경영진에 영향력을 행사하는 통로를 많이 열어야 '시장의 힘'에 의해 '시장의 효율성'이 달성된다고 합리화했다. 또 "미국의 이사회에 더욱 바람직한 균형감각"(*better sense of balance to America's board rooms*)을 가져올 것이라고 밝혔다. 규제개정은 이를 위해 주주들이 경영진에 이의를 제기하거나 관여하는 데 드는 '비용'을 줄이고 소통(*communication*)을 촉진하는 데 초점을 두었다고 강조했다.

SEC나 규제개정을 추진했던 주주행동주의자들 시각에서는 경영진이 시장효율을 떨어뜨리는 주된 원인 제공자이고 기관투자자를 포함한 소수주주들은 시장효율을 높이는 주체로 상정되어 있다. 따라서 소수주주들이 자유롭게 시장에서 활동하도록 여건을 만들어주면 시장효율성이 달성되리라는 막연한 기대를 담고 있다. 현재 스튜어드십 코드를 추진하는 사람들이 기관투자자들이 '집사'로서 '기업개혁'을 이루어낼 자격과 능력을 갖춘 주체라고 기대를 거는 것과 마찬가지다.

1992년 위임규제개정이 논의될 때부터 이러한 '기관투자자 집사론'에 대한 비판이 많이 제기됐다. "누가 이 새로운 기업 감시자들을 감시할 것인가?"(*Who will watch these new corporate watchers?*)라는 문제제기였다. 특히 미국 경영자협회(Business Roundtable)는 "1980년대의 조작적 기업사냥(*manipulative corporate raiding*)으로 인간적·경제적 파탄이 그렇게 컸는데, SEC가 커다랗고 강력한 투자자들에게 공시의무를 면제해 주면서 기업에 대한 통제력을 둘러싼 경쟁을 포함한 위임장 경쟁(proxy contest)에 표를 몰아줄 수 있게 허용하는 이유를 도저히 가늠할 수 없다"고 비판했다(Calio & Zahralddin, 1994: 460~461). 그러나 앞서 지적했듯이, 펀드자본주의가 급진전되면서 기관투자자들의 영향력이 강해지고 대기업 비판론과 주주가치 우선론이 폭넓게 받아들여지기 시작하면서 SEC는 주주행동주의자들의 주장을 대폭 수용했다.

이 과정에서 티 분 피컨스나 칼 아이칸(Carl Icahn)과 같은 기업사냥꾼들이 직간접적 통로를 통해 1992년 위임규제개정에 적극 나섰고, 이 규제개정을 통해 자신들이 원하던 목적을 거의 다 달성했다는 사실에 주목해야 한다. 1980년대 내내 적대적 인수가 전개되고 주주행동주의가 강화되면서 미국의 경영진들이 계속 수세에 몰렸지만 곧 역풍(逆風)이 불기 시작했다. 정크본드 파이낸싱으로 시대를 풍미하던 이반 보스키(Ivan Boesky)가 내부자거래 등으로 1987년 말 실형을 선고받은 것이다. 기업사냥꾼과 정크본드 거래자들에 대한 여론도 악화됐다. 주 정부들이 기업사냥꾼의 공격과 적대적 인수로부터 기업을 방어할 수 있는 규제들을 도입하기 시작했다.[10] 많은 기업들이 방어수단으로 '포이즌 필'(poison pill)을 도입했다. 이 과정에서 적대적 인수시장이 붕괴됐고 '딜의 10년간'(The Deal Decade)이 마감됐다.

미국의 회사법은 주(州) 단위로 따로 만들어졌다. 대부분의 주가 기업사냥꾼에 비판적이고 기업을 보호하는 입장을 취한다. 이런 상황에서 주주행동주의자들이 "경영진에게 영향력을 행사할 수 있는

---

10 미국에서 기업법은 주정부가 관할하고 금융규제는 연방정부에서 관할한다.

창구로 몇 개 남아 있지 않던 것이 〔연방정부 산하의 SEC가 맡고 있던〕 위임관련 규제였고 〔이들은 이 창구를 활용하는 방안을〕 심각하게 검토하고 〔추진했다〕(Calio & Zahralddin, 1994: 466)." 기업사냥꾼들 입장에서도 적대적 인수를 통해 대주주로 올라서면서 한 기업을 장악하려면 자금도 많이 동원해야 하고, 분쟁과정에서 변호사 비용도 많이 들고 위험부담도 크다. 그렇지만 소수지분만 인수한 뒤 '소통'이나 '자유로운 의사표현'을 통해 영향력을 행사하면 비용과 위험부담을 줄이면서 돈을 벌 수 있고 여론의 비판도 적게 받을 수 있다.

한편 소수지분만 갖고 단독으로 경영진과 소통하면 영향력이 약해진다. 여러 기관투자자들이 함께 움직이는 것이 좋다. 투자자들 간의 의견교환 및 협의를 허용해서 실질적 카르텔을 만들 수 있도록 하는 5% 룰은 그래서 추진됐다고 볼 수 있다. USA는 1992년 SEC의 위임규제개정이 이루어지자 '임무완수'(mission accomplished)라고 승리를 선언하고 스스로를 해체했다(Blair, 1995: 73). 기업사냥꾼들이 새로운 창구를 통해 행동주의를 실현하는 데에 핵심적인 3가지 사항이 모두 성취됐기 때문이었다.

이제 기업사냥꾼들은 그전의 방식을 고수할 필요가 없게 됐다. 대신 '헤지펀드 행동주의자'(hedge-fund activist)로 스스로를 재창조했다. 절대다수 주주로 올라설 필요 없이 소수지분을 매입한 뒤 영향력을 행사해서 차익을 챙길 수 있게 됐다. 1992년 위임규제개정이 이렇게 영향력을 행사할 수 있는 여건을 마련해 주었다. 헤지펀드 행동주의자들은 기업사냥꾼의 후예다. 칼 아이칸도 기업사냥꾼으로 화려한 경력을 쌓은 뒤 헤지펀드 행동주의자로 변모했다. 그러한 변모를 주도하는 연구를 진행시키고 이를 폭넓게 확산시키기도 했다.

물론 그렇다고 기업의 다수지분을 인수하고 상장폐지해서 '구조조정'하는 그전의 방식이 쓸모없어지지는 않았다. '적대적'으로 하지 않고 '우호적'으로 하고 필요한 인수자금도 다른 방식으로 끌어들이면 된다. 이 방법을 계속 사용하는 기업사냥꾼들은 사모펀드(*private equity fund*)로 옮기거나 자신들이 직접 사모펀드를 차리면서 활동을 이어갔다. 기업사냥꾼들은 행동주의 헤지펀드와 사모펀드의 두 갈래로 진화해갔고 이들의 행동주의적 영향력은 갈수록 강화되었다.

4) 기관투자자의 헤지펀드 '대체투자' 무제한 허용: 1996년 〈전국증권시장 개선법〉(NSMIA)

일반적으로 잘 알려지지 않은 기관투자자 행동주의 강화규제는 1996년 〈전국증권시장 개선법〉(NSMIA: National Securities Markets Improvement Act)이다. 이에 관해 상세하게 기술한 데이비드 데연(David Dayen)은 NSMIA가 "이 당시 (외부인들에게) 거의 인식되지 않았지만 … 월가의 폭넓은 지지를 받아 추진됐고 의회에서 거의 저항을 받지 않았던" 규제완화라고 설명한다(Dayen, 2016). NSMIA는 클린턴 행정부 때에 국가 금융경쟁력을 높인다는 명분하에 다양한 금융규제 완화를 실행한 법안이다. 헤지펀드와 관련된 NSMIA의 209조는 당시 언론이나 학자들이 전혀 주목하지 않았다. 그러나 이 규제완화는 헤지펀드의 영향력을 대폭 강화했고 또 기관투자자들이 헤지펀드처럼 행동주의적 개입을 할 수 있는 간접통로를 열어 준 것이었다.

헤지펀드는 1949년 최초의 헤지펀드 존스(A. W. Jones & Co)가 설립되고 반세기가량 흘렀지만 1990년대 중반까지는 그 성장세가 미미했다. 자유로이 투자할 수 있는 '개인펀드'(*private fund*)로서 기관투자자들이 적용받는 1940년 〈투자회사법〉의 규제를 벗어나려면 1백 명 미만의 고액자산가들로부터만 투자받도록 제한되었기 때문이다.[11]

그러나 NSMIA는 이 제한을 대폭 풀었다. '자격을 갖춘 고객' (*qualified purchasers*)을 거의 무제한 모집할 수 있도록 하고 그 자격은 개인은 순자산 5백만 달러 이상, 기관은 운용자산 2천 5백만 달러 이상으로 규정했다.[12] 이에 따라 헤지펀드는 개인자금뿐 아니라 기관투자자 자금을 거의 무한대로 끌어들일 수 있게 됐다. 기관투자자 입장에서 이 규제완화를 해석하면, 〈투자회사법〉이 금지한 고부채 지렛대 투자(*high-leverage investing*) 및 공매도 등을 헤지펀드에 '대체투자'함으로써 기존 규제를 벗어날 수 있는 문이 활짝 열린 것이라 할 수 있다.

〈그림 1-5〉에서 나타나듯 NSMIA 통과 이후 헤지펀드의 투자자산은 대폭 증가했다. 1997년 1, 180억 달러에서 2004년 1조 2, 290억 달러로 10배 이상 늘었다. 그 후 계속 증가해 2016년에 헤지펀드 자산은 3조 달러를 넘어섰다. 이러한 헤지펀드 운용자산 급증에 가장 크게 기여한 것은 기관투자자의 자금이다. 현재 헤지펀드 자산의 60% 이상은 기관투자자로부터 공급된다(Preqin, 2016).

---

11 고액자산가의 조건은 순자산 백만 달러에, 지난해까지 최소 2년 이상 지속적으로 연수입 20만 달러 이상을 올리는 것이었다. 또 헤지펀드는 고객을 개인적으로 접촉해서 구할 뿐이지 광고 등을 통해 공개적으로 모집할 수 없도록 했다.

12 NSMIA에서는 다루지 않았지만 현존하는 1934년 〈증권거래법〉에서 투자고객이 5백 명(혹은 기관) 이상이거나 자산이 5백억 달러 이상일 때는 SEC에 등록하도록 되어 있다. 개별 헤지펀드가 이 규모보다 클 필요는 거의 없다. 또 규모가 그 이상 커질 경우에는 똑같은 사람이 운용하더라도 헤지펀드를 여러 개로 분리해 운용하면 이 규제를 피해갈 수 있다.

그림 1-5 **헤지펀드 산업의 고속 성장세(1997~2016)**

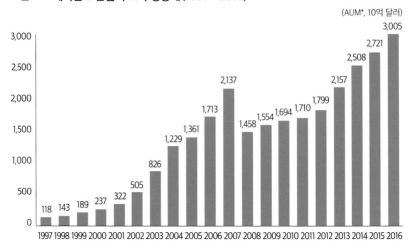

(AUM*, 10억 달러)

출처: Lazonick & Shin (2017)

그림 1-6 **행동주의 헤지펀드의 급성장(1997~2016)**

(AUM, 10억 달러, %)

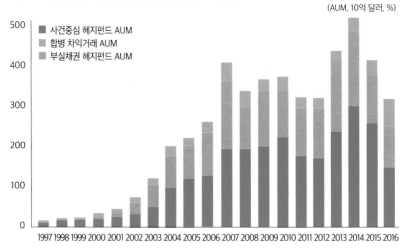

사건중심 헤지펀드 AUM
합병 차익거래 AUM
부실채권 헤지펀드 AUM

출처: Lazonick & Shin (2017)

헤지펀드 산업의 전반적 급성장과 발맞추어 행동주의 헤지펀드도 1990년대 중반 이후 빠르게 성장했다. 행동주의 헤지펀드 자산은 1997년 150억 달러에서 6년 만인 2003년에 1,170억 달러로 10배 가까이 늘어났다. 행동주의 헤지펀드 자산은 그 후 계속 증가해 2014년 5,070억 달러에 달한 것으로 추산된다(〈그림 1-6〉). 이에 따라 행동주의 헤지펀드들의 기업에 대한 캠페인과 성공률도 크게 증가했다.

5% 룰에 따라 공식적으로 기업에 대한 행동주의적 공격을 SEC에 밝혀야 하는 '13D 신고'(13D filing) 건수는 1994년 10건에서 1997년 212건으로 급증했다. 그리고 2008년에 353건으로 늘었다. 세계금융위기 이후 13D 신고는 급격히 줄어들었다가 2015년에 355건으로 회복됐다(Lazonick & Shin, 2017). 또 사외이사 임명을 둘러싼 주총 대결의 경우도 행동주의 캠페인의 성공률이 2003년 39%에서 2013년 60%로 크게 높아졌다(Laide, 2014).

3. 기관투자자 행동주의의 성과:
'약탈적 가치착출'과 '1% 대 99%' 구도

그러나 기관투자자 행동주의가 시작된 지 30년 이상 흘렀지만 기업 경쟁력을 높이거나 장기적으로 수익을 높였다는 증거는 별로 확립된 것이 없다. 투자자들의 압력에 따라 자사주 매입, 배당 등 '주주환원'이 늘어나면서 단기적으로 기업주가가 높아진 사례는 많다. 그렇지만 장기적으로 주가가 높아졌다든지 이익이 좋아졌다는 증거는 없다 (Bainbridge, 2005; Becht, Franks, Grant & Wagner, 2015; Briggs,

2007; Cheffins & Armour, 2011; Coffee & Palia, 2015).

오히려 기업의 성장잠재력을 갉아먹고 경제 전반에 걸쳐 고용불안, 분배악화라는 부정적 결과가 더 뚜렷이 나타난다. '약탈적 가치 착출'이 강하게 벌어졌다는 증거만 있다. 헤지펀드 행동주의를 옹호하는 학자들도 행동주의 개입이 있었어도 기업들의 가치나 수익률이 손상받지 않았다는 정도의 실증결과를, 그것도 별로 신뢰하기 어려운 데이터에 기반을 두어서 주장할 뿐, 행동주의가 중장기적으로 수익률 상승을 가져왔다는 결과는 내놓지 못하고 있다.[13] 행동주의의 대부인 몽크스조차 말년에 "다 망가졌다. 이제 고쳐 보자"(*It's broke. Let's fix it*)고 말할 정도로 지난 30여 년 동안의 기관투자자 행동주의가 실패했다는 사실을 인정했다(Monks, 2013).

기관투자자 행동주의의 실패는 미국에서 가장 극명하게 나타난다. 행동주의가 강화되면서 미국 주식시장은 기업에 자금을 공급하기보다 기업이 번 현금을 대폭 빼가는 창구 역할을 했다. 선진국은 성숙한 기업이 많기 때문에 기업이 돈을 조달할 필요는 줄어들고 배당 등으로 주주에게 돌려주는 돈이 많아지면서 주식시장이 약간의 자금 순유출 창구 역할을 하는 경향을 보였다. 미국 주식시장도 과거에는 약간의 순유출 창구였다. 그러나 기업사냥꾼의 전성기였던 1980년대에 순유출액이 커졌다. 그 후 기관투자자 행동주의를 부추기는 규제개정이 도입된 이후엔 순유출액이 급증했다(〈그림 1-7〉). 2006년부터 2015년까지 10년 동안 미국 비금융기업의 순주식발행(*net equity issue*) 액수는 -4조 1천 7백억 달러에 달했다.

---

13 〈따로 읽기 2〉"행동주의 성과에 대한 실증분석 종합검토" 참조.

그림 1-7 **미국 비금융기업의 순주식발행 추이**

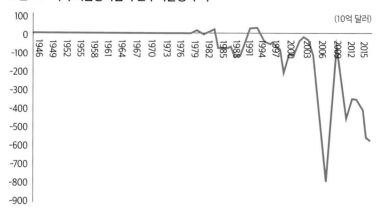

출처: Lazonick & Shin(2017)

대기업에 한정해서 보면 현금유출이 더 확연히 드러난다. 2006년 부터 2015년까지 10년 동안 S&P 500 지수를 구성하는 459개 대기업 은 자사주 매입에만 3조 9천억 달러(약 4천 5백조 원)를 썼다. 이 기간 중 S&P 500 기업들이 번 순이익 7조 2천 8백억 달러의 53.6%에 달 한다. 3조 9천억 달러라는 돈은 일자리를 창출하거나 기업의 장기투 자를 위해 쓴다면 엄청난 효과를 낼 수 있는 금액이다. 그러나 미국 기업의 주주들과 CEO들은 '주주가치 극대화'라는 명분으로 이 돈을 공개시장에서 자기 주식을 사서 없애 버리는 데에 썼다.

순이익의 36.7%에 달하는 2조 6천 7백억 달러는 배당에 사용됐 다. 미국기업들은 이전에도 유럽이나 아시아 기업들에 비해 배당을 많이 해왔다. 그러나 1990년대에 행동주의 압력이 강화되면서 배당 성향이 대폭 높아졌다. 순이익에서 나머지 9.7% 상당의 액수는 애 플이 아일랜드에서 문제되는 것처럼 조세회피 등의 목적으로 해외 에 빼낸 돈이었다.

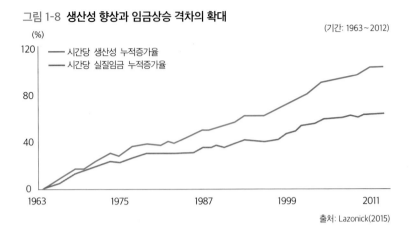

그림 1-8 **생산성 향상과 임금상승 격차의 확대**

(기간: 1963~2012)

(%)

— 시간당 생산성 누적증가율
— 시간당 실질임금 누적증가율

120

80

40

0

1963　　1975　　1987　　1999　　2011

출처: Lazonick(2015)

　행동주의자들은 그동안 기업이 '잉여현금'(*free cash flow*)을 너무 많이 갖고 있다며 이것을 주주에게 환원해야 한다고 주장해왔다. 그러나 이들이 실제로 빼낸 것은 '잉여'만이 아니었다. 이 기간 중 S&P 500 기업들이 벌어들인 순이익 전체에 해당하는 금액이었다. 미국기업들은 이익을 주식투자자들에게 다 내주고, 사업에 필요한 투자나 다른 비용은 구조조정으로 임금을 줄이거나, 자산매각, 부채확대 등의 수단을 통해 동원했다. 행동주의자들은 이 과정에 대해 주주들이 이익을 봤으니 바람직한 것이라고 합리화해왔다.

　그렇지만 사회적으로 보면 이것은 '약탈적 가치착출'이었다. 주식투자자는 법적으로 '잔여청구자'(*residual claimant*)이다. 세금, 임금, 금융, 사업비용 등을 다 제한 뒤 남는 이익 중 일부를 가져가는 것이다. 그러나 미국의 주식투자자들은 '주주가치 극대화'를 외치면서 자신이 취할 이익을 상수(常數)로 만들어 버렸다. 대신 근로자들에게 돌아갈 임금이나 기업이 미래를 위해 투자할 돈을 잔여로 취급했다.

이 과정에서 근로자들의 착취도가 대폭 증가했다. 뉴딜 금융규제가 유지되던 기간에는 생산성과 임금이 동반상승했다. 근로자 입장에서 업무강도가 높아진다고 해도 임금상승으로 보상받았다. 그러나 1980년대 이후에는 임금상승이 생산성 향상에 뒤처지기 시작했고 그 격차가 계속 확대됐다(〈그림 1-8〉). 1990년대 들어 미국 근로자들의 평균 근로시간은 그동안 '개미'라고 비아냥대던 일본 근로자들의 근로시간을 추월했다. 전체 근로자에서 비정규직 근로자(contingent workers)가 차지하는 비중도 2010년 10.5%에서 2015년에 15.8%로 급증했다. 이 기간 중 순증(純增)한 940만 명의 일자리의 대부분이 비정규직으로 채워졌다(Lawrence & Kruege, 2016). 미국기업의 구조조정이 일상화되면서 근로자들이 일자리를 많이 잃고 직업안정성도 상시적으로 위협받는 상황이 됐다.

주주민주주의를 통해 대기업을 개혁한다면서 미국에서 지난 30여 년 동안 실제로 벌어진 것은 '주주독재'의 실현이었다. 주주들의 이익을 위해 다른 이해관계자들이 희생됐다. 주주민주주의를 내세웠지만 실제로는 주주 중에도 일부 주주들만 크게 이득을 봤다. 이들과 주식옵션 등을 통해 '불경한 동맹'(unholy alliance)을 맺은 일부 경영자들도 큰돈을 벌었다. 대신 중산층이 붕괴되고 대부분의 근로자들은 살기 어려워진 '1% 대 99%' 구도가 고착됐다. 정치권의 아웃사이더였던 도널드 트럼프가 2016년 말 미국 대통령으로 당선된 경제적 뿌리도 여기에 있다(Shin, 2016).

행동주의 성과에 대한 실증분석 종합검토

스튜어드십 코드가 기반으로 삼는 기관투자자 행동주의는 행동주의가 기업의 장기적 가치 상승에 긍정적 영향을 미친다고 전제한다. 그러나 미국에서 1980년대 이후 기관투자자 행동주의가 본격적으로 시작된 뒤 그 전제를 뒷받침하는 실증연구는 거의 전무하다. 실증 없는 이념이 1980년대 이후 기업지배구조 개선 논의를 이끌었고 지금은 스튜어드십 코드를 이끌고 있다. 그리고 한국뿐 아니라 전 세계가 이 실증 없는 이념의 늪에 빠져 허우적댄다.

본문에서 지적했듯이 대부분의 실증연구는 행동주의가 단기적 주가상승에 기여했을지 몰라도 장기적 가치상승을 가져왔다는 증거를 내놓지 못했다. 필자가 강조했듯이 미국 기업의 현금 유출입과 구조조정 현황을 보면 오히려 약탈적 가치착출이 나타났다고 할 수 있다. 기관투자자 행동주의 옹호론자들이 현재까지 유일하게 행동주의의 '긍정적 효과'를 입증했다고 내세우는 실증연구는 하버드 법대의 루시언 베브척(Lucian Bebchuk) 교수와 그의 동료들이 발표한 "헤지펀드 행동주의의 장기효과"(*The Long- Term Effects of Hedge Fund Activism*)뿐이다(Bebchuk et al., 2015). 이 논문에서 베브척과 그의 동료들은 '대규모 샘플 실증분석'(*large-sample empirical analysis*)을 통해 행동주의가 단기적으로 기업성과를 상승시켰고 그 후에 장기적으로 기업성과가 나빠졌다는 증거를 찾을 수 없다고 결론지었다. 행동주의에 긍정적 효과만 있고 부정적 효과는 발견할 수 없다는 것이다.

그러나 이 연구는 무엇보다 샘플의 견고함을 인정할 수 없다. 베브척과 동료들은 1994~2007년 2,040건 행동주의 개입의 '총체적 모습'(*the full universe*)을 보여주는 데이터베이스를 통해 5년 동안 나타난 '장기효과'를 분석했다고 내세운다. 5년이 과연 기업의 장기성과를 볼 수 있는 기간인지도 확실치 않다. 어떤 투자는 5년 이상 10년이 걸려 효과가 나타난다. 제일 심각한 문제는 이 데이터베이스(*Compustat*)에 있는 기업들의 절반가량이 5년 이내에 사라지고 없다는 사실이다. 토빈의 Q (Tobin's Q) 분석의 경우 '5년 효과' 분석 초기 1,611개 기업이 5년 후 831개로 줄었다. 자산수익률(ROA) 분석에서는 5년 효과 분석 초기 1,584개 기업이 5년 후 815개로 줄었다. 기업 수가 줄어든 것은 해당 기업들이 망하거나 상장폐지를 통해 주식시장 통계에서 없어졌기 때문이다. 이들 기업이 성과가 좋았는데도 자발적으로 상장폐지한 것인지, 성과가 나빠서 상장폐지된 것인지 분석하지 않은 상태에서 행동주의 개입의 총체적 모습을 보여줬다고 말하는 것은 학문적 진실성이 있다고 할 수 없다. 베브척과 동료들의 연구에서는 상장폐지되지 않고 남은 절반의 기업들에 나타난 장기효과만 살펴봤고 망하거나 상장폐지된 기업들의 장기효과는 제외했기 때문에 행동주의 개입의 부정적 효과가 나타나지 않았다고 할 수 있다(Lazonick & Shin, 2017, 7장).

4. 인덱스펀드 대세와 복마전 기업투표, 행동주의 헤지펀드의 횡행

행동주의자들이 내세우는 구호나 이상과 정반대로 미국경제가 오히려 나빠진 이유는 무엇인가? 이를 이해하기 위해서는 무엇보다 기관투자자들이 근본적으로 기업의 가치창조나 개혁을 할 능력도 관심도 별로 없다는 사실을 직시해야 한다. 기관투자자는 기본적으로 주식거래인이고 주업무는 '투기'이다. 연구개발이나 생산시설 등에 투자해서 결과가 나오도록 조직을 경영하는 것과는 기본적으로 다른 업무능력이다. 투기 잘하는 사람이 경영을 잘한다고 할 수 없다. 펀드매니저들에게는 벤처투자와 같이 예외적인 경우를 제외하고는 한 기업에 장기 비전을 갖고 이 기업이 잘되도록 노력할 유인이 근본적으로 결여되어 있다. 또 그런 노력을 한들 투자수익률이 실제로 높아지리라고 확신하기 어려운 상황에서 그 노력에 상당한 비용과 시간을 투입하는 것도 쉽지 않다.

주식투자수익률을 높이기 위해 고민해야 하고 시간에 쫓기는 펀드매니저들에게 그 목표를 달성하는 핵심수단은 포트폴리오 선택과 조정이다. 포트폴리오에 있는 기업이 잘 굴러가지 않는다고 생각하면 그 기업을 개혁하기 위해 노력하기보다 해당 주식을 팔고 포트폴리오를 조정하는 것이 훨씬 쉬운 일이다. 월스트리트 워크는 과거나 오늘날이나 변함없이 금융투자자들의 핵심적 행동양식이다. 장기투자를 전략으로 내세우는 기관투자자들조차 거기에서 일하는 펀드매니저들을 평가하고 보상할 때에 기업경영에 영향을 미쳐서 나타난 장기수익률 성과를 포함하는 것은 쉽지 않은 일이다. 기관투자자 행동주의의 이상은 근본적으로 달성하기 어려운 것이었다.

실제로 20세기 초 주식시장을 통해 기업이 공개되기 시작했을 때부터 일반 주식투자자들의 목적은 투기였고, 오히려 경영에 관여하지도 않고 책임지지도 않으면서 수익을 올릴 수 있고 언제든지 팔고 나갈 수 있는 유동성이 있다는 사실 때문에 주식매입에 적극적으로 나섰다. 이러한 주식투자자와 기업경영의 관계는 뉴딜 금융규제를 통해 확인된 뒤 그 후 반세기 동안 변함없이 유지됐다. 길게 보면 1980년대부터 진행됐던 기관투자자 행동주의는 이러한 기관투자자와 기업경영 간의 근본적 관계와 도도하게 흘러온 역사를 무시한 일시적 환상이라고도 할 수 있다(Shin, 2018).

2000년대에 미국경제가 많이 나빠진 것은 이러한 기관투자자 행동주의에 근본적 한계가 있는 상태에서 기관투자자 행동주의를 장려한다는 명분으로 도입한 투표의무화, 5% 룰 및 관여와 표현의 자유 확대, 기관투자자의 헤지펀드 대체투자 무제한 허용 등의 규제변경이 펀드자본주의의 급진전에 따라 이미 벌어지고 있던 기관-기업 간 역학관계의 역전(逆轉)을 심화시켰고 기업투표와 기관-기업 관계를 복마전(伏魔殿)으로 바꾸어 버렸다는 데서 찾을 수 있다. 이런 상황에서 기업사냥꾼의 후예인 행동주의 헤지펀드들은 약탈적 가치착출의 전위대로 나섰고, 기관투자자들과 주식옵션을 많이 받은 경영진의 일부는 약탈적 가치착출의 공동주도자, 협력자 혹은 방조자가 되었다.

1) 기관투자자의 초거대 재벌화와 '기관-기업 관계' 규제의 역행

1980년대 이후 기관투자자 행동주의에 입각해 이루어진 대부분의 금융규제 혹은 규제완화는 기관투자자를 약자로, 기업 경영진을 강자로 상정해 기관투자자들이 '담합'이나 '관여' 등을 통해 기업에 대한 영향력을 강화하는 방향으로 만들어졌다. SEC의 1992년 위임규제개정도 이런 인식에 기반을 두고 만들어졌고 지금까지 그 기본 틀을 유지하고 있다. 한국도 1997년 외환위기 이후 IMF 체제에서 이러한 미국의 규제 틀을 상당부분 글로벌 스탠더드로 받아들였다. 현재 대부분 나라의 금융규제에서는 기관투자자를 개인투자자와 함께 뭉뚱그려 '소액주주' 혹은 '소수주주'로 취급한다. 이것은 정책담당자와 학자, 대중이 기관투자자와 기업 간 뒤집혀진 역학관계에 대한 실상을 제대로 인식하지 못하거나 이를 알아도 무시하기 때문에 벌어지는 현상이다. 제대로 된 정책이 나오려면 제대로 된 현실 파악이 필요하다.

20세기 중반 이후 미국에서 기관투자자가 주식시장에서 차지하는 비중은 지속적으로 높아졌다. 행동주의가 떠오르던 1980년에 이미 32%에 도달했고 1990년 45%, 2000년 55%, 2015년 63%로 급격히 올라갔다(〈그림 1-4〉참조). 미국 연방준비제도이사회(FRB) 통계에서 헤지펀드와 사모펀드는 '개인주체'(*private entity*)로 취급되기 때문에 이들의 주식보유분은 기관투자자 보유분에 포함되지 않는다. 필자는 이들을 기관투자자의 자금을 받아 운용하기 때문에 기관투자자에 포함시키고 그에 준하는 규제를 해야 한다고 생각한다. [14]

---

14 Lazonick & Shin(2017) 및 이 장의 2절 "기관투자자 행동주의와 '기관-기업 관계' 규제개정" 논의 참조.

헤지펀드와 사모펀드까지 포함하면 실제 기관투자자들이 차지하는 비중은 현재 70%를 훨씬 넘었다고 봐야 할 것이다. 기관투자자는 미국 주식회사의 절대적 대주주다.

게다가 기관투자자 지분은 일부 거대기관에 집중되어 있다. 2016년 중반 미국 주식의 31%에 해당하는 6조 8,180억 달러(약 7천 8백조 원) 어치의 주식이 블랙록, 뱅가드 등 5대 기관투자자에게 집중되었다. 10대 기관투자자에게는 42%가 집중되었다. 25대 투자자가 전체 주식의 절반이 넘는 56%를 보유한다(〈표 1-1〉). 국내에서 재벌의 '경제력 집중'을 비판하는데, 미국에서 일부 기관투자자에의 경제력 집중은 이보다 훨씬 더 심각하다. 이들은 한국의 재벌이 '새발의 피'로 느껴질 정도로 '초(超) 재벌'이다.

표 1-1 **미국 기관투자자들의 초거대 재벌화**

(단위: 10억 달러)

순위	기관투자자	주식보유액
1	Black Rock, Inc.	2,044
2	Vanguard Group, Inc.	1,553
3	Fidelity Investments	1,272
4	State Street Corporation	1,090
5	Capital Group Companies, Inc.	857
6	T. Rowe Price Group, Inc.	814
7	JP Morgan Chase & Co.	456
8	The Bank of New York Mellon Corporation	410
9	Wellington Management Group LLP	389
10	TIAA-CREF	373
	상위 5개사	6,818(31%)*
	상위 10개사	9,261(42%)
	상위 25개사	12,307(56%)
	상위 100개사	16,995(78%)

* 미국 주식시장 전체 시가총액 대비(2016년 6월 말 기준).　　　　　　출처: Capital IQ

한편 이들의 지분은 '과도한 다변화'(excessive diversification)라는 말이 적합할 정도로 흩어져 있다. 한 펀드에서 많은 경우 1만 개가 넘는 기업의 주식을 보유한다. 국내에서 재벌의 행태를 비판하며 사용하는 '문어발식 확장'이라는 말이 무색하다. 이렇게 된 가장 큰 이유는 1990년대 이후 기관투자자의 대세는 '인덱스펀드'(index fund)가 되었기 때문이다.

현재 세계에서 가장 큰 기관투자자인 블랙록, 뱅가드, 스테이트 스트리트 등은 모두 인덱스펀드로 컸다. 대형연기금들도 내부에서 인덱스 방식으로 투자하는 비중이 크게 늘었고 인덱스펀드에 운용 외주를 많이 주기도 한다. 그 결과 '합성형 펀드'(synthetic fund) 등 다양한 종류의 인덱스펀드를 다 합칠 경우, 미국에서 현재 상장기업 주식 중 거의 3분의 1가량은 인덱스계열 펀드에 의해 통제되는 것으로 추산된다. 한국도 ELS(주가연계 증권), ETF(상장지수거래 펀드) 등 인덱스펀드가 갈수록 주식투자의 대세가 되고 있는 것이 현실이다.

이렇게 보유지분의 '과도한 다변화'가 벌어지는데도 불구하고 놀랄 만한 사실은 거대 기관투자자들이 개별 기업에게 강력한 영향력을 행사할 수 있을 정도로 개별 기업 지분율이 높은 경우가 굉장히 많다는 것이다. 현재 세계 최대 기관투자자이자 뮤추얼펀드인 블랙록은 전세계 2,610개 기업에서 5%가 넘는 지분을 갖고 있다. 2위 뱅가드는 1,872개 기업에서, 3위 피델리티는 1,173개 기업에서 5%가 넘는 지분을 갖고 있다. 10대 기관투자자가 개별적으로 5%가 넘는 지분을 가진 회사는 7,464개에 달한다(〈표 1-2〉).

표 1-2 **미국 10대 기관투자자의 5% 이상 지분보유 기업 수**

(연도: 2016)

기관투자자	5% 이상 지분보유 기업 숫자
BlackRock, Inc.	2,610
Vanguard Group, Inc.	1,872
Fidelity Investments	1,173
Capital Group Companies, Inc.	465
Wellington Management Group LLP	439
T. Rowe Price Group, Inc.	414
JP Morgan Chase & Co.	191
State Street Corporation	178
The Bank of New York Mellon Corporation	98
TIAA-CREF	24

출처: Capital IQ.

〈뉴욕 타임스〉는 "주식보유 거인들이 조용히 휘젓고 있다"라는 제목의 글을 통해 블랙록의 힘을 다음과 같이 묘사한 바 있다. "(블랙록은) 미국 5개 기업 중 하나에서 최대주주"라며 "JP 모건체이스나 월마트(Wal-Mart), 쉐브론(Chevron)의 대주주이며 미국에서 공개되어 있는 40% 이상의 회사에서 5% 이상의 주식을 통제하고 있다."[15] 지금 미국경제에서 대기업들은 펀드재벌들에게 완전히 압도되고 있다. 또 이 펀드재벌들은 전 세계로도 기업장악력을 높이고 있다.

주목해야 할 사실은 이 초재벌 기관투자자들의 경영관여나 기업투표 능력이 자산규모와 영향력이 커짐에 따라 함께 증가하는 것이 아니라 오히려 '영'(零)으로 수렴한다는 것이다. 인덱스펀드는 경영관여나 기업투표에 대해 관심과 역량이 원천적으로 결여되어 있다. 개별 기업에 대해 연구하지 않고 주가지수 움직임에 대해서만 투기하기 때문이

---

15 "The giant of shareholders, quietly stirring", *New York Times*, 2013. 5. 18.

다. 펀드가격이 떨어져도 주가지수만큼만 떨어지면 '성공한 투자'로 간주되기 때문에 고객의 손실 가능성에 대해 무책임하다고도 할 수 있다.

그동안 인덱스펀드의 성공은 주식시장으로 돈이 지속적으로 유입되면서 주가지수를 높였기 때문이지, 인덱스펀드 매니저들이 운용을 특별히 잘해서 이루어낸 결과라고 말하기 어렵다. 또 인덱스펀드가 인기를 얻는 중요한 이유는 운용수수료를 극히 낮게 부과하기 때문이다. 초저가 수수료를 유지하기 위해 최소한의 운용인력만으로 컴퓨터 모델을 만들어 주가지수 움직임에 연동시키는 다양한 기법을 동원한다. 인덱스펀드 매니저들이 지수에 들어가는 수많은 기업들의 개별 현안에 대해 제대로 알기를 전혀 기대할 수 없다.

1980년대의 기관투자자 행동주의자들은 앞으로 기관투자자들이 관여하고 투표할 수 있는 역량을 키워갈 것이라고 소박하게 기대했다. 그러나 1990년대 이후 국제금융시장은 이들의 기대와 정반대 방향으로 흘러갔다. 1990년대 이후 인덱스펀드 위주로 성장한 뮤추얼펀드가 연금을 제치고 미국에서 최대, 또 세계에서 최대규모의 기관투자자로 올라섰고 대형연기금들도 상당수 인덱스펀드식으로 자금을 운용하게 됐다. 태생적으로 경영관여나 기업투표에 무관심·무능력한 펀드가 국제금융시장의 대세가 되어 버린 것이다.

이와 함께 단기투기가 차지하는 비중도 급격히 늘었다. 현재 뉴욕주식시장에서 초단기매매(HFT: *High-Frequency Trading*)가 거래에서 차지하는 비중은 절반가량에 달한다. 세계금융위기 직전에는 그 비중이 70%를 넘기도 했다. 이들은 나노 초 단위로 수많은 거래를 반복하고 포지션을 하루에 다 정리하는 것이 기본이다. 미국에서 주식투자자들의 평균 보유기간은 1980년 57.1개월에서 2000년 15.4개월, 2009년 4. 8개월로 급격히 떨어졌다(Wong, 2010).

이미 "알고리즘이 월가를 장악하고 있다"(*Algorithms Take Control of Wall Street*), "인공지능(AI)이 주식시장을 통제한다"(*AI Controls the Stock Market*), "미국 주식시장은 로봇이 장악하고 있다"(*The U.S. Stock Market Belongs to Bots*) 등의 보도가 쏟아져 나오고 있다(Salmon & Stokes, 2010; Danneman, 2017; Burger, 2017). 투자은행 JP 모건체이스는 2017년 인덱스펀드와 초단기매매를 합쳐 AI가 미국 전체 주식거래의 60%를 통제하고 있다고 추산했다. 또 펀드매니저나 개인이 판단을 내리는 주식거래(*discretionary equity trading*)는 10% 가량에 불과하다고 밝혔다(Burger, 2017). 워렌 버핏(Warren Buffett)과 같은 집중형 장기투자자는 국제금융시장에서 갈수록 예외가 되고 있는 것이 국제금융시장의 현실이다.

그러나 기관투자자 행동주의가 규제당국을 사로잡으면서 미국뿐 아니라 대부분 나라에서의 금융규제는 금융시장의 현실과 달리 기관투자자들이 관여와 투표할 능력을 갖추었다는 비현실적 기대에 입각해 있다. 그리고 이들 무능력·무관심 펀드가 초재벌이 된 현실을 살피지 않고 이들에게 투표를 의무화하면서 기업관여를 과거보다 훨씬 더 쉽게 할 수 있는 방향으로 규제를 개정해왔다. 국제금융시장의 현실과 금융규제가 역행(逆行)했고 이미 벌어지고 있던 기관-기업 관계의 역전(逆傳)을 더 심화시킨 것이다. 이에 따라 기관투자자의 관여 및 투표라는 공간에는 역량과 관심이 없는 투자자들이 뭔가를 해야만 하든지, 하고 있다는 시늉이라도 내야 하는 거대한 공백(空白)이 생겨났다.

2) 투표의무화의 폐해:
'투표괴물' ISS와 대형 기관투자자의 '립서비스' 투표

기관-기업 관계에서 거대한 공백을 만들어내는 데에 가장 크게 기여한 것은 기관투자자 투표의무화다. 몽크스는 기관투자자 투표의무화를 추진하면서 연금이 스스로 투표할 능력을 키워야 한다는 점을 강조했다. 그리고 그 능력을 보완하는 중립적인 제3자로서 투표자문사가 필요하다고 주장하면서 연금국장직에서 물러나자마자 ISS를 설립했다.

그러나 몽크스의 두 가지 전제, 즉 기관투자자가 투표할 능력을 키우는 것과 투표자문사가 능력 있고 중립적인 제3자로서 투표 능력을 보완해 주는 것은 손으로 잡을 수 없는 신기루였다. 1990년대부터 진행된 인덱스펀드 대세는 그 신기루를 즉각 입증해 주는—그러나 주주행동주의자들은 애써 눈감는—국제금융시장의 조류였다. 투표의무화 규제는 이 신기루 위에 쌓아올린 성(城)이었고 이에 따라 실제 기업투표 과정은 거대한 왜곡이 판치는 복마전이 되어 버렸다.

(1) '인민투표'가 되어 버린 기업투표

기관투자자 투표의무화의 폐해를 이해하기 위해서는 무엇보다 '투표의무화'가 어떤 근거에서 필요한 것인지 근본적으로 따져 봐야 한다. 몽크스는 '행동주의적 기업시민'(*active corporate citizen*)이라는 정치민주주의 개념을 도입하면서 이를 합리화했다. 다른 주주행동주의자들도 마찬가지로 주주민주주의를 내세우면서 정치민주주의 개념을 끌어들이는 경향이 많다. 그렇지만 투표의무화에서 주주행동주의자들이 실제로 한 것은 정치민주주의의 '구호'만 자신들의 입맞에 맞게 억지로 끌어당겨 원용했을 뿐이지 정치민주주의의 '실제'를 살핀 뒤 그 원리를 적용한 것이 아니다.

주주행동주의자들은 마치 투표의무화가 정치민주주의에서 일반적인 현상인 양 포장한다. 그렇지만 이것은 사실을 완전히 뒤집은 것이다. 각 나라 정부가 국민들에게 투표를 독려하는 것은 사실이다. 투표 참가자들이 많아야만 투표결과의 정당성을 확보하기 쉽기 때문이다. 그렇지만 싱가포르, 호주, 브라질, 아르헨티나, 북한 등 일부 국가를 제외하고 전 세계 대부분의 나라에서 투표는 국민들의 권리이지 의무사항이 아니다.[16] 여기에는 이유가 있다. 투표의무화가 투표참여율은 높일 수 있을지 모르지만 오히려 국민의 의사를 왜곡할 가능성이 높고 다른 부작용도 크기 때문이다.

투표에 관심 없는 사람들에게 투표를 강요하면 유권자들이 무작위로 후보자를 찍기도 하고 후보자가 제대로 일할 사람인지 판별하기 위해 노력하기보다 그때그때의 감정이나 사회의 변덕스러운 이슈 등에 흔들려서 즉흥적으로 투표를 결정하는 일이 많이 벌어진다. 예를 들어 호주에서는 한 번 선거할 때에 국회의원, 주의원, 구의원 등 여러 명에 대해 투표하는데, 투표지에 일렬로 동그라미 치든지 사선으로 동그라미 치는 등의 행태가 빈번하게 나타난다. 그러면 투표결과가 실제 민심과 다르게 많이 왜곡될 수 있다.

또 대부분의 자유주의 국가에서는 투표하지 않는 것도 국민의 의사표현이기 때문에 그것을 못하게 막는 것이 '표현의 자유'라는 기본

---

16 《위키피디아》에 따르면 전 세계 195개 국가 중 10개국만 투표의무화를 집행한다 (https://en.wikipedia.org, 2018년 1월 3일 접속).

권을 억압하는 일이 된다는 생각에 입각해서 투표의무화를 강제하지 않는다. 투표의무화는 국민의 기본권을 침해한다는 것이다(Birch, 2009; Brennan & Hill, 2014; Singh, 2015). 그러나 주주행동주의자들은 기관투자자의 투표의무화를 적극 추진하면서 그 부작용이라든가 '무투표'도 의사표현의 일종이라는 사실에 대해 눈감고 자신들이 생각하는 투표의무화의 긍정적 효과만 강조하면서 정치민주주의를 갖다 붙였다.

기관투자자 행동주의자들이 정치투표를 기업투표에 더 크게 왜곡 적용한 것은 기관투자자들이 투표내용을 공개하고 그 이유를 합리화 하도록 강제한 것이다. 이것은 인민투표 방식이다. 민주주의 국가에 서의 정치투표는 인민투표가 아니라 비밀투표로 행해진다. 국민이 내가 누구를 찍었다고 얘기할 필요도 없고 이것을 공개적으로 합리화 할 필요는 더더욱 없다. 비밀투표의 경우에는 투표에 관심 없는 국민 들이 무작위로 투표한다고 해도 투표결과가 한 방향으로 몰리지 않는 다. 서로 다른 방향의 투표가 상쇄돼서 부작용이 줄어들 수도 있다. 그러나 기관투자자가 인민투표장에 나와서 자신의 투표를 인민에게 공개하고 그 이유를 설명해야 하면 인민이 '정답'이라고 생각하는 방 향으로 투표 방향과 이유를 맞추는 '쏠림현상'이 나타날 수밖에 없다.

이런 상황에서 인덱스펀드와 같이 투표에 무관심하고 무능력한 기 관투자자들은 인민의 동의를 받을 수 있는 이유를 어떻게든 만들어내 든지, 그 이유를 제공하는 업체로부터 그것을 '구매'하든지 해야 한 다. 주주행동주의자 몽크스는 그의 이상에 사로잡혀 투표의무화가 이런 부작용을 가져올 가능성을 간과했을지 모른다. 그러나 비즈니 스맨 몽크스는 기업투표를 인민투표식으로 만들었을 때 ISS에 오는 혜택을 명확히 읽었다. 그래서 그는 더블 헬릭스 방식으로 돈과 영향력을 동시에 확보했다.

그렇지만 금융규제 기관들은 투표의무화에서 소박한 행동주의적 기대만을 반복하면서 그 부작용과 사업적 이익이 어떻게 흐르는지에 대해서는 전혀 언급하지 않는다. 2003년에 SEC가 뮤추얼펀드의 투표의무화를 시행하면서 내놓은 합리화를 살펴보자. 몽크스가 거의 20년 전에 내놓은 합리화와 차이가 없다. 국내에서 스튜어드십 코드 추진 주체들이 현재 내놓는 합리화도 마찬가지다(SEC, 2003).[17]

우리는 투표에 관련된 규정을 준수하는 데에 있어 투자자문사들이 본업에 필요한 자원 이외에 추가로 자원을 들여야 한다는 것을 인식하고 있지만 이것이 효율성을 여러 경로를 통해 높일 것이라고 기대한다. 자문사들이 투표를 조직적이고 체계적으로 하게 될 터이니 현재 하고 있는 방식보다 효율적이 될 것이다. 모든 기관투자자들에게 의결권 행사관련 정책과 절차를 만들고 이를 기록으로 남기도록 하는 것은 이들이 의결권 행사절차를 어떻게 만들어내고, 개선하고 실행할 것인지에 대해 참고할 수 있도록 제 3기관들(*third parties*)이 새로운 자원과 지침(*new resources and guidance*)을 만들어내는 것을 장려하게 될 것이기 때문에 추가로 효율성을 높일 수 있다(*may enhance efficiency further*).[18]

---

17 이에 관해서는 3장 1절 "한국 스튜어드십 코드의 추진 과정: 정부주도의 정치적 스튜어드십 코드" 및 〈부록 2〉 "조명현 한국기업지배구조원장 인터뷰 비판적 검토"와 〈부록 3〉 "한국기업지배구조원과 ISS의 '이해상충'" 참조.

18 일반인들에게 세계 최고의 증권규제 기관이라고 일컬어지는 SEC에서 어떻게 이 정도 수준의 정책지침과 설명을 내놓았는지 의아해할 독자들을 위해 아래에 영어 원문을 싣는다.

SEC가 말하는 '효율성'이 무엇을 뜻하는가? 이것은 금융규제 차원이나 국가경제 차원에서의 효율성이 절대 아니다. 규제를 받은 기관투자자 입장에서의 효율성이다. 기관투자자들이 이 규제에 따라 돈을 얼마나 추가로 들이게 될지, 그에 따라 내부 일처리 과정을 더 효율적으로 만들 수 있는지만 따지는 것이다. 마치 기관투자자들의 이익단체가 "이런 새로운 규제를 도입하는데 이것이 비즈니스에 도움되는 것"이라고 친절하게 설명하면서 양해를 구하는 투이다. 경제 전반적으로 어떤 편익비용이 있는지에 대해서는 언급하지 않는다.

그러나 '인민투표'는 경제 전반에 걸쳐 여러 가지 부작용을 일으킬 수밖에 없다. 그 부작용은 앞서 강조하듯이 '약탈적 가치착출'로 실현됐다. 금융당국이 규제개정에 따르는 편익비용 분석을 엉터리로 하면서 나타난 결과이다. 다음 장에서 보듯 SEC는 2010년 이사 선임규제 변경과정에서도 편익비용 분석을 엉터리로 해서 미국법원으로부터 규제개정 무효판결을 받기도 했다.[19]

"Although we recognize that compliance programs, including proxy voting programs, may require advisers to expend resources that they could otherwise use in their primary business, we expect that the rules and rule amendments may indirectly increase efficiency in a number of ways. Advisers would be required to carry out their proxy voting in an organized and systematic manner, which may be more efficient than their current approach. Requiring all advisers with voting authority to adopt proxy voting policies and procedures, and meet recordkeeping requirements, may enhance efficiency further by encouraging third parties to create new resources and guidance to which industry participants can refer in establishing, improving, and implementing their proxy voting procedures."

19 2장 2절의 1) "미 경영자협회와 상공회의소의 증권거래위원회 이사 선임방식 규제 개정 소송 및 승소" 참조.

(2) 거대 인덱스계열 펀드들의 '립서비스' 투표

'기업지배구조 개선'이라는 원치 않는 소명을 부여받고 투표를 의무적으로 하게 되자 처음에 대부분의 인덱스계열 기관투자자들은 ISS의 의견을 그냥 따라갔다. 그러나 투표자문사에 의존하는 관행에 비판이 일자 대형 기관투자자들은 내부에 투표를 전담하는 '기업지배구조팀'(*corporate governance team*)과 같은 소규모 조직을 만들어 운영하기 시작했다. 2010년대 이후 '스튜어드십 코드'라는 용어가 사용되기 시작하면서 여러 연기금과 뮤추얼펀드는 이 조직의 이름을 '스튜어드십팀'으로 바꾸었다.

그러나 ISS건 기업지배구조팀이건 간에 수많은 기업의 투표사안을 제대로 분석해 결정을 내릴 역량을 갖추는 데에 구조적 한계를 가진다는 점에서는 '50보 100보'라고 봐야 한다. 이들의 내부운용을 살펴보면 투표의무화 규제를 이행하기 위한 '립서비스' 조직이고, 무능력에 더해 투표의 편향성, 이해상충 등의 부작용까지 함께 갖고 있다고 할 수 있다.

블랙록의 경우를 보자. 블랙록은 개별 기업에 대해 연구하지 않는다는 전제에서, 따라서 개별 기업의 투표에도 관심을 두지 않는다는 전제에서 인덱스펀드를 팔았고 그 결과 세계 최대 기관투자자로 떠올랐다. 그러나 2003년 SEC가 투표를 의무화하니 블랙록도 이를 실행하고 또 대외적으로 합리화해야만 하게 됐다. 블랙록이 택한 방법은 투표 이원화였다. 액티브 펀드(*active funds*)는 종전처럼 해당 펀드매니저들이 투표권을 행사하도록 했다. 반면 인덱스계열의 패시브 펀드(*passive funds*)는 기업지배구조팀을 만들어 투표를 총괄하게 했다. 패시브 펀드에서는 거래(*trading*)와 투표가 업무상 분리된 것이다(Loomis, 2014). 뱅가드, 스테이트스트리트, 피델리티 등 다른 거대 기관투자자들도 비슷한 방식을 택했다.

기업지배구조팀은 투표권을 행사하고 기업관여에 충분한 역량을 갖춘 것으로 대외에 홍보된다. 그러나 속을 들여다보면 전혀 그렇지 못하다. 블랙록의 기업지배구조팀은 2012년의 경우 약 20명으로 구성되는데 전 세계에서 열린 14,872건의 주주총회에서 129,814개의 안건에 대해 투표했다. 개별 사안을 제대로 따질 여유와 역량이 안 된다. 대부분 기계적 기준을 그냥 적용할 뿐이다. 〈뉴욕 타임스〉는 "기업지배구조의 스피드 데이트(speed date)를 하는 식으로" 결정이 이루어진다고 보도했다.[20] SEC가 기관투자자들로부터 기대한다고 했던 '조직적이고 체계적으로' 하는 투표와 거리가 멀어도 한참 멀다. 투표가 의무화되니 립서비스 하는 조직을 만든 것이라고 해석할 여지가 훨씬 더 크다.

(3) 투표괴물 ISS: 정당성 없는 파워와 투표의 편향성

몽크스나 SEC가 투표의무화를 도입할 때에 가장 크게 기댄 곳은 ISS와 같은 의결권 자문사이다. 그래서 몽크스는 '중립적인 제3자'를 강조했고, SEC는 "제3기관들이 새로운 자원과 지침을 만들어내는 것을 장려하게 될 것이기 때문에 추가로 효율성을 높일 수 있다"고 얘기한다. 그러나 의결권 자문사들의 역량은 거대 기관투자자들이 내부에서 운용하는 '기업지배구조팀'과 별반 차이가 나지 않는다.

예컨대 ISS는 연간 전 세계 117개국에서 열린 4만 건의 회의에 올

---

20 "The giant of shareholders, quietly stirring", *New York Times*, 2013. 5. 18.

라간 850만 개의 안건에 대해 '예스' 혹은 '노'라고 딱 부러지는 의견을 내놓는다.[21] 그러나 안건이 주총에 올라가는 이유는 많은 부분 의견이 엇갈리기 때문이고 따라서 한쪽의 주장만이 일방적으로 맞다고 할 수 있는 경우는 많지 않다. 경합하는 안건은 보통 서로 다른 장단점이 있고 보는 시각에 따라 그 장단점이 달라진다. 엇갈리는 견해에 대해 장단점을 분석하는 보고서를 내놓는 것은 상대적으로 쉽다. 그렇지만 이것을 종합해서 어느 쪽이 옳다, 그르다를 명쾌하게 판별하는 보고서를 내놓는 일은 대단히 어려운 일이다. 전 세계에 행정직원까지 다 합쳐서 9백 명의 직원을 가진 ISS가 어떻게 그 수많은 회사들의 그 수많은 안건들에 대해 그렇게 뛰어난 변별력을 갖고 있다고 기대할 수 있다는 말인가?

의결권 자문사들이 아무리 인원을 늘리고 '역량'을 강화한다 한들 SEC가 기대하듯 '제3자'로서 객관적 의견을 제시한다고 기대할 수도 없다. 첫째, 이들의 태생상 정말 객관적인 의견을 낸다고 보기 어렵다. 예를 들어 ISS는 주주행동주의의 리더인 몽크스가 만들었다. 행동주의적 펀드와 경영진이 분쟁을 벌일 때에 구체적 사안이 무엇인지 여부와 관계없이 행동주의적 펀드를 지지할 가능성이 높다고 할 수밖에 없다. ISS의 현재 주인은 베스타캐피탈이라는 사모펀드이다. 기업사냥꾼으로 활약했던 퍼스트보스턴은행의 차입매수팀 출신들이 나와서 만든 펀드이다. 행동주의 헤지펀드와 일반기업이 맞붙는 사안에서 ISS의 추천이 어느 쪽에 경도될 것인지 쉽게 추측할 수 있다. 글래스루이스는 캐나다의 행동주의적 연금인 온타리

---

21 ISS 웹사이트(https://www.issgovernance.com, 2018년 1월 4일 접속).

오 교원연금(Ontario Teachers' Pension Plan)과 앨버타 펀드(Alberta Investment Management Corp)가 공동소유하고 있다. 경영진과 투자자들 간에 의견이 엇갈리는 사안에 대해 객관적 견해를 내놓으리라고 기대하기 힘들다.

둘째, '이해상충'의 여지를 많이 갖고 있다. 투표자문사들이 기업과 금융투자자들에게 의결권 자문을 하는 한편 컨설팅 서비스도 함께 해주기 때문이다. 자신들이 컨설팅 서비스를 해주는 기관과 그렇지 않은 기관이 주주총회에서 맞붙을 경우 어느 쪽 손을 들어줄 가능성이 높을지는 쉽게 예상할 수 있다. 따라서 행동주의 헤지펀드들이 기업에 대한 캠페인을 전개하기 전에 주주총회 표결에 대비해서 미리 의결권 자문사에 컨설팅 서비스를 주는 정지작업을 할 가능성이 열려 있다. 경영진 입장에서도 주주총회에서 의결권 자문사의 '지원'을 받기 위해 컨설팅 서비스 계약을 할 가능성이 있다. 그러나 의결권 자문사들은 비공개 회사이기 때문에 내부에서 여러 비즈니스들이 실제로 어떻게 연결되어 있는지 외부에서 확인할 방법이 없다. 따라서 이들이 '투표권고'가 정말 객관적 기준에서 이루어진 것인지, 아니면 자신의 비즈니스에 유리한 방향으로 이루어진 것인지 판별할 수 없다.

이러한 문제점들에도 불구하고 투표의무화는 의결권 자문사들에게 거대한 돈과 파워를 가져다줬다. 바로 몽크스가 연금국장을 할 때부터 바라던 바다. 실제로 1985년 ISS가 처음 만들어졌을 때에는 연금펀드들이 ISS에 별 관심을 기울이지 않았다. ISS의 사업은 크게 고전하고 있었다. 그러나 1988년의 '애본 편지'가 ISS의 영향력과 비즈니스에 있어 '큰 전환점'(*the big break*)을 만들어 줬다(Rosenberg, 1999: 164~178). 2003년 SEC의 기관투자자 투표의무화는 ISS에 더 큰 날개를 달아 줬다. 글래스루이스는 이렇게 더 크게 열리는 기회를 잡기 위해 ISS가 독점하던 시장에 2003년 뛰어들었다.

그동안 투표에 관심 없던 펀드들 입장에서는 의결권 자문사의 추천을 따르는 것이 투표라는 원치 않는 의무를 가장 쉽게 수행하는 한편 자신의 투표내용을 가장 쉽게 정당화할 수 있는 방법이었다. 특히 인덱스펀드들에게는 개별 주식에 대한 분석에 돈 쓰는 것을 정당화할 방법이 없기 때문에 더욱 그러했다(Bew & Fields, 2012: 15).

액티브 펀드의 경우에도 많은 펀드매니저들이 웬만하면 의결권 자문사들의 추천을 따르는 경향을 보인다. 투자업무에 바쁜 펀드매니저들이 개별 기업의 투표와 관련된 주요쟁점을 이해하기 위해 스스로 자료를 확보하고 판단하는 노력을 기울이기보다는 의결권 자문사들이 내놓은 분석을 먼저 보는 경우가 많다. 처음 참고하는 자료 쪽으로 생각이 기울 가능성이 높아진다. 또 대부분의 기관 내부에서 의결권 자문사의 추천을 그대로 따라서 투표를 결정하면 펀드매니저들이 추가로 할 일이 없다. 그렇지만 의결권 자문사의 추천과 반대의견을 내려면 왜 그런지에 대해 설득력 있는 보고서를 작성해야 하는 관행이 있다. 펀드매니저들 중에서 그런 시간과 노력을 가외로 들이려는 열정과 용기를 가진 사람은 그렇게 많지 않다.

결과적으로 투표의무화는 ISS 등 의결권 자문사에 정당성 없는 파워를 가져다주었다. 공식적으로 이들은 '자문사'에 불과하다. 이들이 기업의 주요사안에 대해 영향력을 행사할 아무런 근거가 없다. 그러나 실질적으로는 강력한 영향력을 행사한다. 한 연구에 따르면 ISS로부터 부정적 평가를 받은 경영진 제출 안건은 사안에 따라 적으면 13.6%에서 많으면 20.6%까지 기관투자자들의 지지율을 떨어뜨리는 것으로 나타났다(Bethel & Gillan, 2002). 단 몇 퍼센트로 주주총회에서의 통과 여부가 갈리는 경우도 많은데, 두 자리 숫자의 지지율이 떨어지면 경영진으로서는 이를 심각하게 받아들일 수밖에 없다.

뮤추얼펀드의 25%는 ISS가 권고하는 대로 거의 자동적으로 의결권을 행사한다는 연구도 나왔다(Iliev & Lowry, 2015). 미국의 경영자보수센터가 2010년에 한 설문조사에 따르면 응답 기업의 54%가 지난 3년간 의결권 자문사들이 제시하는 기준을 맞추기 위해 기존 보수계획을 바꾸거나 새로운 보수제도를 도입했다고 응답했다(Center on Executive Compensation, 2011). 이러한 ISS의 영향력 때문에 중요한 안건이 있으면 평상시에는 강력해 보이던 미국 대기업의 고위임원들이 ISS 본부가 있는 메릴랜드주의 록빌(Rockville)에 "무릎을 꿇고 찾아와 ISS 매니저들에게 자신들이 가진 생각의 장단점을 설득하는 일이 벌어진다(Strine, 2005)."

의결권 자문시장이 과점구조이기 때문에 이러한 문제는 더 심각해진다. 수많은 의결권 자문사가 있고, 이들이 서로 다른 의견을 낸 뒤 기관투자자들이 그중에서 취사선택한다면 이들의 견해가 그저 '자문' 수준에 그칠 것이다. 그러나 투표에 관심 없거나 능력이 없는 펀드들에게 투표를 의무화시키면서 만들어진 커다란 공백을 어느 누구도 정당한 권리를 부여해 주지 않은 두 개의 의결권 자문사가 대부분 차지했다.

의결권 자문사는 투표의무화가 만들어낸 괴물이다. 전 세계 주요 기업들의 주주총회에 초대받지 않았지만 실질적으로 참석하고, 투표권이 없지만 실질적으로 투표권을 행사하는데, 어느 누구도 쫓아내지 못하고 오히려 그 앞에서 벌벌 떠는 전대미문(前代未聞)의 존재다. 몽크스의 주주행동주의가 실제로 사회적 혁신인지는 얘기하기 어렵다. 필자는 이에 대해 대단히 부정적이다. 그러나 그가 아무도 상상하지 못했던 괴물을 선구적으로 만들어낸 '사업혁신가'(business entrepreneur)라는 사실은 인정할 수밖에 없다.

3) '5% 룰'과 '이리떼 공격' 및 '관여와 표현의 자유' 악용

1930년대부터 미국 자본시장을 규율했던 뉴딜 금융규제는 '사기와 기만'이나 '조작적이거나 기만적인 기재 또는 술수'(manipulative or deceptive devices or contrivances)를 막는다는 목적하에서 투자자와 경영진의 분리원칙을 세웠다.[22] 그러나 1980년대 이후 기관투자자 행동주의 강화로 이 원칙이 깨지고 뉴딜 금융규제가 막으려 했던 일들이 우후죽순(雨後竹筍)처럼 돌아났다.

첫째, 행동주의 헤지펀드들이 '이리떼'(wolf pack)를 만들어서 집단행동하는 것이 일반적 현상이 됐다.[23] 반독점 전통이 강한 미국에서는 지금도 카르텔이 금기사항이다. 악의적으로 해석한다면 SEC는 1992년 위임규제개정이 투자자 카르텔을 허용하는 것이라는 사실을 인지했으면서도 공식적으로 그 얘기를 하지 않는다고 할 수 있다. 아주 선의로 해석하면 기관투자자들이 공동행동할 가능성을 생각하지 않고 지분 5% 제한만 두면 괜찮을 것이라고 순진하게 판단했다고 할 수 있다.

그러나 미국 대기업들의 지분구조를 안다면 5% 룰은 카르텔 행

---

22 1장 1절 "주주민주주의, '뉴딜 금융규제'와 기관투자자" 참조.
23 '이리떼' 현상에 대해서는 Coffee & Palia(2015) 등 참조.

위를 방지하기에 너무 높은 것이라고 할 수 있다. 공개된 대기업에서 5% 넘는 지분을 가진 기관투자자는 많지 않다. 예를 들어 2016년 4월 21일 기준으로 애플의 주식 중 5% 넘는 지분을 가진 기관투자자는 뱅가드(9.9%)와 스테이트스트리트(6.7%)뿐이다.[24] SEC가 5%가 넘지 않는 지분을 가진 기관투자자들이 모두 특별한 영향력을 행사할 수 없을 정도로 미약한 소수주주라고 판단했다면 SEC의 역량을 근본적으로 의심할 수밖에 없는 사안이다.

게다가 5% 룰은 '이리떼'를 만드는 등의 방법을 통해 쉽게 우회할 수 있다. 개별 기관투자자들이 5%보다 낮은 지분을 확보해 놓은 상태에서 서로 '의견교환과 협의'를 한 뒤(한국의 〈공정거래법〉이나 미국의 〈반독점법〉에서 이런 행위는 다 불법이다. 그렇지만 SEC는 기관투자자들에게 이러한 담합행위를 실질적으로 허용했다.) 공격을 주도하는 투자자에게 지원을 몰아줄 수 있다. 예를 들어 대형서점 반스앤노블(Barnes & Noble)의 경영권을 놓고 공방이 벌어졌을 때 이를 주도하던 행동주의 투자자는 표면적으로 18.7%의 지분을 가진 것으로 나타났다. 그러나 그를 따르는 '이리떼'를 합치면 반스앤노블 주식의 36.14%를 통제하는 것으로 드러났다(Lu, 2016). 금융정보서비스사인 나이트리더(Knight Ridder)의 경우는 "처음에 19%로 보이던 지분이… 48시간 만에 37%로 늘어났다. 이 캠페인은 즉각 성공했다(Briggs, 2007: 698)."

둘째, '이리떼'를 쉽게 만들 수 있게 됨에 따라 '이리떼 효과'라고 불리는 현상이 나타났고 이를 활용해 주가를 조작하기 쉬워졌다. 이

---

24 NASDAQ 웹사이트(http://www.nasdaq.com, 2016년 4월 21일 접속).

리떼가 만들어졌다는 것을 발표하거나 정보가 흘러나오면 주식시장에서 해당 기업의 주가가 뛰는 것이 보통이다. 한 연구는 "(이리떼 형성) 발표에 따라 미국에서 평균 7%의 비정상적 급등이 있고 유럽과 아시아에서는 각각 6.4%와 4.8%의 급등이 있다"고 지적했다(Becht et al., 2015). 이리떼 구성을 협의한 투자자들은 언제 이것을 공개할지 알고 있기 때문에 공개일정에 맞춰 해당 주식매매 전략을 세울 수 있다. 또 그 전략에 따라 발표 강도 및 방법도 조절할 수 있다. 파생금융상품 시장의 발달로 주식소유와 위험을 분리시킬 수 있고, 더 나아가 투표권만 분리시켜 '공투표'(空投票, empty voting)를 할 수도 있기 때문에 감독당국이나 다른 주식투자자들의 눈에 보이지 않게 주가조작을 할 수 있는 가능성이 크게 열려 있다.

셋째, 경영진에 대한 자유로운 관여(engagement)를 통해 얻은 내부정보를 주식매매에 활용할 가능성이 크게 열렸다. 더 나아가 주가를 조작할 목적으로 경영진에게 압력을 넣을 수도 있다. 수익을 추구하는 행동주의 헤지펀드들만 그러는 것이 아니다. 공공연금 관리자들이 '관여'를 자신의 경력을 만들어내서 승진하거나 다른 일자리를 찾기 위해 경영진에 압력을 넣는 장(場)으로 활용하는 사례들도 드러났다(Romano, 1993). 존 쇼피(John Cioffi)는 따라서 다음과 같이 말한다(Cioffi, 2006).

1992년의 위임규제개정은 겉으로는 기관투자자들에 의해 기업지배구조를 개선하는 것처럼 보일지 모르지만 그 대가로 투명성을 잃게 만들었다. 기관투자자들은 일부 예외를 제외하고는 경영진에게 관여할 때에 대중이 모르게 사적으로 우려와 비판을 전달하는 방식을 선호하게 됐다. 따라서 이러한 의견교환은 경영진이 기관투자자의 담당자들에게나 투자은행 혹은 증권회사의 애널리스트들에게 의미 있는 정보(*significant information*)를 내놓는 자리가 됐다.

넷째, '표현의 자유' 허용은 기관투자자들이 경영진을 대할 때에 압도적 우위를 만들어 줬다. 비록 "사기가 아닌 얘기인 한"이라는 전제가 붙긴 했지만, 투자자들이 아무런 거리낌 없이 무제한으로 경영진을 비판할 수 있는 공인인증서를 받았기 때문이다. 논란거리가 되는 일에서 '사기'라는 경계만 넘지 않으면서 상대방을 비판할 구실을 찾는 것은 '식은 죽 먹기'이다. 경영진이 중요한 의사결정을 내릴 때는 장단점을 종합적으로 비교해야 한다. 이 경우 투자자들은 장점을 다 빼놓고 단점만 찾아서 "회사를 망치고 있다"고 공개적으로 비판해도 아무런 부담이 없다. 한편 경영진은 자신들을 비판하는 투자자들이 정말 크게 잘못한 일이 없는 한 이들을 대놓고 비판하는 것이 굉장히 힘들다.

1992년 위임규제개정 덕분에 헤지펀드들이 기업 경영진을 공격할 때에는 단순히 정중한 편지를 보내는 것만이 아니라 비판내용을 담은 '백서'(*white paper*)를 만들어서 기자회견까지 하는 것이 관행처럼 되어 버렸다. 전용 웹사이트를 만들어서 경영진이 굴복할 때까지 비판적인 글을 계속 올리기도 한다. 사설탐정을 고용해 경영자의 사생활을 뒤져 이를 웹사이트에 올리는 일도 종종 있다. 이러한 공개 비판은 경영진에 엄청난 압박을 준다. 공개된 여론전쟁을 계속하는 것보다 투자자들의 요구 중 일부를 들어주면서 휴전(休戰)하거나 종전(終戰)하는 것이 속 편한 일이다. 실제로 현재 미국에서 아무리 잘나가는 대기업이라도 행동주의 헤지펀드의 공격이 시작되면 경영진이 이를 얼른 무마하는 것이 관행이 되어 버렸다.

4) 기관투자자와 행동주의 헤지펀드의 '공동투자'

행동주의 헤지펀드들이 보유지분보다 훨씬 더 강한 영향력을 행사하는 이유는 많은 경우 연기금, 뮤추얼펀드 등 기관투자자들이 동조해 주기 때문이다. 이러한 동조현상의 한 원인은 이들이 같은 금융투자자이기 때문에 주주가치 위주의 세계관을 공유하기 때문이라고 할 수 있다. 그러나 1996년 〈전국증권시장 개선법〉으로 헤지펀드들이 기관투자자로부터 대규모 자금을 끌어들일 수 있게 되면서는 기관투자자와 헤지펀드 간 공통된 이해관계 때문에 이러한 동조현상이 더 강하게 나타나고 있다.

이미 헤지펀드 투자자금의 60% 이상은 기관투자자에게서 나온다. 기관투자자와 헤지펀드는 절반 이상 '한 몸'이라고 할 수 있다. 따라서 헤지펀드가 지분보유 기업에 행동주의 캠페인을 전개할 때에 이 헤지펀드에 대체투자한 기관투자자도 해당 기업 주식을 보유하고 있으면 자신의 대체투자 수익률을 높이기 위해 헤지펀드를 지원할 경제적 유인이 생긴다. 더 나아가 처음부터 헤지펀드와 기관투자자가 캠페인 대상 기업의 주식을 함께 매입하고 행동에 나서는 경우도 있다. '공동투자'(co-investment)라고 불리는 현상이다.

2013년부터 2015년까지 2년간 전개된 화학기업 듀폰(Du Pont)과 헤지펀드 트리언(Trian) 간의 대결이 대표적이다. CalSTRS는 듀폰의 장기투자자였고 경영진과의 관계도 좋았다. 그러나 2013년 트리언이 듀폰에 캠페인을 전개하며 요구사항이 적힌 편지를 보낼 때에 CalSTRS는 공동서명했다. 듀폰 경영진은 처음에 영문을 몰랐다. 그러나 추후에 CalSTRS가 트리언에 대체투자한 '공동투자자'였다는 사실이 밝혀졌다. 듀폰은 트리언의 요구를 더욱 심각하게 받아들일 수밖에 없었다(Gandel, 2015).

그동안 가장 상세하게 기술된 공동투자 사례는 2012년 철강 및 기계부품회사인 팀켄(Timken)에 대한 캠페인에서 드러난다. CalSTRS는 헤지펀드 릴레이셔널(Relational Investors LLC)에 이미 10억 달러를 대체투자하고 있던 긴밀한 관계였다. 릴레이셔널과 CalSTRS는 처음부터 팀켄에 대한 공격을 함께 시작했다. 릴레이셔널과 CalSTRS는 함께 팀켄의 지분을 매입해 들어가서 동시에 5% 지분을 넘기는 이리떼 공격을 시도했다. 처음 캠페인이 시작될 때부터 CalSTRS와 릴레이셔널은 'unlocktimken.com'이라는 웹사이트를 공동으로 만들어서 팀켄 일가를 공개적으로 비판했다. 다른 주주들에게 캠페인을 설명하는 로드쇼에도 양쪽 관계자들이 함께 갔다. 팀켄 일가를 비난하는 보도자료도 양측이 공동으로 내놓았다. 팀켄은 이 압력에 밀려 회사를 기계부품회사와 철강회사로 분리하고 대폭 구조조정을 하게 됐다(Schwartz, 2014; Orol, 2014; Denning, 2014).

헤지펀드 혼자 이러한 캠페인을 전개하면 기업 경영진이 "당신들, 단기투자자 아니냐. 당신들 주장이 전체 주주들에게 좋은 것이라고 어떻게 얘기할 수 있냐"며 쉽게 무시할 수 있을 것이다. 그러나 헤지펀드가 "○○ 연금, △△ 뮤추얼펀드 등도 우리와 같은 생각을 갖고 있고, 표 대결이 붙으면 우리를 지원할 걸로 알고 있다"고 얘기하면 이들의 요구에 귀를 기울이지 않을 수 없다. 극소수 지분을 가진 행동주의 헤지펀드가 힘을 발휘하는 것은 기관투자자, 다른 헤지펀드, ISS 등과 공동연대를 만들어내면서 경영진에 압력을 넣고 공격할 수 있는 정치력에 기반을 둔다.

행동주의 헤지펀드들은 '금융 테러리스트'라고 할 수 있다(신장섭, 2016c). 회사와 전혀 관계없던 펀드가 갑자기 소수지분을 취득한 뒤 '주주가치'를 내세우며 현금도 내놓고 자산도 내놓으라고 요구하고, 심지어 회사를 팔라고까지 협박한다. 그러나 기업 경영진 입장에서는 위에서 상술한 이유들 때문에 이를 물리치기가 쉽지 않다. 〈뉴욕타임스〉에 '딜북'(Deal Book)이라는 칼럼을 연재하는 스티븐 솔로몬(Steven Solomon) 버클리대 교수는 "회사들이 공포에 사로잡혀 있다"며 헤지펀드들의 공격을 당하면 "싸우기보다 타협하는 것이 만트라(mantra)가 되어 있다"고 말한다. 인질범과 싸우기보다 몸값을 얼른 주고 수습한다는 것이다. 애플, GE, 퀄컴, AIG 등 미국을 대표하는 회사들은 행동주의 헤지펀드들의 공격을 받자마자 바로 타협안을 내놓았다. 그 타협안은 보통 자사주 매입확대, 배당확대 등이다. 이 과정에서 주주들의 약탈적 가치착출은 강화된다.

스튜어드십 코드의 진행과정은 국제금융시장의 실상, 특히 1980년대
부터 진행됐던 기관투자자 행동주의의 연원과 경과, 그 성과에 대한
정확한 인식을 통해서만 제대로 이해될 수 있다. 스튜어드십 코드는
기본적으로 기관투자자 행동주의의 반복적용이기 때문이다. 국내에
서 스튜어드십 코드 도입을 추진하는 사람들은 스튜어드십 코드가 현
재 세계 주요 20개국 가까이 받아들인 '글로벌 스탠더드' 혹은 '세계적
흐름'이므로 한국도 이 흐름에 빨리 동참해야 한다고 주장한다. 이것
은 혼(魂)이 없는 '시류 따라가기'다. 기관투자자 행동주의도 1980년
대 이후 세계적 흐름이었다. 한국도 1997년 외환위기 이후 IMF 체제
에서 아무 검증 없이 이를 글로벌 스탠더드로 대폭 받아들였다.

그러나 기관투자자 행동주의의 결과는 무엇이었는가? 기업의 가
치를 중장기적으로 높였다는 증거는 어디에도 없다. 오히려 행동주
의가 가장 발달한 미국에서는 약탈적 가치착출을 가져왔다는 증거만

강하게 나타난다. 국내에서도 IMF 구조조정 이후 기업의 가치가 전반적으로 높아졌다고 할 수 없다. 오히려 전반적으로 기업활력이 떨어지고 저성장 체제가 자리를 잡았다.[1] 남들이 한다고 그냥 따라가는 것은 사대주의다. 남들이 어떤 맥락에서 새로운 일을 했는지, 그 실제 성과는 무엇인지 제대로 살펴보고, 내 입장에서는 그것을 도입하는 것이 좋은지 아닌지, 만약 도입한다면 나의 필요에 맞게 어떻게 변형해 들여올 것인지 등을 주체적으로 따져야 한다.

필자는 그동안 국내에서 진행된 스튜어드십 코드 논의가 그것이 과연 무엇이고, 왜 시작됐고, 실제로 어떤 효과가 있는지에 대해 놀랄 정도로 연구하지 않은 상태에서 스튜어드십 코드 도입 추진 주체들의 홍보성 자료만 선택적으로 인용하면서 이루어졌다고 평가한다. 실상을 따져 보면 스튜어드십 코드를 처음 만들어낸 영국은 기관투자자가 고객의 돈을 잘 관리하겠다는 목적보다 2008년 세계금융위기 이후 유럽연합(EU)으로부터 런던 금융시장에 직접규제가 들어오는 것을 선제적으로 막기 위한 '자율규제'로 급조했다고 할 수 있다.

미국은 스튜어드십 코드가 거의 논의되지 않다가 2017년 1월 투자자 스튜어드십 그룹(ISG)이 뚱딴지같이 출발했다. 국내의 스튜어드십 코드 추진 세력은 그 맥락도 따지지 않고 "미국도 이제 드디어 스튜어드십 코드를 도입했다. 우리도 빨리 해야 한다"는 식으로 환호했다. 그러나 미국의 기관투자자들 또한 그 내용을 살펴보면 영국처럼 직접규제를 회피하기 위한 '대안적 선택'으로 스튜어드십 코드를 도입했다고 봐야 한다. 이 장에서는 그 실체와 맥락을 상세히 살펴본다.

---

1 한국의 구조조정에 대한 비판적 평가는 신장섭(2016a; 2009), Shin(2014), Shin & Chang(2003) 등 참조.

1. 영국의 왜곡된 스튜어드십 코드 탄생과 초라한 성과

스튜어드십 코드 논의는 2008년 세계금융위기 이후 영국에서 시작됐다. 금융위기 여파로 영국의 대표적 금융기관인 로이즈(Lloyds), RBS, 바클레이스캐피탈(Barclays Capital) 등이 다 파산위기에 처했다. 이것은 금융산업으로 부활하던 영국에 충격적인 일이었다. 특히 런던은 유럽통합의 흐름을 타고 뉴욕에 필적하는 세계금융센터로서의 위상을 확보해가던 중이었다. 영국정부로서는 이러한 금융위기가 다시 벌어지지 않도록 대책을 시급하게 마련하고 그것을 세계에 보여줘야만 했다. 영국의 스튜어드십 코드는 이러한 금융위기 재발방지 방안으로 탄생했다.

그러나 영국의 스튜어드십 코드는 탄생될 때부터 크게 왜곡됐다. '민간 자율규제'라는 명목으로 영국정부가 금융인들에게 대책마련을 맡겼기 때문이다. 투자은행 모건스탠리의 전 회장 데이비드 워커(David Walker) 경이 영국의 금융규제기구인 '금융보고위원회'(FRC: Financial Reporting Council)에 제출할 보고서를 작성할 총책임을 맡았다. 9개월 만에 급조된 〈워커 보고서〉(*Walker Review*)는 금융기관 개혁 방안을 제시한 것이 아니라 실질적으로는 금융을 통한 기업개혁 방안을 제시했다(Walker, 2009).

이러한 스튜어드십 왜곡 과정을 이해하기 위해 먼저 짚어야 할 것은 세계금융위기의 전범(戰犯)은 기업이 아니라 금융기관이었다는 사실이다. 2008년 세계금융위기는 금융기관들이 채권담보부증권(CDO: *Collateral Debt Obligations*), 신용부도스왑(CDS: *Credit Default Swap*) 등 파생상품 바이러스를 전 세계에 퍼뜨리다가 터진 대형사고였다. 기업은 이 과정에서 피해자였다. 따라서 금융위기 재발방지 대책은 금융기관만을 대상으로 만들면 되는 일이었다.

그러나 〈워커 보고서〉는 "중이 제 머리 못 깎는다"는 격언을 실현했다. 지나치게 위험하고 방만한 경영을 하는 금융기관들을 그 '주인'인 기관투자자들이 제대로 감독·통제하지 못했기 때문에 금융위기가 벌어졌다면서 기관투자자들이 이들에 대한 통제력을 강화하는 '기관투자자 행동주의'를 통해 그 문제를 해결해야 한다고 내세웠던 것이다.

연금, 뮤추얼펀드, 보험사 등이 운용하는 펀드에 금융위기를 일으킨 금융사들의 주식이 들어간 것은 사실이다. 그러나 그들의 포트폴리오에는 일반기업들의 주식이 훨씬 더 많이 들어가 있다. 게다가 〈워커 보고서〉가 상정한 '기관투자자'에는 금융위기를 일으켰던 금융회사들이 관리하는 펀드들도 많이 있다. RBS나 바클레이스캐피탈도 고객의 돈을 받아 투자하는 펀드를 대규모로 운용했다. 〈워커 보고서〉를 극단적으로 해석하면 금융위기 주범에게 자신뿐만 아니라 금융위기 피해자들을 잘 관리해서 금융위기 재발을 막으라고 권고한 것이라고 할 수 있다.

2010년에 확정된 영국 스튜어드십 코드의 내용을 살펴보자(〈그림 2-1〉). 기관투자자가 고객 돈을 관리하는 '집사'로서 전반적 책임이 무엇인지에 대해서는 언급하지 않고, 단지 '스튜어드십 정책 공개'(원칙 1), '스튜어드십 활동 주기적 보고'(원칙 7)와 '이해상충 관리'(원칙 2)만을 추상적으로 내세운다. 반면 '기관투자자 행동주의'에 대한 항목은 7개 중 4개나 되고 더욱 구체적이다. 물론 이 중 '투자기업 감시'(원칙 3)는 있으나마나 한 원칙이다. 기관투자자가 자신이 투자한 회사를 감시하지 않으면 도대체 무슨 일을 한단 말인가? '기관투자자 행동 단계적 강화 가이드라인'(원칙 4) 은 행동주의적 개입을 강화해야 한다는 것을 전제로 단계적으로 조건을 정해 놓고 하라는 것이다. '공동행동'(원칙 5) 은 가장 강력한 행동주의 선언이다. 단순히 기관투자자뿐만 아니라 행동주의 헤지펀드 등 다른 투자자들과 공동전선을 펴라는 주문이다. 앞 절에서 논의했듯이 이것은 투자자 간에 '실질적 카르텔'을 부추기고 '이리떼 공격'을 불러왔다. '투표활동 공개'(원칙 6) 는 앞 장에서 지적했듯이 '투표의무화'와 맞물려서 기업투표를 복마전으로 만든 주역이다.

영국에서 이렇게 기관투자자 행동주의에 경도된 보고서가 만들어진 것은 '자율규제'라는 틀을 미리 만들어 놓고 시작했기 때문이다. 이 틀에서 금융위기 재발을 막기 위해서 동원할 수 있는 방법은 기관투자자들이 '자발적으로' 자신의 포트폴리오에 들어 있는 금융기관들에 영향력을 미치도록 하는 것 이외에 없었다.

그림 2-1 **영국 스튜어드십 코드 7원칙**

원칙 1	기관투자자는 자신들의 스튜어드십 책임을 어떻게 이행할 것인지에 대한 정책을 공개한다.
원칙 2	기관투자자는 스튜어드십과 관련된 이해상충 관리에 대한 명확한 정책을 갖고 이를 공개한다.
원칙 3	기관투자자는 투자기업을 감시한다.
원칙 4	기관투자자는 주주가치를 지키고 높이기 위한 방법으로서 언제 또 어떻게 행동을 강화할 것인지에 대한 가이드라인을 확립한다.
원칙 5	기관투자자들은 적합하다고 판단할 경우 다른 투자자들과 공동으로 행동할 의사가 있어야 한다.
원칙 6	기관투자자는 투표에 관해 명백한 정책을 갖고 투표활동을 공개한다.
원칙 7	기관투자자는 자신의 스튜어드십과 투표활동에 대해 주기적으로 보고해야 한다.

그렇다고 기관투자자들에게 자율적 개입 원칙을 만들면서 보유 포트폴리오에 함께 들어 있는 금융기관과 일반기업들에 대해 서로 다른 원칙을 적용할 수는 없는 일이었다. 따라서 기관투자자에 의한 자율규제 대상에는 금융기관만이 아니라 일반기업까지 전체적으로 들어갈 수밖에 없었고, 이에 입각해 '스튜어드십 코드'란 이름의 일반적 원칙이 만들어졌다.

그러면 영국정부는 왜 자율규제에 집착했는가? 런던대의 리스버그(Arad Reisberg) 교수는 '대안적 선택'이라고 지적한다. 금융기관들 입장에서는 스튜어드십 코드라는 이름으로 자율규제를 미리 도입하는 것이 정부의 직접규제를 받는 것보다 훨씬 나은 대안이란 것이다. 리스버그는 이에 대해 국내기관이건 외국기관이건 다 똑같은 생각이고 정부규제를 "무슨 일이 있어도 회피하고 싶어한다"(want to avoid at all costs)고 말한다.

여기에 국제금융센터로서 런던의 위상을 지키고 싶어했던 영국정부의 이해관계가 맞아 돌아갔다. 정부규제가 많아지면 금융기관들이 전 세계에서 모이는 금융허브로서의 기능에 손상이 생기기 때문이다. 당시 영국 FRC 의장이었던 사라 호그(Sarah Hogg)는 스튜어드십 코드를 추진하면서 금융기관 대표들이 모인 자리에서 다음과 같이 말했다. 스튜어드십 코드를 '성공 스토리'로 만들지 못하면 브뤼셀의 EU가 런던 금융시장에 직접 개입할 가능성을 우려한다는 것이었다 (Reisberg, 2017: 238).

〔EU〕 본부가 지배구조와 주주권리에 관한 최종적 정책 패키지(definitive package)를 엮어가는 지금, 이것〔스튜어드십 코드〕을 내놓지 못하면 우

리가 브뤼셀에 비해 굉장히 약하게 보일 것이다. … 〔EU〕 본부가 스튜어드십이 실패했다고 결론을 내리면 본부는 더 많은 규제와 우리가 그렇게 중시하는 권리들을 추가로 상실하는 길로 더 이상 벗어날 수 없게 밀고 갈 것이다.

영국의 스튜어드십 코드는 '자율규제'가 갖는 원천적 한계에 덧붙여 급조됐다는 비판을 피할 수 없다. 워커 경은 세계금융위기의 바닥이었던 2009년 2월에 시작해서 11월에 기본 보고서를 제출했는데, 이 내용은 영국에서 이미 20년 전에 만들어진 기관투자자위원회(ISC: Institutional Shareholders' Committee)의 코드와 대동소이한 것이었다. FRC는 〈워커 보고서〉를 6개월간의 형식적 의견수렴을 거쳐 거의 바꾸지 않은 상태에서 2010년 7월 '스튜어드십 코드'로 공표했다. 결국 "20년 된 중고 코드를 단순히 상표만 바꿔 붙이고 신제품이라고 판매한 것"에 불과했다(Reisberg, 2015: 222).

스튜어드십 코드는 처음부터 '기관투자자 행동주의'로 방향이 정해졌기 때문에 의견수렴 과정에서 기관투자자 행동주의가 가진 원천적 한계에 대해 문제를 제기한 전문가들의 의견은 묵살될 수밖에 없었다. 예를 들어 캠브리지대의 브라이언 체핀스(Brian Cheffins) 교수는 "스튜어드십 코드의 아킬레스건"이라는 제목의 논문을 통해 ① 기관투자자들의 기업경영 관여 무능력과 무관심의 문제 ② 설혹 관여하더라도 일부만 하고 나머지는 무임승차하는 문제 ③ 절대다수를 차지하는 외국인투자자(2008년 영국 주식시장 42% 보유)를 '자율규제'할 방법이 마땅치 않다는 사실 ④ 행동주의에 앞장서지만 기관투자자로 분류되지 않는 헤지펀드와 사모펀드를 코드에 참여시킬 방법이 없다는 사실 ⑤ 세계금융위기 이전에는 기관투자자들이 '해법'이라기보다 '문제'로 취급됐다는 사실 ⑥ 주주행동주의에 관한 그동안의 실증연구에서 기관투자자의 관여와 기업의 장기 경영성과 간에 통계적 상관관계가 입증되지 않았다는 사실 등을 내세우며 스튜어드십 코드를 도입하는 것은 '현명치 못한'(*unwise*) 일이라고 강조했다(Cheffins, 2010).

그러나 FRC는 이에 대해 아무런 반대논증 없이 기관투자자 행동주의에 대한 긍정적 기대만으로 스튜어드십 코드를 공표했다. 스튜어드십 코드가 공표된 지 7년가량 흘렀지만 영국에서 기업경영에 긍정적 영향을 미쳤다는 증거는 없다. 스튜어드십 코드 집행이나 추진 주체 측에서는 주주활동의 관여 범위 및 관여의 양과 질의 측면에서 상당한 개선이 있었다거나, 관여의 결과 회사의 '반응성'(*responsiveness*)이 좋아졌다는 등의 얘기만 할 뿐, 최종 목표인 기업의 경영성과가 좋아졌다는 얘기는 내놓지 못하고 있다(FRC, 2016; 2017).

국민연금의 〈스튜어드십 코드 용역 중간보고서〉도 마찬가지다(송민경, 2017). 현재까지 스튜어드십 코드 실증연구는 스튜어드십 코드 도입 이전에 나온 주주행동주의 실증연구 결과에서 벗어나지 못하는 것이다. [2]

---

2 한 국내 금융기관은 영국 등 스튜어드십 코드를 도입한 8개국이 2010년에 비해 배당성향이 꾸준히 높아졌다는 수치를 내세우며 스튜어드십 코드가 긍정적으로 작용했다는 허무맹랑한 주장을 내세운다(하이자산운용, 2017). 그러나 8개국 중 대부분은 2015년 이후에 스튜어드십 코드를 도입했다. 배당성향이 2010년 이후 꾸준히 높아진 원인은 전반적 기업수익 회복 등 다른 데에서 찾아야 한다. 또 배당성향이 높아졌다고 기업경영이 좋아지는 것은 아니다. 그렇다면 경영자의 능력이 필요 없다. 배당률 높이는 것은 아무나 할 수 있는 일이다. 오히려 경영성과가 좋아졌는지, 그 과정에서 얼마나 배당률이 높아졌는지, 스튜어드십 코드가 여기에 어떤 영향을 끼쳤는지 여부 등을 제대로 분석했어야 한다.

2. 미국의 '립서비스' 스튜어드십 코드

미국에서는 2008년 세계금융위기 이후 스튜어드십 코드에 대한 논의가 전혀 진행되지 않았다. 그러나 미국의 주요 기관투자자들은 거의 10년이 지난 뒤인 2017년 1월 ISG를 갑자기 출범시켰다. 이 기구에서 내놓은 자료와 이에 관한 간략한 언론보도만 있을 뿐 미국에서 스튜어드십 코드에 관해 그동안 논의가 전혀 없다가 왜 뒤늦게 ISG가 결성됐는지, 어떤 효과가 기대되는지 등을 다룬 연구는 아직 없는 것 같다.

그러나 세계금융위기 이후 미국에서 기관투자자의 역할을 둘러싼 규제 논의나 블랙록 등 초대형뮤추얼펀드에 대한 언론보도 등을 종합할 때에 미국의 스튜어드십 코드는 영국과 마찬가지로 정부의 직접규제가 들어오는 것에 대한 기관투자자들의 '대안적 선택'이라고 할 수 있다. '립서비스 스튜어드십 코드'라고 이름 붙일 수 있을 정도로 '집사'에 대한 구속력이 전혀 없고, 그동안 진행되던 기관투자자 행동주의와 차별화할 내용도 없다.

1) 미 경영자협회와 상공회의소의 증권거래위원회(SEC) 이사 선임방식 규제개정 소송 및 승소

세계금융위기 이후 처음부터 '자율규제'를 내세웠던 영국과 달리 미국은 2010년 7월 통과된 〈도드-프랭크법〉(Dodd-Frank Wall Street Reform and Consumer Protection Act)을 통해 월가의 투명성과 책임성을 높이는 한편 부채한도를 축소하는 내용을 축으로 하는 금융위기 재발방지 대책이 정부의 직접규제로 마련됐다. 처음부터 정부 직

접규제로 진행됐기 때문에 영국과 같이 스튜어드십 코드라는 자율규제가 별도로 논의될 여지가 없었다. [3]

2010년대 미국에서의 기관투자자 행동주의 흐름을 보기 위해서는 2011년 미국 상소법원(Court of Appeal)의 SEC 규제개정 무효화과정을 살펴보는 것이 중요하다. 2010년대에 미국에서는 행동주의 헤지펀드의 캠페인이 계속 강화되었다. 반면 행동주의에 대한 비판도 따라서 커졌다. 블랙록 등 대형뮤추얼펀드들은 독자적으로 투표판단을 하지 않고 행동주의 헤지펀드나 ISS 등을 그냥 따라간다는 비판에 직면했다. 이에 대해 대형뮤추얼펀드가 내놓은 한 가지 대응방안은 앞 장에서 설명한 '기업지배구조팀' 설립이다.

블랙록의 창업자인 래리 핑크(Lawrence Douglas Fink) 회장이 2014년부터 블랙록의 포트폴리오에 들어 있는 주요기업 CEO들에게 편지를 보내면서 '장기성과'를 강조한 것도 이러한 비판에 대한 대응수단이라고 할 수 있다. 주요언론에서는 이러한 핑크의 편지를 '신종행동주의'(a new breed of activism)라며 긍정적 평가가 주류이다. [4]

---

3 류영재(2017)는 국민연금에 스튜어드십 코드를 도입할 필요가 있다는 주장을 내놓으면서 미국의 〈도드-프랭크법〉까지 스튜어드십 코드의 일환이라며 미국이 스튜어드십 코드 도입을 선도한 국가라는 견강부회적 해석을 내놓는다(파워포인트 자료 '해외도입 현황' 그림). 이것은 아마도 필자가 2017년 11월부터 언론 기고 등을 통해 미국의 스튜어드십 코드 도입이 2017년에 '뚱딴지같이' 도입됐다며 스튜어드십 코드를 '글로벌 스탠더드'라고 내세우는 것은 아무 근거가 없다고 주장한 것을 우회하면서 스튜어드십 코드가 '글로벌 스탠더드'라는 점을 계속 강조하기 위한 것으로 생각된다(신장섭 2017a; 2017b; 2017c). 그러나 이런 식으로 〈도드-프랭크법〉까지 스튜어드십 코드라고 주장하려면 스튜어드십 코드가 자율규제라는 말을 아예 꺼내지 말아야 한다.

4 예컨대 "Fink backs new breed of shareholder activism", *The Financial Times*, 2016. 2. 5 참조.

그렇지만 핑크 회장의 편지는 '립서비스'일 가능성이 높다. 국제금융시장의 실상을 보면 단기투자를 부추기는 세력은 기업의 CEO들이라기보다 금융투자자, 애널리스트들이기 때문이다. 핑크가 정말 단기투자를 억제하고 장기투자를 북돋워야 한다고 생각했다면 자신의 편지를 기업의 CEO들보다 동료 금융인들에게 보냈어야 했다. 인덱스펀드가 기업에 관여할 역량이 근본적으로 결여되었다는 사실을 공개편지로 '땜질'하는 것이라고 해석할 수 있다.

미국 정부기관들 내에서의 관계를 보면 연방정부 기구인 SEC는 기관투자자 행동주의의 지원군 역할을 해왔다. 행동주의를 강화하는 방향으로 계속 새로운 규제를 도입하거나 도입을 시도했다. 반면 미국기업들은 자신들이 등록한 주(州)마다 정해진 기업법의 규제를 받았고 주정부나 주법원은 기업을 지원하는 경향을 보였다. 2011년 규제개정 무효화는 미국 내에서 이러한 기관-기업 간 정치 역학관계가 극명하게 드러난 사례이고, 기관투자자 행동주의가 더 극단으로 흐르는 것을 막은 중요한 사건이라고 할 수 있다.

SEC는 〈도드-프랭크법〉 통과 직후 기관투자자 행동주의를 강화한다는 명목으로 이사 선임방식 개정안인 〈규정 14a-11〉(Rule 14a-11)을 2010년 8월에 통과시켰다. 그동안 신규이사 선임은 기존 이사회가 추천해 주주총회에서 승인받도록 하고 이에 반대하는 주주들은 자신들이 제안하는 새로운 이사를 내세워 '위임장 경쟁'을 벌이도록 되어 있었다.

그러나 SEC의 새로운 규제개정은 일정 자격요건을 갖춘 기관투자자들이 처음부터 이사선임을 제안할 수 있도록 허용했다(SEC, 2010).[5] 이 규제개정이 적용되면 미국 주식의 70% 이상을 확보한 기관투자자들이 마음대로 기업의 이사를 선임하고 바꿀 수 있는 길이 열리는 것이었다. 미국 기업법이 받쳐오던 이사회의 지속성에도 큰 손상이 가해지는 것이었다.

이에 대해 기업들이 즉각 반발했고 경영자협회인 비즈니스라운드 테이블과 미국 상공회의소(U. S. Chamber of Commerce)가 소송을 제기했다. 1년가량의 재판을 거쳐 2011년 7월 상소법원은 SEC의 규제개정을 '무효화한다'(vacate)고 선고했다.[6] 상소법원의 판결은 기관투자자 행동주의의 성과와 논리에 대한 미국법원의 공식판단이라는 점에서 상세한 소개가 필요하다.

또 SEC는 권위 있고 객관적인 결정을 내리므로 한국도 좇아야 한다는 무비판적 사대주의 경향이 국내 학자나 정책담당자, 언론에 만연해 있는데, 이 판결문에는 SEC가 얼마나 황당하게 — 특히 부정직하고 편파적으로 — 중요한 결정을 내렸는지 잘 드러나 있기 때문에 무비판적 사대주의에 대한 커다란 경계도 될 것이다. 필자는 앞 장에서 이미 뮤추얼펀드 투표의무화를 도입한 2003년 규제개정 과정에서 SEC가 국익을 종합적으로 따지는 경제정책 결정기구라기보다 금융투자자의 이익단체처럼 행동하고, 중요한 결정을 내리는 데 수준 이하의 편익비용 분석을 했다는 사실을 지적한 바 있다.[7] 한국의 금융위원회가 비판적 사고 없이 SEC의 잘못을 국내 금융시장에서 반복해서는 안 된다.

---

5 이 자격요건은 해당 회사의 3% 이상 지분을 3년 이상 보유한 기관투자자이다.

6 U. S. Court of Appeals for the District of Columbia Circuit (2011a).

7 1장 4절의 2) "투표의무화의 폐해: '투표괴물' ISS와 대형 기관투자자의 '립서비스' 투표" 참조.

(1) SEC의 엉터리 편익비용 분석과
공공·노조연금의 '편협한 이익' 추구 가능성

상소법원 판결은 우선 SEC에서 〈규정 14a-11〉을 의결할 때에 두 명의 상임위원(commissioner)이 "이론적이고 실증적인 근거에서 규제개정이 잘못됐다"며 반대표를 던졌다는 사실을 지적한다. SEC는 규제개정이 "이사회와 기업성과, 주주가치를 개선하는 잠재적 편익을 만들어낼 것이고 이것이 잠재적 비용을 정당화하는 데에 충분할 것"이라고 결론지었다.[8]

그러나 상임위원 캐슬린 케이시(Kathleen Casey)는 SEC의 규제개정 편익비용 분석이 "실증 자료에 근거하지 않은 일련의 자의적 선택"(a series of arbitrary choices that are not tethered to empirical data)에 기반을 두고 이루어졌고, 〈규정 14a-11〉이 "경제와 자본시장에 심각한 해악을 초래할 가능성이 높다"며 규제개정에 반대했다. 또 다른 상임위원 트로이 파레데스(Troy A. Paredes)는 "특수 이해관계(special interest) 이사들의 온당치 못한 잠재적 영향력"에 관해 '특별한 우려'를 표명하고, 일반적 주주들은 오히려 "〈규정 14a-11〉보다 더 제한적인 기업개입 권리(proxy access right)를 선호할 것이라고 믿을 수 있는 훌륭한 근거가 있다"며 반대표를 던졌다.[9]

재판부는 규제개정의 편익비용을 계산하는 데 SEC가 "일관성 없고 기회주의적으로"(inconsistently and opportunistically) 비용과 편익을 설정했다는 비즈니스라운드테이블과 상공회의소의 주장을 그대로 받아들였다. 재판부는 SEC가 "어떤 비용들은 제대로 계산하는

---

8 U.S. Court of Appeals for the District of Columbia Circuit(2011a: 5).
9 U.S. Court of Appeals for the District of Columbia Circuit(2011c: 26).

데에 실패했고, 왜 그 비용들을 계산하지 못하는지 설명하지도 않았고 ⋯ 스스로 모순을 일으켰고, 코멘터(*commentor*)들이 제기한 심각한 문제들에 대해 응답하지도 않았다"고 비판한다. 10

또 이 규제개정이 이사회와 주주가치를 개선하는 편익이 있다는 결론을 내릴 때에 '불충분한 증거 자료'(*insufficient empirical data*)에 의존했다고 지적했다. 오히려 반기를 든 주주가 지명한 이사(*dissident shareholder nominees*)가 선임될 경우 주주가치를 떨어뜨린다는 결과가 나온 수많은 연구가 있을 뿐 아니라 한 코멘터가 "반기를 든 주주가 지명한 이사가 임명됐을 경우 그 회사들은 주주총회 이후 2년간 다른 회사에 비해 19% 내지 40%까지 성과가 더 나빠진 것으로 나타났다"는 연구결과를 제시한 것에 대해서는 아무 언급을 하지 않았다고 비판했다. 대신 SEC 결정이 "두 개의 상대적으로 설득력 없는 연구"에 "전적으로 그리고 무겁게"(*exclusively and heavily*) 의존했다고 지적했다. 11

재판부는 특히 스튜어드십 코드 도입과 관련해 논란의 핵심인 기관투자자의 경영관여에 따르는 이해상충의 문제에 관해 명백한 결론을 내렸다. SEC는 다른 주주에게 손실을 주는 '편협한 이익'(*narrow interests*)이 추구될 가능성이 있다는 점은 인정하면서도 장기투자자에게만 이사제안권을 주기 때문에 그런 비용발생이 "제한적일 수 있다"(*may be limited*)고 막연히 정당화했을 뿐이었다. 그러나 재판부는 "특수 이해관계를 가진 기관투자자들이 이 규제개정을 활용할 것이라고 믿을 만한 근거가 많다"며 특히 "공공연금과 노조연금들이 〈규정

---

10 U. S. Court of Appeals for the District of Columbia Circuit(2011a: 7).

11 U. S. Court of Appeals for the District of Columbia Circuit(2011a: 11).

14a-11〉을 활용할 개연성이 가장 높은 기관투자자"라고 밝혔다. [12] 재판부는 그러나 SEC가 이러한 우려에 대해 답변하지 않았고 그 비용에 대해 "진지한 평가를 회피함에 따라 … 우리는 SEC가 제멋대로 (arbitrarily) 행동했다고 생각한다"고 밝혔다. [13]

(2) 기관투자자가 스스로 반대한 기관투자자 행동주의

항소법원 판결에서 가장 획기적인 것은 기관투자자들 스스로 기관투자자 행동주의를 강화하는 이 규제개정에 반대했고, 법원이 이것을 규제개정 무효화의 굉장히 중요한 근거로 삼았다는 사실이다. 규제개정에 따라 기업에 대해 행동해야 할 기관투자자들이 규제를 개정하지 말아야 한다고 주장하는데, 규제개정을 시행할 이유가 없는 것이다. 기관투자자들이 반대한 이유는 기관투자자 행동주의가 일반적으로 바람직하지 않다는 판단 때문이 아니었다. 자신들에 대해서도 똑같은 행동주의가 적용되면 곤란하다는 자기방어적 측면이 강하다. 국내에서 흔히 얘기하는 '내로남불'(내가 하면 로맨스이고 남이 하면 불륜)의 전형이다. 자신들은 기업에 대해 행동주의적 개입을 하면서도 또 그렇게 하는 것이 바람직하다고 주장하면서도, 자신들이 운용하는 펀드의 주주들이 펀드운용에 행동주의적으로 개입하는 것은 절대 바람직하지 않다고 강력하게 주장했기 때문이다.

　SEC가 규제개정을 발표하자마자 기관투자자들, 특히 뮤추얼펀드 등 자산운용사들이 들고 일어나서 규제개정에 반대했다. 투자회사협

---

12 1장 2절의 1) "'펀드자본주의'의 급진전과 대형공공연금"에서도 이러한 CalPERS 등 미국 공공연금의 이해상충 문제를 지적한 바 있다.

13 U. S. Court of Appeals for the District of Columbia Circuit(2011a: 14~15).

회(ICI: Investment Company Institute)도 이 규제개정에 반대한다는 보고서를 작성했다. 상소법원 재판부는 기관투자자들의 반박논리를 따라 SEC 규제개정이 불합리하다고 판결문을 써 나갔다. 그 말미에서는 SEC가 규제개정이 필요하다고 내세운 한 근거가 "말도 안 되게 정신 나간 이유"(unutterably mindless reason)라고까지 비판했다.

재판부가 제일 문제 삼은 것은 〈규정 14a-11〉이 일반회사뿐만 아니라 금융회사에도 똑같이 적용되어야 하는데, "일반회사의 주주들에게 나타난다고 주장하는 편익이 기관투자자의 주주들에게도 똑같이 나타날 것인지에 대해 거의 아무런 설명이 없었다"는 점이다.[14] 이것은 재벌이 여러 계열사를 갖고 있고 이들이 법적으로 독립된 법인이지만 기획조정실 등 중앙기구에서 통제력을 발휘하듯이, 기관투자자들도 내부에 수많은 펀드를 유지하고 이 펀드들이 개별적으로 주식시장에 상장되어 있지만 중앙기구에서 통제력을 발휘하기 때문이다.

예를 들어 블랙록이 다양한 종류의 ETF 펀드를 만들어 고객에게 팔고 이 펀드들이 별도로 주식시장에 상장되어 거래가 이루어지지만, 각 ETF 펀드별로 이사회가 구성되어 있지 않고 블랙록 본부에 있는 이사회가 전체 펀드를 통제하는 것이다. SEC의 규제개정 정신이나 기관투자자 행동주의자들의 주장을 그대로 적용한다면 개별 펀드의 주주인 펀드투자자들이 이사선출을 제안할 수 있어야 하고 이러한 '독립적 사외이사'들이 들어가서 펀드운용에 관여하면 펀드의 효율성이 높아져야 한다. 그러나 ICI가 법원에 제출한 자료는 정반대의 주장을 강력하게 한다.

---

14 U. S. Court of Appeals for the District of Columbia Circuit (2011a: 19).

112

수많은 효율성을 달성하기 위해, 거의 모든 펀드들은 복수의 펀드가 똑같은 투자자문사(investment adviser)에 의해 관리되는 복합체(complex)의 일부로 운영된다. 펀드의 이사회는 두 가지 모델 중 하나로 만들어졌다. 단일이사회(unitary board) 모델은 복합체에 있는 모든 펀드가 하나의 이사회에 의해 관리되는 것이고, 클러스터이사회(cluster board)는 한 복합체 안에 두 개 이상의 이사회가 있어서 각각 서로 다른 펀드그룹을 관리하는 것이다. ICI의 최근 조사에 따르면 조사대상의 83%가 단일이사회 모델을 갖고 있고 17%가 클러스터이사회를 가진 것으로 나타났다.[15]

재판부도 판결문에서 이 내용을 길게 인용하면서 〈규정 14a-11〉을 "투자회사에 적용해 보면 틀림없이 타당하지 않다(assuredly invalid)"고 밝혔다.[16] 관심을 기울여야 할 사실은 ICI가 투자회사들의 단일이사회나 클러스터이사회 모델의 효율성을 설명하는 논리가 재벌구조의 효율성을 설명하는 논리와 똑같다는 것이다. 더 나아가 그 모델이, 즉 재벌식 모델이 '엄청난 영업 효율성'(tremendous operational efficiencies)이 있을 뿐만 아니라 '지배구조'(governance)에도 좋다고 주장했다. 개별 펀드에서 반기를 드는 주주가 제안하는 이사, 즉 독립적 사외이사가 들어와 재벌식 운용을 막아서면 펀드의 효율성과 지배구조에 악영향이 미친다는 것이다. 반기를 드는 이사가 들어가서 기존 경영진을 견제해야만 회사의 경영이 좋아진다는 기관투자자 행동주의자들의 기존 주장과 완전히 배치된다. 그 내용을 직접 살펴보자.

---

15 U. S. Court of Appeals for the District of Columbia Circuit(2011b: 19).
16 U. S. Court of Appeals for the District of Columbia Circuit(2011a: 17).

이렇게 〔펀드들이 떠안고 있는〕 책임이 폭넓다는 사실에 비추어 보고, 또 펀드들을 감독(oversight) 하는 많은 이슈들이 펀드 콤플렉스에 공통되기 때문에, 하나의 이사회가 복합체에 있는 다수의 펀드들을 관장하는 것이 허용될 때에 엄청난 영업 효율성을 얻게 된다. … 단일이사회와 클러스터이사회는 따라서 주주들에게 비용을 경감시키는 결과를 가져온다.

　단일이사회와 클러스터이사회는 비용절감 이외에 펀드의 지배구조를 향상시킨다. 〈투자회사법〉이 펀드 이사진에게 요구하는 복합적 책임들 때문에 펀드를 운영해 본 경험과 지식이 굉장히 중요하다. 복수의 펀드를 감독함에 따라 이사들은 복합체 전반에 걸쳐 있는 펀드의 운용에 더 많이 친숙해진다. 이사들은 또 펀드 위탁운용사들에 대해 더 쉽게 접근할 수 있고 더 큰 영향력을 행사할 수 있게 된다. …

　〈규정 14a-11〉은 효율적 펀드 지배구조를 위험에 빠뜨린다. … 반기를 든 주주들이 선임한 이사들(non-conforming directors) 은 태생적으로 이사회의 효과적 기능에 타격을 줄 것이다(inherently disrupt the effective functioning of those boards) ." [17]

이 판결이 내려진 후 SEC는 상고를 포기하고 재판부의 결정을 받아들였다. 미국에서 영국과 같은 스튜어드십 코드 논의가 진행되지 않은 데는 이 재판의 영향이 컸을 것이다. SEC는 기관투자자 행동주의를 강화할 동력을 잃었다. 기관투자자들은 이 문제를 더 밀고 나갈수록 자신들이 안고 있는 문제가 노출되고 그에 대해 정부의 새로운 규제가 들어올 가능성이 높았다. 또 기관투자자들 입장에서는

---

17 U. S. Court of Appeals for the District of Columbia Circuit (2011b: 21~22).

〈규정 14a-11〉이 없다고 해도 행동주의적으로 기업에 관여하고 영향력을 행사할 방법을 이미 많이 확보하고 있었다. 인덱스펀드들도 내부의 기업지배구조팀이 행동주의적 성향을 보이면서 행동주의를 강화해왔다.[18] 패시브 펀드의 보유비중이 증가할수록 행동주의적 관여와 독립이사 선임이 증가한다는 실증연구도 있다.[19] 패시브 펀드들이 거래는 '패시브'하게 했어도 기업관여는 상당히 '액티브'하게 했다는 반증이다.

2) 노동부의 '수탁자 규정' 도입과 트럼프 행정부에서의 표류

2011년의 SEC 규제개정 무효화 이후 거의 아무런 논의가 없다가 미국의 기관투자자들은 2017년 1월에 급작스레 ISG를 출범시켰다. ISG는 그 배경에 대해 "기관투자자와 이사회의 행위에 관해 투자 스튜어드십(investment stewardship)과 기업지배(corporate governance)의 기본적 표준틀을 확립하기 위해 모든 종류의 투자자들이 한데 모여서 만들어졌다"고 밝힌다. ISG는 스튜어드십 원칙과 기업지배 원

---

18 예를 들어 블랙록 기업지배구조팀을 지휘하는 에드킨스(Michell Edkins)는 행동주의로 유명한 영국의 연금운용사인 헤르메스에서 경력을 쌓았고 런던의 기업지배구조 자문사인 '소유자들을 위한 지배구조'(Governance for Owners)에서 일한 바 있다("Black Rock's Michelle Edkins behind wave of shareholder revolts", *The Daily Telegraph*, 2012. 5. 4).

19 Appel, Gormley and Keim(2016) found that "Firms with more passive ownership had more shareholder-friendly governance, indicating that passive investors do pressure firms effectively. The largest effect was the 9% increase in independent directors associated with the 10% increase in passive ownership. In addition, a one percentage point increase in passive ownership produced a 0.5% increase in the likelihood of removing a poison pill and reducing restrictions on shareholders' right to call a special board meeting."

칙을 아래와 같이 만들어냈다(〈그림 2-2〉).[20]

영국 스튜어드십 코드와 가장 큰 차이는 스튜어드십과 기업지배를 분리해서 기관투자자의 책임과 기업의 책임을 별도로 다루었다는 사실이다. 그러나 새로운 내용은 거의 없다. 기업지배 원칙은 1985년에 결성되어 기관투자자 행동주의의 전위대 역할을 하는 CII가 지속적으로 강조하던 어젠다를 거의 그대로 갖다 붙인 것이다. 복수의결권 폐지(원칙 2)와 이사회 독립성 강화(원칙 4와 5)는 CII의 핵심적 요구사항이었다.[21] 장기전략(원칙 6)을 강조한 것만 새로운 내용이라고 할 수 있는데, 이는 영국 스튜어드십 코드에도 이미 들어갔던 것이다.

그림 2-2 ISG의 스튜어드십 원칙과 기업지배 원칙

스튜어드십 원칙	기업지배 원칙
1. 이사회는 주주에게 책임을 져야 한다.	1. 기관투자자는 돈을 맡긴 고객에게 책임이 있다.
2. 주주는 자신의 경제적 이익에 비례한 투표권을 가질 권리가 있어야 한다.	2. 기관투자자는 투자기업의 지배구조 평가를 어떻게 하는지 공개해야 한다.
3. 이사회는 주주들에 대해 반응해야 하고 그들의 관점을 이해하기 위해 선행적이어야 한다.	3. 기관투자자는 대리투표나 관여를 할 때에 잠재적 이해상충을 어떻게 관리할 것인지 일반적 언어로 공표한다.
4. 기관투자자는 대리투표에 책임지고 이와 관련된 행위들과 이에 대해 자문하는 제3자의 정책을 감시한다.	4. 이사회는 강하고 독립적인 지도력 구조를 가져야 한다.
5. 이사회는 효과성을 높이는 구조와 관행을 도입해야 한다.	5. 기관투자자는 기업과의 차이를 건설적이고 실용적인 방법으로 해결하도록 노력한다.
6. 이사회는 회사의 장기전략과 연동되는 경영진 인센티브 구조를 개발해야 한다.	6. 기관투자자들은 적합하다고 판단할 경우 기업지배와 스튜어드십 원칙을 도입하고 실천하는 데에 공동행동을 해야 한다.

---

20 ISG 웹사이트(https://www.isgframework.org, 2017년 12월 20일 접속).
21 CII에 관해서는 1장 2절의 1) "'펀드자본주의'의 급진전과 대형공공연금" 논의 참조.

스튜어드십 원칙은 영국 스튜어드십 코드와 대동소이하다. 투표자문사에 대한 감시(원칙 4) 문제를 언급한 것만 차이가 있다. 전체적으로 영국 스튜어드십 코드와 마찬가지로 ISG의 '원칙'이란 것들은 기관투자자 행동주의 정신을 반영했고 기관투자자들의 책임은 모호하게 언급한 반면 기관이 기업에 관여하는 내용에 대해서는 더 구체적이다.

미국 기관투자자들은 이미 CII를 통해 자신들의 목소리를 강하게 내고 있었다. 만약 기업지배 문제와 별도로 스튜어드십이 문제가 된다면 이것도 CII에서 다루면 될 일이었다. 실제로 CII와 ISG 참여 기관들은 거의 똑같다. 그런데 왜 스튜어드십 코드에 대해 아무런 논의가 없다가 ISG를 별도로 만들고 스튜어드십을 내세웠는가? 미국 내에서 기관투자자에 대한 규제 논의 맥락을 살펴보면 이것은 노동부에서 금융회사의 '히포크라테스 선서'라고 이름 붙은 '수탁자 규정' (*fiduciary rule*)을 도입하려 했고 이에 대한 '대안적 선택'으로 스튜어드십을 내세웠다고 해석할 수 있는 여지가 많다.

노동부는 2010년에 연금을 관리하는 금융회사들이 수탁자로서 연금가입자들의 최선의 이익을 따라 행동하도록 강제하는 수탁자 규정 도입을 추진하다 금융회사들의 반발이 크자 한발 물러선 바 있다. 노동부는 2015년에 이를 다시 추진했다. 그해 4월 초안을 내놓았고 1년간의 전문가 및 여론 수렴을 거쳐 2016년 4월 1일 최종안을 내놓았다.

금융회사들이 연금가입자들에게 금융상품을 팔 때 '고객이익 최우선계약'(BIC : *Best Interest Contract*)에 서명하고 고객에게 공식적으로 받는 수수료 이외에 펀드운용사 등으로부터 받는 수수료를 공개하도록 하는 내용이다. 고객이 공식 수수료가 싸다는 것만 보고 펀드에 가입했지만 금융회사가 펀드운용사 등으로부터 비공식적으로 받는 수수료가 많기 때문에 고객에게 불리한 상품을 파는 행위를 원천적으로 차단하기 위한 것이었다.[22] 노동부의 결정은 당시 오바마 대통령으로부터 적극적 지지를 받았고, 준비기간을 거쳐 2017년 4월 1일부터 일부 내용이 시행되었으며 2018년 1월 1일부터 전면적으로 실시하도록 되어 있었다.[23]

그러나 공화당으로 정권이 바뀐 뒤 트럼프 대통령은 2017년 2월 노동부에 수탁자 규정 시행을 재검토하라는 지시를 내렸다. 노동부는 다시 의견수렴 과정 및 내부검토를 거쳐 2017년 11월 27일 수탁자 규정의 부분 집행을 2019년 7월 1일로 연기하기로 했고 전면실시에 대해서는 결론을 내리지 않았다. ICI 등 기관투자자 협회와 블랙록, 뱅가드 등 주요 기관투자자들은 의견수렴 과정에서 이구동성으로 시행 연기를 주장했다. 트럼프의 공화당 행정부 임기 내에 수탁자 규정이 폐기될 가능성이 있다는 분석도 나온다.[24]

이러한 정황에 비추어 볼 때에 2017년 1월에 ISG가 출범한 것은 '립서비스'라고 해석할 수밖에 없다. 기관투자자들 사이에서 노동부 등을 통해 정부규제가 들어오는 것에 대안적으로 '자율규제'를 내세우자고 그전부터 합의가 이루어지면서 ISG가 추진됐을 수도 있고,

---

22 업계 의견수렴과정에서 특히 뮤추얼펀드들의 로비 결과 원안에 '물타기'가 이루어졌다. 금융사가 고객에게 받는 수수료 이외에 다른 수수료를 받지 않을 경우에는 '고객이익 최우선계약 면제'(BICE: *Best Interest Contract Exemption*)를 받을 수있게 했다. 이 예외조항의 수혜는 인덱스펀드와 같이 펀드를 운용하는 사슬(*chain*)이 간단한 기관투자자들이 받았고, 인덱스펀드로의 자금유입을 더 촉진했다.

23 이 내용에 관해서는 Topoleski & Shorter (2016); Deloitte (2016); Brown (2016) 참조.

24 "U. S. Labor Department delays final part of fiduciary rule", *Reuters*, 2017. 11. 28; "Black Rock and Vanguard call for delay to fiduciary rule", *Financial Times*, 2017. 3. 27; Oringer (2017) 등 참조.

트럼프가 대통령으로 당선된 2016년 11월 이후에 새로운 공화당 행정부와 교감하면서 수탁자 규정을 연기 혹은 무산시키기로 합의하고 그에 따르는 후폭풍을 막기 위해 ISG를 급조해서 출범시켰을 수도 있다. 어느 가능성이 됐건 간에 미국에서의 스튜어드십 코드 도입은 순수하게 민간기관들이 추진했고, 정부규제의 칼날을 비껴가기 위한 '대안적 선택'이라고 할 수 있고, 따라서 이 자율규제를 지키지 않는 것에 대한 제재수단이 전혀 없는 '립서비스'에 불과하다.

앞에서 SEC의 〈규정 14a-11〉 도입을 무효화시킨 상소법원의 판결문과 ICI의 의견서에서 나타나듯, 초대형 기관투자자들은 그 내부에 무수한 펀드들을 갖고 있다. 뮤추얼펀드도 그렇고 연기금도 마찬가지다. 헤지펀드들조차 계열사로 여러 펀드를 거느리는 경우가 있다. 국내에서 재벌 계열사들이 얽혀 있는 것보다 훨씬 더 복잡하다.

그러나 이들이 '내부거래'를 하는 것에 대해 아무런 명시적 규제가 없다. 투표를 정말 해당 기업의 필요에 맞춰서 하는지, 자신의 단기 이익을 추구하기 위해 기업에 압력을 넣는 것인지 등을 검증할 방법도 없다. 고객이 맡긴 돈을 다른 펀드에 일부 맡기고, 그 펀드는 또 다른 펀드에 맡기면서 마지막 단계에 있는 펀드가 투표할 때에 정말 처음 돈을 맡긴 고객의 이해관계에 따라 하는지도 확인할 방법이 없다.

'스튜어드십 코드'가 정말 '선한 청지기'를 만들기 위한 것이라면 이러한 내용들에 대해 기관투자자들의 투명성과 도덕성이 먼저 확보되어야 한다. 그래야만 기관투자자들이 투자기업들에 대해 투명성과 도덕성을 요구할 자격이 있다. 그러나 최소한 트럼프 행정부 기간 중에는 미국 기관투자자들에게 이러한 투명성과 도덕성을 검증할 방법이 사라진 듯하다.

한국의 스튜어드십 코드 변질 도입
'연금사회주의'의 위협

그러면 한국의 정책당국은 앞서 살펴본 국제금융시장의 현실을 전혀 모르기 때문에 비현실적 정책을 적극 추진하는가? 진짜 그렇다면 무능력자들에게 국가를 맡겼다고 할 수 있다. 그러나 국제금융시장의 현실을 잘 알면서도 비현실적 정책을 추진한다면 스튜어드십 코드 도입을 통해 어떻게든 달성하려는 목적이 있다고 해석할 수밖에 없다.

구체적 내용도 결여되어 있고 '립서비스'에 불과한 기관투자자들의 '자율규제'라는 것을 대통령 공약사항으로 못 박고, 〈2018년 경제정책방향〉의 주요항목으로 다루고, 대통령 정책실장, 금융위원장, 보건복지부 장관, 국민연금 이사장, 한국거래소 이사장, 공정거래위원장까지 전면적으로 나서 적극적으로 도입을 추진하는 현재 상황은 그 진짜 목적에 더 관심을 끌리게 한다. 정부는 그것을 기관투자자들을 동원한 '기업개혁'이라고 갈수록 명백히 밝힌다. 그리고 기업개혁의 주체로서 국민연금의 역할을 특히 강조한다.

이 장에서는 먼저 스튜어드십 코드가 한국에 어떤 경로로 도입되었는지 살핀다. 처음에는 주식시장을 부양하고 '선진화'하겠다는 경제적 이유에서 스튜어드십 코드 도입이 추진됐지만, 2015년 중반 삼성물산-제일모직 합병 논란 및 2016년 하반기 이후 이른바 '최순실 국정농단 사태', 이재용 삼성전자 부회장 등 삼성그룹 수뇌부 기소 및 재판, 박근혜 전 대통령 탄핵 및 조기 대통령 선거 등의 정치적 격랑을 거치면서 '경제민주화'라는 이름으로 내세워진 정치적 동기가 스튜어드십 코드 추진의 강력한 동력이 되어온 과정을 분석한다(3장 1절).

이어서 국민연금에 스튜어드십 코드가 도입되어야만 한다는 논거로 사용되었던 '삼성물산-제일모직 합병' 표결에 관해 상세히 살펴본다. 특히 국민연금이 합병에 찬성표를 던져서 국민들의 노후자금에 큰 손해를 끼쳤고 따라서 스튜어드십 코드 도입을 통해 개혁해야 한다는 국민연금 개혁론자들의 허구를 분석한다. 실상을 살펴보면 찬성표를 던졌던 국민연금보다 반대표를 던졌던 외국인투자자들이 오히려 상식에 어긋나는 투표행태를 보였다는 점을 별도로 강조한다(3장 2절).

정부는 현재 국민연금에만 5% 룰을 예외적용하겠다고 하며 스튜어드십 코드에 참여하는 자산운용사에 국민연금 위탁자산 배분 시 가산점을 주겠다고 한다. 이러한 정부의 움직임이 왜 한국이 자본주의 국가 최초로 '연금사회주의'를 실현하는 나라가 될지 모른다는 우려가 나오게 하는지 분석한다(3장 3절).

1. 한국 스튜어드십 코드의 추진 과정: 정부주도의 정치적 스튜어드십 코드

한국의 스튜어드십 코드는 영국과 비슷하게 금융규제기구인 금융위원회가 주도해왔다. 금융위원회는 2014년 11월 코드 도입 계획을 처음 밝힌 이후 1년가량 공청회 등을 거쳐 초안을 2015년 12월 공개했다. 그 후 '민간 중심의 자율적 코드 제정'이라는 명분을 살리기 위해 2016년 중반부터 산하 민간기구인 한국기업지배구조원이 스튜어드십 코드 제정 및 도입의 실무를 맡아 공청회 등을 거쳐 2016년 12월 한국 스튜어드십 코드 최종안인 '기관투자자의 수탁자 책임에 관한 원칙'을 공표했다(〈그림 3-1〉).

그림 3-1 **한국 스튜어드십 코드 7원칙**

원칙 1	기관투자자는 고객, 수익자 등 타인 자산을 관리·운영하는 수탁자로서 책임을 충실히 이행하기 위한 명확한 정책을 마련해 공개해야 한다.
원칙 2	기관투자자는 수탁자로서 책임을 이행하는 과정에서 실제 직면하거나 직면할 가능성이 있는 이해상충 문제를 어떻게 해결할지에 관해 효과적이고 명확한 정책을 마련하고 내용을 공개해야 한다.
원칙 3	기관투자자는 투자대상 회사의 중장기적 가치를 제고해 투자자산 가치를 보존하고 높일 수 있도록 투자대상 회사를 주기적으로 점검해야 한다.
원칙 4	기관투자자는 투자대상 회사와의 공감대 형성을 지향하되, 필요한 경우 수탁자 책임이행을 위한 활동전개 시기와 절차, 방법에 관한 내부지침을 마련해야 한다.
원칙 5	기관투자자는 충실한 의결권 행사를 위한 지침·절차·세부기준을 포함한 의결권 정책을 마련해 공개해야 하며, 의결권 행사의 적정성을 파악할 수 있도록 의결권 행사의 구체적 내용과 그 사유를 함께 공개해야 한다.
원칙 6	기관투자자는 의결권 행사와 수탁자 책임이행 활동에 관해 고객과 수익자에게 주기적으로 보고해야 한다.
원칙 7	기관투자자는 수탁자 책임의 적극적이고 효과적인 이행을 위해 필요한 역량과 전문성을 갖추어야 한다.

금융위원회는 금융기관들의 스튜어드십 코드 참여를 촉진하기 위해 2017년 6월 《스튜어드십 코드 관련 법령해석집》을 발간 배포했다. 한국기업지배구조원은 금융위원회의 《스튜어드십 코드 관련 법령해석집》 발간에 발맞추어 《한국 스튜어드십 코드 1차 해설서》를 발간했다.[1]

영국의 스튜어드십 코드와 비교해 보면 '원칙 1'과 '원칙 2'는 두 나라 코드가 거의 똑같다. '원칙 3'과 '원칙 4'는 내용은 똑같지만 한국 코드에서 이를 조금 더 구체화했다는 차이가 있을 뿐이다. 가장 큰 차이는 영국 코드의 '원칙 5'(기관투자자 공동행동)가 한국의 코드에는 빠져 있다는 점이다. 이 차이가 갖는 실질적 함의에 대해서는 아래에 국민연금의 특수성을 논의하면서 더 자세히 설명할 것이다.[2] 영국 코드의 '원칙 6'과 '원칙 7'은 한국 코드의 '원칙 5'와 '원칙 6'과 대동소이하다. 한국 코드에서는 '원칙 7'(역량과 전문성 갖추기)이 별도로 들어가 있다.

외견상으로는 비슷해 보일지 몰라도 한국의 스튜어드십 코드는 실질적으로 다른 나라의 스튜어드십 코드와 굉장히 커다란 차이를 보인다. 전 세계에서 가장 강력하게 정부주도로 추진되며 정치적 색깔이 아주 강하게 칠해져 있기 때문이다. 2014년 말 금융위원회가 처음 스튜어드십 코드를 추진할 때에는 침체된 주식시장을 부양하면서 중장기적으로 발전시키기 위한 여러 가지 방안 중 하나로 스튜어드십 코드가 포함됐다. FRC나 SEC와 유사하게 한국 금융위원회

---

1 한국기업지배구조원의 성격과 역할에 관해서는 〈부록 3〉 "한국기업지배구조원과 ISS의 '이해상충'" 참조.

2 3장 3절 "국민연금에 대한 '5% 룰' 예외적용 추진과 '연금사회주의'의 위협" 참조.

가 기관투자자 행동주의에 대해 긍정적 입장을 갖고 있었던 것으로 보인다. 신제윤 당시 금융위원장이 스튜어드십 코드 얘기를 꺼낸 자리도 "기업지배구조 개선을 위한 주주총회 발전 방안"이라는 국제 심포지엄이었다. [3]

그러나 한국의 스튜어드십 코드는 2015년 6월경부터 '삼성물산-제일모직 합병' 논란이 벌어지면서 재벌에 비판적인 국회의원들, 시민단체, 언론기관들을 통해 정치적 이슈로 변질되기 시작했다. 다음 절에서 상세히 논의하듯이, 국민연금이 삼성물산-제일모직 합병에 찬성표를 던진 것이 잘못된 일이고, 여기서 한 걸음 더 나아가 외부압력 및 로비에 의해 찬성표를 던졌다는 주장은 많은 오해와 편견에 입각해 있다. [4] 그렇지만 한국 최대재벌의 합병투표 문제는 반(反)재벌 정서와 당시 박근혜 대통령 정부에 대한 반(反)정부 정서가 결합된 휘발성 높은 정치 이슈로 금세 자리매김했다.

삼성물산-제일모직 합병이 결정된 직후인 2015년 8월 새정치민주연합(현 더불어민주당) 이언주 의원은 국민연금이 스튜어드십 코드를 마련하는 것을 의무화하는 〈국민연금법 개정안〉을 발의했다. 그는 해외 스튜어드십 코드 도입 사례를 거론하며 "이번 법 개정을 통해 국민연금이 재벌 대기업의 거수기가 아니라 주주총회에서 의사결정권자로서의 역할을 충실히 수행해 투자기업의 지배구조 개선 및 장기적이고 지속가능한 성장에 기여할 것으로 기대한다"고 밝혔다. [5] 9월에 열린 국회 금융위원회 국정감사에서 새정치민주연합의

---

3 "신제윤 위원장 '한국형 스튜어드십 코드' 도입", 〈머니투데이〉, 2014. 11. 6.
4 3장 2절 "'삼성물산-제일모직 합병' 투표 5대 쟁점 다시 보기" 참조.
5 "국민연금, 〈주주권 행사지침 의무화 법안〉 발의", 〈머니투데이〉, 2015. 8. 27.

김기식 의원은 "금융위원회가 삼성물산 합병을 고려해 스튜어드십 코드 제정을 미뤘다"는 의혹을 제기했다. [6]

이 과정에서 한 언론은 시민단체 관계자들을 인용하면서 "삼성물산 -제일모직 합병 잡음에 스튜어드십 코드 재부각"이라는 글을 게재하기도 했다. 이 언론은 투기자본감시센터 관계자가 "국민연금이 손실이 발생함에도 [불구하고] 합병을 지지해 [이것은] 제대로 된 절차를 거치지 않은 채 외부압력에 따른 것으로 보인다"며 "국민 재산인 만큼 합병을 찬성한 이유에 대해 소상히 밝혀야 할 필요가 있다"고 강조했다고 보도했다. 그리고 "스튜어드십 코드가 이 같은 불투명한 의사결정 구조의 해결방안으로 거론되고 있다"고 주장했다. [7]

〈연합통신〉은 "반복되는 오너 리스크 … 코리아 디스카운트의 핵심"이란 기사에서 스튜어드십 코드 추진기관인 한국기업지배구조원의 송민경 연구위원이 "상식에서 벗어난 재벌문제가 기업은 물론 시장과 감독당국에 대한 불신까지 초래한다"며 "이번 사태를 자성의 계기로 삼아야 하며 '스튜어드십 코드' 등을 조속히 도입해야 한다"는 주장을 클로즈업했다. [8] 〈한겨레〉는 사설을 통해 삼성물산 합병 건과 롯데그룹의 경영권 분쟁을 한데 묶어 "한국형 스튜어드십 코드 제정을 위한 태스크포스가 조직돼 있으나 활동은 미미하다"며 "정부가 나서서 기관투자자의 주주권 행사 책임을 제도화해야 한다"고 촉구했다. [9]

---

6 "국민연금 본부장, '주총 전 이재용 부회장 만났다'", 〈매일경제〉, 2015. 9. 14.

7 "삼성물산-제일모직 합병 잡음에 스튜어드십 코드 재부각", 〈서울파이낸스〉, 2015. 7. 15.

8 "반복되는 오너 리스크 … 코리아 디스카운트의 핵심", 〈연합통신〉, 2015. 8. 1.

9 "국민연금, '롯데사태'에 주주책임 다해야", 〈한겨레〉, 2015. 8. 7.

이러한 정치권과 언론의 스튜어드십 코드 도입 주장은 2016년 4월 총선에서 여당인 새누리당이 참패하고, 야당이던 더불어민주당이 제1당으로 올라서며 신생 야당인 국민의당이 38석을 차지하면서 약진하는 '여소야대'(與小野大) 국면이 만들어진 후, '경제민주화'라는 슬로건으로 봇물 터지듯 쏟아져 나왔다. 전 세계에서 유래 없이 감사위원 선임 시 재벌 관계자의 의결권을 3% 이내로 제한하고, 공익법인의 의결권 행사를 금지하는 내용 등을 포함한 〈상법 개정안〉과 함께 〈집단소송 법안〉, 〈징벌적 배상 법안〉, 〈공정거래법 개정안〉 등이 여소야대인 20대 국회에 무더기로 상정됐다.[10]

시민단체인 경제개혁연대에서 주주행동주의자로 활동하다가 국민의당 전국구 의원으로 진출한 채이배 의원은 국회 발언이나 언론 인터뷰 등을 통해 "최근 현대차의 한전부지 고가매입·삼성물산 합병 불공정 시비 등으로 인해 국내 자본시장에 대한 투자자들 신뢰는 곤두박질쳤다"며 "총수일가 등 지배주주가 회사 의사결정에서 전횡을 일삼을 수 있었던 주요원인 중 하나가 국민연금을 비롯한 기관투자자들의 무분별한 거수기 역할이었다"고 강조했다. 또 "기관투자자들이 주주로서 역할 제고를 위해서라도 금융당국은 세계적 기준에 상응하는 한국형 스튜어드십 코드를 조속히 제정하고 시행해야 한다"고 촉구했다.[11]

이러한 정치적 스튜어드십 도입 공세는 2016년 가을 이른바 '최순실

---

10 이에 대한 자세한 내용은 신장섭(2016a) 참조.
11 "채이배 의원 '국민연금, 스튜어드십 코드 도입해야'", 〈시사저널〉, 2016. 7. 13; "채이배 '국민연금, 스튜어드십 코드 선구적으로 채택해야'", 〈조선비즈〉, 2016. 11. 21; "채이배 '스튜어드십 코드 채택 시 삼성물산 합병 막았을 것', 국민연금, 책임투자 선도하려면 가장 먼저 스튜어드십 코드 채택 선언해야", 〈이코노미톡〉, 2016. 11. 21.

국정농단 사태'가 터지고 대통령이 탄핵 및 구속수감되는 사태가 벌어지면서 불붙듯이 번져나갔다. 박근혜 전 대통령이 '뇌물죄'로 기소되고 이를 입증하는 죄목으로 삼성합병이 포함됐기 때문이다. 참여연대는 11월 4일 이재용 삼성전자 부회장 등을 삼성물산 합병과 관련해 '포괄적 뇌물' 혐의로 검찰에 고발했다. 참여연대는 이어 11월 15일 공적연금강화국민행동, 민주노총 등과 함께 이재용 삼성전자 부회장과 박상진 삼성전자 사장을 뇌물공여죄와 〈특정 경제범죄 가중처벌 등에 관한 법률〉의 업무상 배임 혐의로 서울중앙지검에 고발했다. 검찰이 11월 23일 삼성본사를 압수수색했고, 12월 21일 특검이 출범했다.

특검은 "삼성물산 합병이 이재용 부회장의 경영승계 목적이었고 삼성물산 주주와 국민연금에 나쁜 것이었지만 삼성그룹의 로비를 받은 박근혜 전 대통령이 합병찬성을 지시해서 국민연금이 합병에 찬성하게 됐고, 따라서 국민의 노후자금인 국민연금에 큰 손실을 입혔다"는 기소논리를 완성했다. 특검은 1심 재판이 열리기도 전이지만 법원에 사전구속영장을 신청했고 법원은 2017년 2월 17일 이를 받아들여 이재용 부회장을 구속수감됐다.

한편 2017년 3월 10일 헌법재판소에서 박근혜 전 대통령에 대한 탄핵결정이 내려지고 5월 9일에 조기 대통령 선거가 실시됨에 따라 각 대통령 후보들이 공약사항들을 내놓았다. 스튜어드십 코드 도입은 대통령으로 당선된 더불어민주당 문재인 후보의 공약사항에 포함됐다. 문 후보는 조기대선이 확정되기 훨씬 이전인 1월 10일에 '재벌개혁 공약'을 미리 발표하면서 "국민연금을 비롯한 기관투자자들이 적극적으로 주주권을 행사할 수 있도록 하겠습니다. 주주권 행사 모범규준인 스튜어드십 코드의 실효성을 높이고, 그 법제도적 기반으로서 〈자본시장과 금융투자업에 관한 법률〉(〈자본시장법〉)도 보완하겠습니다. 그래서 삼성물산 합병에 국민연금이 동원된 것과 같은 일이 재발하지 않도록 하겠습니다"라고 강조했다.[12] '민간 자율규제'라는 스튜어드십 코드가 대통령 후보의 선거공약이 된 나라는 전 세계에서 한국이 처음이고 현재까지 유일하다.

신정부 출범과 함께 대통령 공약사항에 대한 후속작업이 진행됐다. 최종구 신임 금융위원장은 7월 17일 인사청문회에서 "··· 기관투자자의 스튜어드십 코드 도입 확산, 〈금융소비자 보호법〉 제정 등 경제민주화 관련 공약을 차질 없이 이행하겠다"며 "〔국민연금 위탁자산〕 입찰에 참여할 때 우선권을 주는 등의 인센티브 및 홍보와 교육을 통해 기관들의 〔스튜어드십 코드〕 참여를 유도하겠다"는 입장을 밝혔다.[13] 보건복지부의 성과평가보상 전문위원회도 6월 28일 기금운용위원회에 "국내주식 스튜어드십 코드 도입 방안을 검토하라"고 제언했다.[14]

주요 관련기관장 및 정책담당자들의 스튜어드십 코드 도입 필요 발언은 계속 이어졌다. 최종구 위원장은 9월 26일 자산운용사 대표 10여 명과 간담회를 열고 "의결권 행사와 적절한 주주활동을 통한 기업과의 적극적 대화가 기관투자자에게 주어진 소명이라는 인식이 시장에 뿌리내릴 수 있도록 유도할 것"이라고 강조했다.[15] 이 모임 직후 자산운용사들은 서둘러 스튜어드십 코드 참여 의사를 발표했

---

12 "문재인, 재벌개혁 공약 발표 ··· 삼성·현대차·SK·LG 정조준", 〈뉴스핌〉, 2017. 1. 10.
13 "최종구 '금융분야 경제 민주주의 구현하겠다'", 〈뉴시스〉, 2017. 7. 16; "최종구 금융위원장 후보자 '스튜어드십 코드 제약 해소할 것'", 〈아이뉴스〉, 2017. 7. 17.
14 "복지부 '국민연금, 스튜어드십 코드 도입 검토해야'", 〈연합뉴스〉, 2017. 6. 28.
15 "최종구 '스튜어드십 코드로 기관 소명의식 강화할 것'", 〈조선비즈〉, 2017. 9. 2.

다. 최 위원장은 또 11월 9일 글로벌 기관투자자 초청 설명회에서 "스튜어드십 코드를 확산시킬 필요가 있다"면서 "국민연금 등 공적 연기금의 주주권 행사 활성화를 위해 지분공시 의무 관련 부담을 완화하는 방안을 마련할 계획"이라고 밝혔다. [16]

박능후 보건복지부 장관은 12월 1일 열린 제 7차 국민연금 기금운용위원회에서 "스튜어드십 코드는 … 세계적 흐름으로 건강한 기업이 장기적으로 수익성이 높다"고 강조하면서 "국민연금도 스튜어드십 코드 도입을 통해 투자회사 가치향상과 기금의 장기적 안정성과 수익성 제고를 기대할 수 있다"고 밝혀 국민연금의 스튜어드십 코드 도입을 기정사실화했다. [17] 김성주 국민연금공단 신임 이사장도 11월 7일 취임 일성으로 스튜어드십 코드 도입 의지를 천명했다. [18] 주주행동주의자 출신인 장하성 대통령 정책실장도 10월 31일 외신기자 간담회에서 '스튜어드십 코드의 전면적 실시' 계획을 밝혔다. [19] 정지원 한국거래소 이사장도 11월 3일 취임식에서 "스튜어드십 코드가 시장에 조기 정착될 수 있도록 만전을 기할 것"이라고 강조했다. [20]

또 다른 주주행동주의자 출신 관료인 김상조 공정거래위원장은 한걸음 더 나아갔다. 그는 10월 11일 〈블룸버그〉와의 인터뷰에서 "기

---

16 이에 관해서는 이 장의 3절에서 좀더 상세히 논의한다.

17 "제7차 기금운용위원회, 사회책임투자전문위원회 설치방향, 책임투자·스튜어드십 코드 연구 중간보고 등 논의", 보건복지부 보도자료, 2017. 12. 1 (http://www.mohw.go.kr).

18 "김성주 국민연금 이사장 취임 … '스튜어드십 코드 도입'", 〈아이뉴스〉, 2017. 11. 7.

19 "장하성 靑 정책실장 '스튜어드십 코드 전면실시, 소수주주권 강화할 것'", 〈조선비즈〉, 2017. 10. 31.

20 "정지원 이사장 '스튜어드십 코드, 자본시장 안착 지원할 것'", 〈중앙일보〉, 2017. 11. 16.

업구조 개혁을 밀고 나가기 위해 국민연금이 역량과 스튜어드십 코드를 갖춰야 한다"고 강조하면서 "외국인투자자들이 한국에서 이렇게 수동적인 것은 부끄러운 일이다. 돈을 가져와라. 내가 그 돈을 더 크게 만들어줄 것을 약속한다"(Bring money in, I promise to make it bigger)고까지 말했다. 21

정부 관계부처들이 2017년 12월 27일에 합동으로 내놓은 〈2018년 경제정책방향〉은 스튜어드십 코드의 지향점을 뚜렷이 밝혔다. 스튜어드십 코드는 3장 "공정경제"의 2절 "기업지배구조 개선을 통해 경영의 투명성 및 효율성 제고"라는 항목에 들어가 있다. 22 정부가 현재 1천조 원이 넘는 거대한 연기금을 국민복지 차원에서 어떻게 잘 관리할 것인가 하는 본업은 뒤로하고 스튜어드십 코드를 기업개혁 수단으로 사용한다는 사실을 명확히 밝힌 것이라고 할 수 있다.

문재인 대통령도 2018년 1월 10일 신년 기자회견에서 "재벌개혁은 경제의 투명성은 물론, 경제성과를 중소기업과 국민에게 돌려준다는 측면에서도 중요합니다. 엄정한 법집행으로 일감 몰아주기를 없애겠습니다. 총수일가의 편법적 지배력 확장을 억제하겠습니다. 기업의 지배구조 개선을 위해 주주의결권을 확대하고, 스튜어드십 코드를 도입하겠습니다"라고 재차 강조했다. 23

21 "Activist investors are getting a warmer welcome in South Korea", *Bloomberg*, 2017. 10. 11.
22 〈따로 읽기 3〉 "'공정경제' 확립을 위한 스튜어드십 코드?: 〈2018년 경제정책방향〉 발췌" 참조.
23 "문재인 대통령 신년 기자회견 신년사 전문", 〈연합뉴스〉, 2018. 1. 10.

'공정경제' 확립을 위한 스튜어드십 코드?:
〈2018년 경제정책방향〉 발췌

3. 공정경제

공정경제 질서 확립, 부문 간 상생협력, 지역균형 발전 등을 통해 성장 과실을
가계, 중소기업, 지역 등 경제 전반으로 골고루 확산

3.1. 불공정거래 행위 근절을 통해 공정한 시장경제 질서 확립

(중략)

3.2. 기업지배구조 개선을 통해 경영의 투명성 및 효율성 제고

1) 총수일가의 과도한 지배력 확장 및 남용 방지, 권한과 책임이 일치하는
　기업지배구조 실현

- 일감 몰아주기 근절을 위한 엄정한 법집행 강화
- 증여세 과세 강화 등을 포함한 실효성 있는 법제도 개선 추진
- 서면 실태조사 결과를 기초로 순차적 직권조사, 기업의 자발적 시정 유도
- 신고포상금제, 사익편취 규제대상 확대 등
- 총수일가 경영전횡 견제 위해 주주의결권 행사 확대 및
　이사·감사의 책임성 강화
- 전자·서면투표제, 다중대표소송제, 집중투표제 의무화 등
- 공익법인·지주회사의 사익편취 및 편법적 지배력 확대 수단으로의 악용
　방지 위해 실태 점검 후 제도개선 추진
- 공익법인 운영현황(2017.12~) 및 지주회사 수익구조(2018.2~)
　실태 점검 실시

2) 대주주 전횡방지, 투자자 이익보호 등을 위해 기관투자자에 대해
　스튜어드십 코드를 적극 도입·확산 유도

- 기금운용위원회 심의, 관련 규정 정비 등을 거쳐 국민연금에 스튜어드십 코드
　도입 추진(2018년 하반기)

• 평가가점 등 각종 인센티브 제공 등을 통해 연기금·기관투자자의
스튜어드십 코드 도입 유도
  ① '기금 자산운용지침 가이드라인'을 통해 공무원연금·사학연금 등
    연기금의 스튜어드십 코드 도입 권고(필요시 스튜어드십 코드
    도입기관에 대해 기금운용평가 가점부여 검토)
  ② 연기금·정책금융의 민간 위탁운용사 선정 시 스튜어드십 코드
    도입기관 우대 권고
• 스튜어드십 코드를 도입한 기관투자자의 적극적 주주활동 지원을 위해
  공시의무 등 주주권 행사 부담 완화(〈자본시장법 시행령〉 개정)
  (현행) 5% 이상 주주는 주식 대량보유 목적 공시 의무 →
    보유목적을 '단순투자'로 공시한 후 적극적 주주활동을 하면
    '경영참여'로 간주되어 공시위반 우려
  (개선) 스튜어드십 코드를 도입한 공적 연기금에 대해 일정요건 충족 시
    적극적 주주활동을 하더라도 '경영참여'로 보지 않음
• 스튜어드십 코드를 도입한 기관투자자는 지분율·지분보유 기간 등 고려,
  정부에 감사인 지정 신청 허용 검토(〈외감법 시행령〉 개정)
  (현행) 회사, 주채권은행에 한해 감사인 지정 신청 가능
  (개선) 일정 요건을 충족하는 주주에도 감사인 지정 신청 허용

3) 기업지배구조 운용현황에 대한 자율공시 의무화, 기업지배구조 평가 신뢰성
   제고를 위한 체계적 평가시스템 구축
• 기업이 자율적으로 공시하는 〈기업지배구조 보고서〉를 기업규모 등을 고려,
  단계적 의무화 추진
• 〈기업지배구조 모범규준〉 핵심원칙에 대해 'comply or explain' 방식으로 작성
• 기업지배구조 핵심요소에 대한 실질적 평가 강화 및 평가기법 선진화 등
  개별 기업에 대한 지배구조 평가 개선 유도
  예: (현행) 감사위원회 구성여부 등 형식적 평가 위주 →
      (개선) 활동내용 등 포함

2. '삼성물산-제일모직 합병' 투표 5대 쟁점 다시 보기

앞 절에서 지적했듯이 한국의 스튜어드십 코드에 정치색이 강하게 입혀지는 계기는 2015년 7월에 이루어진 '삼성물산-제일모직 합병' 논란이다. 처음에 순조로이 진행될 것 같아 보이던 삼성물산 합병에 행동주의 헤지펀드 엘리엇 매니지먼트(Elliott Management)가 개입하며 삼성물산 주주들의 이익이 침해되었다고 반대 캠페인을 전개했다. 찬반진영의 논란이 뜨겁게 진행됐고 7월 17일 주주총회에서 합병성사 요건인 3분의 2 이상의 찬성표를 받아서 합병안이 통과됐다. 다수의 외국인 기관투자자들이 반대표를 던졌고 국내 기관투자자들은 대부분 찬성표를 던졌다. 국민연금도 찬성했다. 소액주주들은 찬반이 갈렸지만 절반 이상 찬성표를 던진 것으로 나타났다.

그러나 합병 후 통합 삼성물산의 주가가 하락하면서 국민연금의 합병찬성에 대한 비판이 다시 나오기 시작했다. 합병이 원래부터 잘못된 것이기 때문에 주가가 떨어진 것이고 여기에 찬성표를 던진 국민연금은 국민들의 노후자금에 '큰 손실'을 입혔다는 것이다. 정치인, 시민단체, 언론의 비판이 이어졌고, '최순실 국정농단 사태'라는 정치적 격변을 거치면서 특검은 마찬가지 논리에 입각해서 삼성 수뇌부를 기소했다.

2017년 8월 25일 열린 이재용 부회장 및 다른 삼성 임원 1심 형사재판에서나 2018년 2월 5일 열린 2심 형사재판에서도 삼성이 합병 관련 불법적 로비를 했고 국민연금이 투표를 잘못했다는 증거가 없는 것으로 판결이 내려졌다.[24] 이와 별도로 진행된 민사재판에서도 합병 목적이나 비율에 문제가 없었고 "국민연금 투자위원회의 찬성 의결은 내용 면에서도 거액의 투자손실을 감수하거나 주주가치를 훼손하는 등의 배임(背任) 요소가 있었다고 인정하기 부족하다"고 판결이 나왔다.[25] 하지만 '삼성의 경영승계 목적 로비 및 뇌물 → 박근혜 전 대통령의 뇌물수수 및 합병찬성 압력 → 국민연금 합병찬성 → 국민연금 손실'이라는 스토리는 계속 반복되었고 지금까지도 한국 스튜어드십 코드 도입의 강력한 추진력이 되고 있다.

이번 절에서는 이 스토리의 허구를 자세히 밝히기 위해 삼성물산 합병 관련 주요쟁점을 재조명한다. 영국이나 미국의 왜곡된 스튜어드십 코드가 한국 스튜어드십 도입의 국제적 근거로 내세워지는 것만큼이나, 국민연금의 삼성물산 합병 찬성투표에 대한 왜곡된 스토리가 스튜어드십 코드 도입의 국내적 근거로 내세워지기 때문이다. 영국과 미국 스튜어드십 코드의 실체를 제대로 아는 것이 중요한 만큼 삼성합병에서 국민연금 찬성투표 결정 근거 및 과정의 실체를 제대로 이해하는 것이 현재 진행되는 한국 스튜어드십 코드의 실체를 이해하는 데 중요하다.

24 "이재용 유죄판결: 이재용 부회장 등 1심 재판부 판결문 전문", 〈조선일보〉, 2017. 8. 25; "이재용 부회장, 1년 만에 석방 … '집행유예'", 〈더엘〉, 2018. 2. 5.
25 "법원 '삼성합병 문제없어 … 국민연금에 손해 아니다'", 〈조선일보〉, 2017. 10. 20.

1) 합병비율의 불공정성?

엘리엇이 삼성물산 합병반대 캠페인을 전개하면서 가장 중요하게 내놓은 근거가 합병비율이었다. '1 대 0. 35'로 결정된 제일모직과 삼성물산의 합병비율이 삼성물산 주주들에게 '불공정'하게 산정됐다며 '1 대 1. 6'의 합병비율이 공정하다고 주장했다. 삼성물산의 주가가 제일모직에 비해 5배 정도나 '저평가'됐다는 것이다. 엘리엇은 그 근거로 한영회계법인이 계산했다는 자산가치 비교를 내놓았다.

사실 합병비율 문제는 엘리엇이 한국 〈자본시장법〉을 모르든지, 의도적으로 무시한 상태에서 꺼낸 것이다. 그러나 국내외 언론이 사실관계 확인을 제대로 하지 않은 상태에서 이를 증폭시켰다. 지금까지도 많은 언론과 정치인, 더 나아가 일부 학자들까지 관련법과 사실관계는 따지지 않고 당시 보도를 재탕하는 수준이다.

미국은 합병비율을 산정할 때에 자산가치를 넣을 재량이 있지만, 한국 〈자본시장법〉에서는 그 재량권이 전혀 없다. 시장가치만으로 판단하게 되어 있다. 합병결정 한 달 전, 1주일 전, 전날의 주식종가를 합산해서 평균을 내도록 되어 있다. 주식가격이 자산가치뿐만 아니라 성장성, 이익성 등 여러 지표가 종합적으로 반영된 결과물이기 때문에 주식가격이 기업가치 결정에 가장 바람직하다는 생각에 입각한 것이다. 또 자산가치를 별도로 넣을 경우 '조작'의 여지가 생길 수 있으므로 이를 원천봉쇄하려는 굉장히 엄격한 규제 정신이 반영된 것이기도 하다.

이 규제하에서 합병과 관련해 기업이 택할 수 있는 것은 시기뿐이다. 언제 합병할 것인지만 결정하면 합병비율은 주가에 의해 자동적으로 결정된다. 나름대로 계산한 '자산가치'라는 것을 들이대며 불공정성을 따질 수 없는 구조이다. 따라서 이 규제하에서는 합병이 바람직한 것인지 여부도 주가에 의해 결정된다. 합병발표로 주가가 올라가면 합병이 긍정적인 것이 되고, 주가가 떨어지면 부정적인 것이 된다. 그런데 엘리엇이 불공정하다고 주장한 '1 대 0. 35' 비율로 합병하겠다는 발표만으로 삼성물산 주가는 즉각 15%가량 올랐다. 그리고 7월 17일 주주총회에서 합병이 결정될 때까지 이 수준의 주가가 유지됐다.

당시 삼성물산의 주사업인 건설업이 불황이었고 상사부문도 새로운 돌파구가 없던 상태에서 합병재료가 없었다면 이러한 주가상승은 불가능했다. 제일모직이 삼성의 실질적 지주회사라는 프리미엄에 삼성물산이 편승했다고 봐야 한다. 당시에는 삼성물산이건 제일모직이건 이익 본 사람들만 있던 상태였다. 엘리엇도 이익을 보고 있었다. 엘리엇이 합병에 반대한 것은 더 큰 이득을 보려고 들어왔는데, 이득이 15% 수준에서 그쳐서 억울하다는 얘기로밖에 해석할 수 없다.

그러면 엘리엇은 왜 합병비율을 문제 삼았는가? 전 세계를 무대로 활약해온 '벌처펀드'(vulture fund) 엘리엇이 한국의 〈자본시장법〉을 몰랐다고 생각하기는 어렵다. 엘리엇 창업자인 폴 싱어(Paul Singer)는 하버드 법대 출신이고 국내외에서 정크본드를 매입한 뒤 각종 소송을 걸어 원금과 이자까지 받아내는 방법으로 고수익을 올려왔다. 한국 최대재벌인 삼성그룹을 공격하면서 기본적 법지식을 갖추지 않고 시작했다고 보기 힘들다.

엘리엇이 한국 〈자본시장법〉을 알았는데도 불구하고 법과 어긋나게 자산가치에 입각한 합병비율을 내세웠다면 그것은 '불공정 프레임'을 쉽게 만들어내기 위한 정치적 행위로 해석해야 할 것이다. 한국 〈자본시장법〉의 정신을 그대로 따르면서 합병의 불공정성을 제기하려면 삼성그룹이 삼성물산과 제일모직의 주가를 상당기간 조작해왔고 삼성물산 주가가 '저평가'되어 있었을 때를 잡아 합병결정을 내렸다고 비난해야 했다.

그러나 이렇게 공개적으로 주가조작을 주장하는 것은 동조세력을 끌어들이기도 상당히 어렵고 자신이 무고죄 혹은 명예훼손으로 역공당할 법적 리스크를 떠안는 것이다. 따라서 엘리엇 입장에서는 국내외에 반재벌 정서를 가진 주주들이 많고 국제언론이나 IIS 등 국제적 투자자문사들도 합병반대에 동조할 가능성이 높기 때문에 '합병비율'을 내세워 삼성그룹이 이재용 부회장으로의 경영승계를 쉽게 하기 위해 삼성물산에 불리한 자산가치를 적용했다는 선전전을 하면서 다른 주주들과 여론의 지지를 끌어들이는 것이 더욱 현실적인 대안이었다.

실제로 ISS와 글래스루이스는 합병에 반대의견을 냈다. 엘리엇이 제기한 것처럼 합병비율을 문제 삼았다. ISS와 글래스루이스 등 '세계적' 투표자문사들의 분석과 견해가 얼마나 엉터리인지 보여주는 대표적 사례였다. [26] 외신도 합병비판이 주류를 이루었다. 〈블룸버그〉의 칼럼니스트 윌리엄 페섹은 엘리엇의 공격이 "한국사회가 삼성에 대해 감히 불편한 질문을 던지지 못하기 때문에 일어난 현상"이라며 "이 과정에서 어떻게 하는 것이 주주이익에 최선인지 거의

---

26 〈따로 읽기 4〉 "ISS 보고서는 바보 같은 분석, 볼 가치 없다: YTN 생생 인터뷰" 참조.

누구도 고려하지 않았다"고 비판했다. 그는 여기서 더 나아가 엘리엇의 개입이 "이씨 일가에게는 악몽이겠지만, 바로 그 이유 때문에 한국경제를 위해서는 엄청난 기회"라고까지 주장했다. 27

〈월스트리트 저널〉은 사설에서 엘리엇이 소수주주를 위해서 일어났다며 합병무산이 "엄청난 잠재력을 가졌지만 국내시장 경쟁과 혁신에서 문제(*deficit*)를 안고 있는 한국경제에 환영할 일격(*welcome blow*)이 될 것"이라며 국민연금이 반대표를 던질 것을 촉구했다. 28 〈파이낸셜 타임즈〉는 표면적으로 양쪽 입장을 공평하게 다루는 듯하면서 삼성에 비판적인 금융 애널리스트들의 얘기를 더 많이 더 강하게 실었다. 29

---

27 Pesek, William, "A challenge to Samsung's ruling family", *Bloomberg View*, 2015. 6. 7. 페섹은 삼성합병이 결정된 직후 쓴 칼럼에서는 "삼성의 승리는 한국의 패배"라고 계속 비판했다(Pesek, William, "Samsung's win is South Korea's loss", *Bloomberg View*, 2015. 7. 19).

28 "The brawl for Samsung's future: U. S. hedge fund Elliott associates stands up for minority shareholders", *Wall Street Journal*, 2015. 6. 25.

29 예컨대 "기본적으로 이번 딜은 명백하고도 근본적으로 값비싼 제일모직 주식과 값싼 삼성물산 주식을 교환하는 것"이라는 CLSA 한국지사장의 코멘트를 중요하게 인용하며 재벌 이슈를 제목으로 다뤘다("Chaebol issues lurk at heart of Elliott's criticism of Samsung", *Financial Times*, 2015. 6. 4).

ISS 보고서는 바보 같은 분석, 볼 가치 없다:
YTN 생생 인터뷰

인터뷰 녹취록(2015. 7. 6) 요약

- 방송 : YTN 라디오 FM 94.5 (오후 3:10~5:00)
- 진행 : 김윤경 기자
- 대담 : 신장섭 교수(싱가포르국립대 경제학과)

김윤경 기자(이하 김윤경) 삼성물산과 제일모직의 합병반대 보고서를 낸 ISS는 어떤 곳인지 그리고 보고서 내용은 어떤지 알아보겠습니다. 미국계 의결권 자문회사 ISS가 삼성물산과 제일모직의 합병에 반대의견을 밝힌 보고서를 지난주에 냈습니다. 이렇게 되니까 미국계 헤지펀드 엘리엇의 반대주장에 힘이 실리는 게 아니냐, 이런 관측도 나오고 있는데요. ISS가 발표한 보고서 내용과 또 앞으로 미칠 영향에 대해 자세히 얘기를 나눠 보도록 하겠습니다. 저희가 전화로 신장섭 싱가포르국립대 경제학과 교수님을 연결했습니다. 신 교수님, 안녕하십니까?

신장섭 교수(이하 신장섭) 예. 안녕하세요.

김윤경 ISS가 지난주에 삼성물산과 제일모직 합병에 반대한다는 의견을 낸 보고서를 발표했잖아요? 구체적으로 어떤 내용이었는지 좀 설명해 주시죠.

신장섭 엘리엇 주장과 똑같은 거죠. "합병비율이 잘못됐다", "주식배당할 수 있도록 정관을 고쳐라" 이런 내용이 핵심입니다.

김윤경 비율에 대해서 구체적으로 얘기했던가요?

신장섭 예. 엘리엇만큼 비율이 높지는 않았지만 불공정하다는 주장을 똑같이 했지요. 삼성이 발표한 것은 1 대 0.35였는데 엘리엇은 1 대 1.6이 공정하다고 했고 ISS는 1 대 0.95, 거의 1 대 1 정도가 적정하다고 했습니다. 그런데 핵심은 합병비율의 적정성 문제가 아닙니다. 국내에서는 자산가치를 계산해 합병비율을 정할 재량권의 여지가 없습니다. 국내법과 외국법이 다르거든요. 국내법은 시장가격만 사용하게 되어 있습니다. 제가 보기에 그 보고서에서 제일 큰 문제는 한국 주식시장에 참여하는 사람들을 모두 바보로 취급한 겁니다.

김윤경 바보로 취급했다는 것은 …….

신장섭 한국 주식시장에는 외국인투자자들도 있고, 국민연금도 있고, 국내 기관투자자들도 있는데, 이들을 전부 바보로 취급한 겁니다. 그게 무슨 얘기인가 하면, ISS 보고서의 '시장반응'이란 항목에 보면 발표 당일 제일모직과 삼성물산의 주가가 각각 15%씩 올랐는데, 이에 대해 "굉장히 긍정적인 반응이었다"란 사실은 인정하면서 "합병에 대한 아무런 프리미엄이 없는데도 그렇게 긍정적 반응을 보였다"는 겁니다. 합병발표 직후 주가가 올랐는데 합병의 긍정적인 면이 하나도 없다는 게 말이 되는 얘기입니까?

김윤경 그렇게 얘기했나요?

신장섭 보고서에 정확히 그렇게 쓰여 있습니다. 주가가 왜 움직였는지에 대한 설명이 있어야만 제대로 된 보고서라고 할 수 있습니다. 그런데 주식시장이 그렇게 아무런 이유 없이 갑자기 15% 올랐다면 해석은 둘 중 하나거든요. 하나는 "주식시장 참가자들이 전부 다 바보다. 즉, 일부 바보가 주가를 끌어올렸는데 나머지도 다 바보라서 주식을 팔지 않고 가만히 있었으니 전부 다 바보다"라는 이야기이고, 다른 하나는 "삼성이 전지전능해서 그렇게 오랫동안 두 회사 주가를 15%, 20% 올라간 선에서 끌고 가고 있다"라는 이야기밖에 안 돼요. 그게 어떻게 보고서입니까? 시장가격 움직임에 대한 설명이 하나도 없으니 기본적으로 그쪽의 메시지는 한국의 주식시장이 바보라는 겁니다. 제가 보기에는 그 분석 자체가 정말 바보 같은 분석입니다.

김윤경 아, 분석 자체가 설득력이 부족하다고 해석하겠습니다.

신장섭 그렇죠 시장이 움직인 이유를 설명해야 합니다. 시장이 움직인 이유는 간단합니다. 지주회사 프리미엄입니다. 제일모직이 앞으로 삼성그룹 지주회사가 될 테니 제일모직 주가가 계속 오른 것이고, 삼성물산은 [제일모직과의 합병을 통해] 그 지주회사 프리미엄에 편승하니 주가가 오른 겁니다. 프리미엄이 있으니 주가가 오른 거지, 어떻게 "프리미엄이 없는데도 불구하고 시장이 아주 긍정적인 반응을 보였다", 이따위 얘기를 합니까? 제가 볼 때는 말도 안 되는, 볼 가치조차 없는 거죠.

김윤경 그다음으로 좀 넘어가 볼게요. 그러면 지금 1 대 0.95, ISS가 제일모직을 1로 보면 삼성물산은 0.95 정도로 봐라. 거의 1 대 1로 … .

신장섭 삼성물산 주가가 지금보다 3배 정도 더 올라가야 된다는 얘기인데….

김윤경 그렇게 얘기하면서 제일모직 주가는 고평가되었고, 삼성물산은 저평가되었다는 엘리엇의 주장을 되풀이했거든요. 그 주장은 어떻게 보시나요?

신장섭 "고평가다" "저평가다" 하는 것도 똑같이 시장 참가지들을 바보 취급하는 겁니다.

김윤경 역시요?

신장섭 그렇죠. 저평가되었다면 똑똑한 주식시장 참가자들이 다 난다 긴다 하는 사람들인데 주식을 사죠. 저평가를 주장하는 사람들은 주식시장에서 소수입니다. 고평가를 주장하는 사람도 소수고요. 다수가 저평가가 아니라고 생각하니까 그 가격에 머물러 있는 것이지, 어떻게 저평가 상태가 그렇게 오래갑니까? 한국 주식시장을 완전히 후진 시장으로 보든지 아니면 거기 있는 사람을 전부 바보로 취급하든지, 그 안에 있는 모든 사람들이 조작이나 하는 나쁜 사람들로 보든지, 그런 이유로밖에는 설명이 안 돼요.

김윤경 그러면 교수님, ISS 보고서는 완전 엉터리였나요?

신장섭 완전 엉터리지요. ISS의 태생과 현재 성격을 보면 엘리엇 주장이 맞든 틀리든 편들 수밖에 없습니다.

김윤경 오늘 제가 교수님 칼럼 제목을 봤는데. "ISS는 투자자들의 UN이 아니다" 이런 제목의 칼럼을 쓰셨더라고요.

신장섭 예. 그렇죠. 투자자들이 결성해서 만든 기관이 아니라 투자자들의 필요에 따라 서비스하는 개인회사입니다.

김윤경 그러니까 민간회사라는 얘기죠.

신장섭 그렇죠. 그 회사가 왜 필요한가 하면, 펀드매니저들이 워낙 많은 주식에 투자하고 있으니 주주총회에 다 못 가지 않습니까? 자기들이 알지도 못하고요. 그러니까 대신 서비스해 주는 겁니다. 그런데 이 회사의 태생을 보면 제일 처음에 주주행동주의자 로버트 몽크스가 만들었어요. 모건스탠리에게 소유권이 넘어간 뒤 2014년부터는 베스타캐피탈이라는 사모펀드가 인수해서 운영하고 있습니다. 베스타캐피탈은 1988년에 만들어졌는데, 어떤 사람들이 만들었냐면 … 기업사냥꾼이라고 얘기 들어보셨죠? 퍼스트보스턴은행이라고 기업사냥꾼들이 제일 많이 활약하던 은행인데 이것이 크레디트 스위스에 합병됐습니다. 이때 이른바 매니지먼트 바이아웃, 레버리지 바이아웃을 하던 팀이 나와서 만든 회사입니다. 이 회사의 투자철학은 엘리엇 같은 행동주의 헤지펀드와 똑같습니다. 회사의 가치를 사업을 통해 높이는 것이 아니라 갖고 있는 자산을 이리 찢고 저리 찢고 나눠서 그냥 주식가격을 올리겠다는 것이지요.

김윤경 그러고 나서 엑시트(*exit*)를 하는 거죠? 차액을 실현하고.

신장섭 그렇죠. 앞으로 주가가 오를 여지가 더 있다면 계속 들고 있을 수도 있는 것이고요. 그거야 그때 가서 판단하면 되는 겁니다. 그런데 이 사람들의 투자철학과 사업하는 사람들의 투자철학은 다릅니다. 사업하는 사람들은 그게 비즈니스 그룹의 3세 경영이 됐건, 뭐가 됐건 간에 사업 자체를 잘하게 해서 그 결과로 주가가 올라가는 것을 바라봅니다. 반면 기업사냥꾼들은 사업 되는 것 자체에는 크게 관심 없습니다. 잘 알지도 못하고요. 이들 간에 철학이 충돌할 경우 ISS가 누구 편을 들겠습니까? "초록은 동색"이라고 자기와 비슷한 사람 편을 들죠.

김윤경 그래서 엘리엇 편을 들 수밖에 없었다는 결론을 말씀하시는 건가요?

신장섭 그렇죠. 소유구조를 봤을 때는…

김윤경 그런데 ISS의 의견을 대부분의 기관투자자가 많이들 사서 보잖아요? 공신력이 있으니까……

신장섭 투자자들이 투자 결정할 때 얼마나 많은 자료를 읽습니까? 그중의 하나라고 보면 됩니다.

김윤경 공신력이 전혀 없다고 보시는 건가요?

신장섭 투자자들이 똑똑한 사람들인데, 어떻게 자기네 판단을 ISS에 다 맡기겠습니까? 펀드매니저들이 굉장히 오래 갖고 있던 주식이나, 자기가 갖고 있는 포트폴리오 중에서 중요한 비중을 차지하는 주식일 경우에는 그 회사에 대해서 잘 알죠. 그러면 주주총회 의안이 나왔을 때에 자기가 판단을 내린단 말입니다. 그런데 자기가 가진 포트폴리오에서 비중이 작든지, 쳐다볼 시간도 없고, 쳐다보기도 싫으면 그쪽 의견을 그냥 따르는 것일 뿐입니다.

김윤경 그러면 신 교수님, 결국은 이 얘기로 질문을 또 드려야 될 것 같은데, "ISS의 보고서가 엉터리다, 아니다" 이것도 지금 판단에 굉장히 중요한 얘기이긴 하지만, 결국은 삼성물산과 제일모직 합병을 해도 되느냐, 아니냐에 대한 문제거든요. 그러면 교수님은 어떻게 보시나요?

신장섭 ISS 보고서는 엘리엇 주장을 되풀이한 것에 불과하니까 그다음에 그 선에서 투자자들이 판단하는 거죠. 국내 투자자들도 마찬가지고요. 저는 국민연금이 ISS 보고서가 나온 다음에 결정을 내린다고 얘기하는 것은 잘못이라고 생각합니다.

김윤경 왜요?

신장섭 ISS 보고서는 외국인투자자들에게 주로 가는 것이고 그 입장이 거의 다 정해져 있거든요. 헤지펀드와 일반사업 하는 회사가 싸움 붙으면 헤지펀드 쪽의 입장을 들어주게 됩니다. 미국이나 캐나다, 유럽에서는 이렇게 의결권 자문사가 가진 문제점에 대한 비판이 계속 많이 나옵니다. 그에 대해 하나도 몰랐다는 얘기밖에 안 되지요. 국민연금 입장에서야 삼성물산 합병은 굉장히 큰 건이고, 자기도 잘 아는 회사인데, 자기가 가진 여러 기준에 따라 판단하면 되지, 엘리엇의 주장을 반복할 가능성이 99% 되는 곳의 의견이 나올 때까지 기다린다는 게 무슨 의미가 있습니까? 엘리엇 얘기 다시 듣는 건데 ….

김윤경 그렇군요.

신장섭 국민연금이 ISS의 의견을 들을 가치는 추호도 없다고 생각합니다.

김윤경 그러면 국민연금이 어떤 결정을 해야 될지에 대해서도 지금 신 교수님은 답을 주신 것 같은데요?

신장섭 그렇죠. 일반 기관투자자들은 자기네 투자수익만 보면 되고, 국민연금은 투자수익과 국익도 같이 봐야 합니다. 일단 국익 빼고 투자수익률만 봤을 때에 삼성물산과 제일모직에서 한 달 사이에 각각 20%씩 벌었는데, 투자수익 면에서 합병을 반대할 근거가 있습니까? 저는 없다고 생각해요.

김윤경 그게 3세 승계를 위한 작업 중 하나란 의견도 지금 제기되잖아요.

신장섭 후계승계건 뭐가 됐건 간에 일단 이익이 났는지 안 났는지 보고, 손해가 났다면 후계승계 때문에 손해 봤다고 문제를 제기할 수 있죠.

김윤경 그렇게 보시나요?

신장섭 그럼요. 후계승계 때문에 벌써 20% 이익이 났는데, 이걸 없던 일로 치고 잘못된 것이라고 국민연금이 반대할 수 있겠습니까? 엘리엇의 경우는 회사를 이리 쪼개고 저리 쪼개서 100%건 200%건 수익률을 높일 수 있다고 생각하니 그런 얘기를 할 수 있겠지요. 그런데 국민연금은 기업을 쪼개고 팔고 하는 데가 아닙니다. 회사가 잘 성장해 주가가 계속 올라가길 원하는 기관입니다. 자신이 투자하는 방식과 관계없는 다른 방식으로 했을 때 고수익을 낼 가능성이 있다고 해서 반대해야 한다는 것은 얘기가 안 된다고 봅니다.

김윤경 [국민연금이] 찬성해야 한다는 의견까지 저희가 들어야 할 것 같습니다. 시간이 지금 다 돼서요. 감사합니다.

신장섭 예.

김윤경 신장섭 싱가포르국립대 경제학과 교수였습니다.

2) 삼성의 합병시기 선택 및 주가조작 여부

한국의 〈자본시장법〉에 따르면 자산가치에 입각한 합병비율 불공정성 시비가 원천적으로 불가능하다는 것이 알려지면서 제기됐던 비판은 "삼성그룹이 삼성물산 주가가 저평가되어 있고 제일모직 주가가 고평가되어 있을 때를 골라 합병시기를 잡았다"는 것이었다. 예를 들어, 김상조 공정거래위원장(당시 경제개혁연대 소장)은 "두 회사 주가가 극도의 불균형을 유지하는 상황이 오래 지속됐음에도 삼성그룹이 삼성물산의 저평가 문제를 개선하려는 어떠한 노력도 기울이지 않아 엘리엇의 공격을 자초했다"고 비판했다.[30] 영국의 경제주간지 〈이코노미스트〉도 "합병이 발표됐을 때 제일모직의 주가는 상장 이후 최고수준에 있었고 삼성물산의 주가는 5년래 최저 수준에 있었다"면서 "삼성물산의 핵심사업을 제일모직에 실질적으로 공짜(effectively free)로 넘기는 것"이었다고 주장했다.[31]

그러나 이렇게 주식의 '저평가'와 '고평가'를 쉽게 단정짓는 것은 한국 주식시장이 바보처럼 움직이든지, 삼성그룹이 삼성물산과 제일모직 주가를 오랫동안 조작했다는 얘기다. 둘 다일 수도 있다. 한국 주식시장에는 국내외의 주요 기관투자자, 소액투자자, 기업보유

---

30 "삼성물산·제일모직 합병, 국민연금 향배에 달렸다", 〈경향신문〉, 2015. 6. 8. 그는 공정거래위원장으로 취임한 뒤 2017년 7월 15일 이재용 부회장 재판에 증인으로 출석해서 "저뿐만 아니라 홍콩 투자자들이 이렇게 논란이 많은데, 이 비율대로 이 타이밍에 합병해야 하냐, 합병 캔슬[취소]하라, 그런 다음에 시간이 흐르면 (6개월~1년) 주가가 조정되면 조정된 주가비율대로, 다시 합병비율 계산해서 추진하면 100% 찬성한다고 하는 것이 홍콩 투자자의 뜻이었다"고 주장했다(태평양 법무법인, 〈이재용 재판 속기록 정리본〉).

31 "Reconstructing Samsung", *The Economist*, 2015. 7. 25.

지분 등이 다 들어와 있다. 외국인투자자 보유비중이 3분의 1 이상에 달할 정도로 개방되어 있다. 증시규모도 세계 13, 14위에 달할 정도로 커져 있다. 당시 삼성물산에는 블랙록, 뱅가드, 피델리티, CalPERS, CalSTRS, 캐나다 연금, GIC 등 세계적 기관투자자들이 주주로 들어와 있었다.

만약 모든 투자자들이 삼성물산 주가가 저평가됐다고 판단했다면 매입세력만 있어서 주가가 올라갔어야 했다. 그러나 그렇게 생각하지 않는 투자자들이 있으므로 값이 올라가지 않았던 것이다. 어느 주식이 '저평가됐다'고 단정짓는 것은 그 저평가됐다는 주식을 매입하지 않고 있는 수많은 투자자들을 바보 취급하는 것이다. 마찬가지로 어느 주식이 '고평가됐다'고 단정짓는 것은 그 주식을 팔지 않고 있는 수많은 투자자들을 바보 취급하는 것이다. 저평가 혹은 고평가 여부를 단정짓는 사람과 그에 따라 행동하지 않는 사람 중 누가 진짜 바보인지는 주가가 움직여 봐야지만 판가름 난다.

삼성그룹이 오랫동안 삼성물산과 제일모직 주가를 조작했다고 상정하는 것도 마찬가지 이유에서 주식시장과 참가자들을 바보 취급하는 것이고 더 나아가 한국 금융당국도 바보 취급하는 것이다. 한국 주식시장에는 삼성그룹보다 자산규모가 큰 '초재벌' 기관투자자들이 많이 들어와 있다. 금융당국도 주가조작에 대해서는 엄격한 잣대를 갖고 감시한다. 주가조작을 상정하는 사람들은 삼성그룹이 거대 기관투자자들과 금융당국을 무력화시킬 수 있을 정도로 전지전능하다고 믿는 것이다.

실제로 삼성그룹이 그렇게 전지전능한가? 삼성물산과 제일모직 주식을 보유하고 있던 기관투자자들과 한국 금융당국은 그렇게 무기력한 존재들인가? 일반적인 상황에서는 증거 없이 주가조작을 상정해 주요언론이 기업을 비판하는 경우는 없다. 그러나 한국 최대그룹 삼성에 대해서는 예외적 현상이 벌어졌고, 그것이 반복되면서 정치권과 여론을 움직였다.

3) 국민연금의 합병찬성 적절성?

삼성합병 당시나 지금까지 가장 큰 논란을 일으키는 부분은 국민연금의 합병 찬성투표 적절성 여부다. 국민연금 개혁론이나 스튜어드십 코드 도입 주장은 모두 합병이 삼성물산에 좋지 않은 것이므로 국민연금이 반대했어야 한다는 전제를 갖고 있다. 그러나 사실관계를 살펴본다면 국민연금은 합병에 찬성할 수밖에 없는 상황이었다. 오히려 반대하면 배임했다거나 투기자본처럼 행동했다고 공격받을 상황이었다.

국민연금의 판단기준은 수익성, 공공성, 유동성, 안정성이다. 삼성물산 합병에 찬성하건 반대하건 국민연금의 유동성이나 안정성에는 아무런 차이가 없다. 나머지 두 가지 기준, 즉 수익성과 공공성을 기준으로 판단하면 되는 일이었다. 앞서 강조했듯이 연금의 판단기준에서 가장 중요한 것은 안정적·장기적 수익성이고 공공성은 부차적으로 봐야 한다. 공공성에 어긋나는 일은 물론 하지 말아야 한다. 그렇지만 수익성을 희생시켜 가며 공공성을 추구할 수는 없다. 수익성이라는 주된 잣대와 공공성이라는 보조 잣대에 비추어서 당시 상황을 복기해 보자.

첫째, 합병발표만으로 삼성물산 주가가 이미 15%가량 올라 있는 상태였다. 주가가 떨어졌다면 투자손실을 봤다고 합병에 반대할 수 있겠지만 벌써 큰 이익을 봤는데 수익성이란 기준에서 반대할 이유가 없었다. 국민연금 비판론자들은 이 상황은 언급하지 않고 국민연금의 합병찬성과 합병성사 이후 주가가 떨어진 사실만 연결시켜서 손해가 크게 났고 따라서 당시 합병에 반대표를 던졌어야 했다고 주장한다. 더 나아가 국민연금이 당시 손해날 것을 알았는데도 불구하고 대통령을 경유한 삼성 측의 로비를 받아서 찬성표를 던졌다고 주장한다. 특검의 스토리가 이렇게 구성되어 있다. 김상조 공정거래위원장도 2017년 2월 12일 특검 진술에서 "국민연금 입장에서는 당장 수천억 원의 손해를 입을 것이 확실한데도 찬성했다는 것이 도저히 납득되지 않았다"고 말했다.[32]

그러나 정말 그렇게 손실여부를 확실하게 판단할 수 있었다면 국민연금뿐만 아니라 다른 삼성물산 주주들도 모두 주식을 매각했어야 했다. 다른 투자자들이 삼성물산에 '쇼트'(short)해서 큰돈을 벌 수 있었을 것이다. 그렇지만 실상을 보면 찬성표를 던진 국민연금이나 국내 기관투자자뿐만 아니라 반대표를 주로 던졌던 외국인투자자들까지도 이 기간 중 주식을 별로 매도하지 않았다. 그리고 그 이유는 주가가 앞으로 최소한 떨어지지는 않으리라는 쪽으로 시장에서 컨센서스가 모아졌기 때문이었다고 보인다.

이 가설을 가장 확실히 입증하기 위해서는 (구) 삼성물산 주주명부를 확보해서 기존 주주들이 삼성물산 지분을 줄였는지 늘렸는지

---

[32] 김 위원장은 여기서 이 수치가 어떻게 나온 것인지 밝히지 않았다. 합병비율에 관한 진술을 하던 중에 나온 얘기라는 맥락에 비추어 볼 때에 합병비율이 불공정하다는 전제에서 단순 계산했을 가능성이 높다.

를 확인해 보면 된다. 그러나 2015년 7월 17일 주주총회에서 합병안이 통과되면서 (구) 삼성물산과 (구) 제일모직의 주주명부가 통합됐기 때문에 이를 직접 확인할 방법이 없다. 대신 '주주명부확정기'의 주가 움직임과 내·외국인투자자 지분율 변화를 보면, 간접적으로나마 그 실체를 확인할 수 있다.

주주명부확정기는 주주총회에 앞서 한 달가량 주주명부에 변동이 없도록 하는 기간이다. 주식매매가 계속 이루어지기 때문에 이에 따른 주주변동을 다 반영하려면 주주총회 당일까지 주주명부를 확정할 수 없기 때문이다. 이 기간에는 해당 주식을 매도한 주주라도 주주총회에서 투표할 수 있다. 반면 이 기간에 주식을 매입한 주주는 주주총회에서 투표할 수 없다. 따라서 이 기간의 주식거래는 투표와 상관없이 순수하게 수익률 기준으로만 이루어진다. 주가가 떨어질 것이라고 판단하는 주주는 얼마든지 주식을 판 뒤 주주총회에서 찬성이건 반대건 투표권을 행사할 수 있다. 주가가 올라갈 것이라고 예상하는 투자자는 투표권을 행사하지 못하더라도 수익에 대한 기대 때문에 주식을 매입한다.

주주명부확정기였던 2015년 6월 11일부터 7월 16일까지 삼성물산 주가는 합병발표 전에 비해 15~20%가량 상승한 수준에서 오르내렸다. 전반적으로 매도가 별로 없었다는 얘기다. 내국인투자자와 외국인투자자 간 지분율도 거의 변하지 않았다. 외국인투자자 지분율은 6월 11일 33.89%였는데 7월 16일에 33.49%였다. 내국인 기관투자자 지분율도 6월 11일 23.30%에서 7월 16일 23.37%로 거의 고정되어 있었다(〈그림 3-2〉 참조).

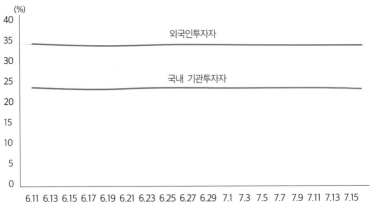

그림 3-2 **주주명부확정기 (구)삼성물산 투자자의 지분율 변화(2015)**

출처: 신장섭(2017)

만약 특검이나 국민연금 비판론자들이 주장하듯이 국민연금 등 국내 기관투자자들이 주가가 떨어질 것을 알았지만 삼성의 로비 때문에 찬성표를 던져야 했다면, 주주명부확정기에 주식은 팔고 찬성표를 던지면 됐다. 펀드매니저들의 성과가 투자수익률에 의해 거의 전적으로 평가받고 투표를 얼마나 잘했는지 여부는 거의 영향을 미치지 않는다는 현실을 감안할 때 이것이 자신의 이익을 지키려는 펀드매니저들에게 합리적 선택이었다. 그러나 국내 기관투자자들이 주주명부확정기에 주식을 많이 팔았다는 증거는 없다. 마찬가지로 반대표를 던졌던 외국인투자자들의 지분율에도 거의 변화가 없다.

이 당시 삼성물산 주가의 움직임에 대해서는 내국인이건 외국인이건 낙관적으로 보았다고 해석할 수밖에 없다. 당시 국민연금에 "큰 손해가 날 것이 확실했다"고 판단할 수 있는 근거는 어디에도 없었다. 국내 기관투자자와 외국 기관투자자를 비교해 보면 오히려 내국인투자자들이 상식에 부합하는 투표를 했고 외국 기관투자자들이

상식과 어긋나는 투표를 했다고 할 수 있다. 국민연금 등 내국인투자자는 삼성물산 주가에 낙관적인 상태에서 찬성표를 던졌지만 외국인투자자들의 다수는 주가흐름에 낙관적인 상태에서 반대표를 던졌기 때문이다. [33]

둘째, 수익성 면에서 국민연금은 추가로 고려해야 할 사항이 있었다. 삼성물산뿐만 아니라 제일모직의 대주주이기도 했기 때문이다. 당시 두 회사의 주식을 각각 1조 원가량 보유하고 있었다. 다른 삼성그룹 주식도 많이 갖고 있었다. 따라서 국민연금은 삼성그룹 주식 포트폴리오의 수익률 향방에 따라 합병찬성 여부를 판단해야 했다. 합병이 성사된다는 전제하에서는 이미 삼성물산과 제일모직에서 15%가량 이익을 본 상태였다. 앞서 지적했듯이 그 당시 합병성사 뒤 주가가 떨어질 것이라고 예상할 수 있는 근거는 없는 상태였다. 그런데 합병에 반대해서 부결된다면 최소한 제일모직 주가는 폭락한다. 삼성그룹의 '실질적 지주회사'(de facto holding company)로 성장해간다는 기대 때문에 제일모직의 주가가 계속 올랐는데, 여기에 큰 걸림돌이 생긴다. 삼성그룹 전체 주가에도 부정적 영향을 미친다.

엘리엇의 경우는 삼성물산 주식만 갖고 있었고 합병을 무산시킨 뒤 헤지펀드식으로 삼성물산을 구조조정시키고 자산을 쪼개서 팔면 15%보다 더 높은 수익을 올릴 수 있으리라고 판단했을 것이다. 그러나 국민연금 입장에서는 엘리엇식으로 할 경우에 삼성물산에서 과연 추가이익이 날지 손실을 볼지 확신할 수 없었고, 만약 추가이

---

33 〈따로 읽기 5〉"삼성물산 합병에서 나타난 외국인투자자의 왜곡된 투표행태: 투표와 매매의 분리" 참조.

익을 보더라도 그것이 제일모직이나 다른 삼성그룹 계열사의 주가 하락을 보전해 줄 정도로 클 것인지 판단할 수 없는 일이었다. 수익성 기준으로 봤을 때는 삼성물산과 제일모직에서 이미 확보한 15% 가량의 이익을 챙기는 것이 더 나은 선택이었다.

셋째, '공공성'의 입장에서 볼 때도 국민연금이 엘리엇과 삼성 간 대결에서 엘리엇의 손을 들어주기 어려웠다. 엘리엇은 악명 높은 '벌처펀드'의 선구자다. 아프리카, 중남미 등에서 부도상태가 되어서 아주 헐값인 정크본드(junk bond)를 매입한 뒤 뉴욕이나 런던의 법원에 소송을 내서 이들 나라에 지원될 국제 원조자금에 지급정지 가처분을 받아낸 뒤 그 나라 정부를 협박해서 자신이 들고 있던 정크본드에 대해 시가 전액과 고리이자까지 받아내는 방법으로 고수익을 올려왔다.[34] 엘리엇이 요구하던 대로 삼성물산이 가진 주식이나 현금성 자산을 대거 배당한다고 해서 한국경제가 좋아지리라는 보장은 없다. 당시 주식을 가진 주주들은 단기이익을 얻을 수 있을지 몰라도 그것이 삼성물산의 중장기 가치상승에 도움이 된다고 할 수 없었다. 또 한국경제가 좋아진다는 '공공성'을 기대할 여지도 없었다. 오히려 미국에서 헤지펀드 행동주의의 결과가 보여주듯 공공성에서 부정적이었을 가능성이 더 높았다고 할 수 있다.

삼성그룹과 엘리엇을 공공성 차원에서 비교해 보아도 마찬가지다. 삼성그룹이 그동안 한국에 얼마나 기여했고 앞으로 얼마나 기여할지에 대해 보는 사람에 따라 차이가 있을 수 있다. 그렇지만 삼성그룹은 한국사회에 대해 최소한 공과(功過)를 동시에 갖고 있었

---

34 〈따로 읽기 6〉"행동주의 헤지펀드 엘리엇의 '국제 알박기' 행태" 참조.

다. 반면 엘리엇은 그동안 한국에 '공'(功)이라고 쌓아 놓은 것이 전혀 없었다. 앞으로 '공'(功)을 쌓을 수 있을지에 대해 별로 기대할 것도 없었다. 공공성이라는 잣대에서 엘리엇을 지지할 이유를 찾을 수 없었다.

국민연금의 찬성투표를 비판하는 사람들은 삼성합병이 이재용 부회장으로의 3세 승계를 목적으로 하는 것이었는데, 국민연금이 그걸 찬성하는 것이 공공성에 왜 좋은 것이냐고 문제를 제기한다. 실제로 국민연금의 합병찬성에 관한 많은 비판이 이러한 반(反)재벌정서에 입각해 있었다. 엘리엇이 삼성합병을 공격할 때에도 이 정서를 적극적으로 활용했다. 그러나 한국에서 경영승계는 불법이 아니다. 경영승계를 하려면 상속세를 많이 내야 한다는 법만 있을 뿐이다. 경영승계 시도 자체가 공공성을 해친다고 단정할 근거는 어디에도 없다. 전 세계적으로 잘 운영되는 가족경영 기업도 많다. 전문경영이 세계에서 가장 많이 발전했다는 미국의 경우조차 가족경영이 전문경영보다 성장성과 수익성에서 평균적으로 더 좋은 성과를 내고 있다(Miller & Miller, 2005; Shanker & Astrachan, 1996).

또 삼성물산 주식을 보유하던 투자자들은 이 회사가 한국 최대재벌의 주요계열사이고 경영승계가 진행된다는 사실을 아는 상태에서 주식을 갖고 있었다. 국민연금도 해당 펀드매니저들이 경영승계에 대해 긍정적 인식을 가졌건 부정적 인식을 가졌건 간에 상관없이 삼성물산 주식이 수익성이 있다고 생각해서 보유했던 것이다. 그동안 삼성그룹 주식만 모아서 투자하는 '삼성그룹 펀드'도 인기가 많았다. 재벌식으로 경영되는 것을 잘 알면서도, 또는 그렇기 때문에 삼성계열사들의 주식에 대해 모아서 투자했던 것이다.

삼성그룹은 재판과정에서 삼성물산과 제일모직 합병이 경영승계 목적이 아니라 두 회사 간의 '시너지'(synergy)를 목적으로 한 것이었다고 강조했다. 설사 경영승계가 주목적이었다 해도 합병발표로 삼성물산의 주가가 올라갔기 때문에 삼성그룹 입장에서는 경영승계에 도움이 되면서 삼성물산 주주들에게도 이익이 되는 '윈윈'(win-win) 게임을 했다고 할 수 있다. 경영승계 진행과정에서 주가가 떨어졌다면 몰라도, 합병발표로 투자수익을 올렸는데 국민연금이 합병을 반대할 이유도 명분도 없었다. 재벌 주무부서인 공정거래위원회조차 법적으로 문제 삼지 않는 경영승계를 국민연금이 공공성 판단의 기준으로 사용할 수는 없는 일이었다.

삼성물산 합병에서 나타난 외국인투자자의
왜곡된 투표행태: 투표와 매매의 분리

외국인투자자들이 삼성물산 합병에 반대표를 던졌지만 주가전망에 대해서는 대부분 긍정적이었다는 사실은 2015년 9월 네덜란드 연금 박유경 이사의 국정감사 증언에서도 드러난다. 박 이사는 "합병의 취지는 완전히 공감하지만, 합병비율이 보유주식의 가치를 훼손하면 안 되고, 스튜어드십 코드 때문에 예외적으로 (찬성)할 수 없는 그런 사정이 있었다. 연기금들은 자유로운 부분이 없어 반대했을 거라고 생각한다"고 말했다(국회사무처, 2015: 37).

합병에 취지에 '완전히 공감'한다는 말은 주식 수익률이라는 관점에서는 긍정적이었다는 얘기다. 그러면 왜 "스튜어드십 코드 때문에 예외적으로 (찬성)할 수 없는 그런 사정이 있었다"는 말을 하는가? 그것은 외국의 대형연기금이나 뮤추얼펀드에서 투표와 거래가 분리되어 있기 때문이다(1장 4절 "인덱스펀드 대세와 복마전 기업투표, 행동주의 헤지펀드의 횡행" 참조). 여기서 박 이사가 '스튜어드십 코드'라고 한 것은 해외 대형연기금의 스튜어드십팀 혹은 지배구조팀에서 투표할 때의 기준을 말한다. 삼성물산 합병의 경우 주식매매를 하는 펀드매니저들의 관점에서는 합병이 수익률에 긍정적이라고 판단했지만, 패시브 펀드의 투표를 총괄하는 스튜어드십팀이 가진 기준에서는 반대표가 나오게 됐다는 것이다.

네덜란드 연금이나 다른 해외 연기금, 뮤추얼펀드들이 합병에 관한 내부 투표기준을 공개하지 않기 때문에 그 기준이 정확히 무엇이고 어떻게 반대라는 결론에 도달했는지는 추측할 수밖에 없다. 일단 박 이사가 '합병비율'을 언급했기 때문에 이것은 기준에 들어갔다고 할 수 있다. 네덜란드 연금이 관리하는 전 세계 수만 개 회사에 대해 각각 적정 합병비율을 개별적으로 계산하는 모델이 있으리라고 상상할 수 없다. 기껏해야 전 세계 모든 기업에 공통으로 적용되는 기계적 기준을 갖고 있을 것이다. 그렇지만 이러한 공통기준은 각 나라가 적용하는 법이 다르다는 사실을 반영하기 어렵다.

외국에서는 자산가치를 합병비율에 반영하는 나라가 많다. 따라서 이 공통된 기계적 기준에서 자산가치가 중요한 부분을 차지할 것이다. 그렇지만 앞서 지적했듯이 한국 〈자본시장법〉에서는 자산가치가 합병비율을 결정하는 데 들어갈 여지가 없도록 되어 있다. 시장가격만 적용하게 되어 있다. 따라서 외국 대형연금의 스튜어드십팀은 한국 법에 맞지 않는 기준이지만 자신들의 가진 일반적 기준을 사용할 수밖에 없었고 그 기준에 따라 합병에 반대했을 가능성이 높다.

합병투표 결정에 기업지배구조의 일반기준이 들어 있을 가능성도 높다. 그렇다면 '승계관련'으로 논란이 벌어지는 삼성합병에 대해 긍정적으로 평가하기 어려웠을 것이다. "연기금들은 자유로운 부분이 없어 반대했을 거라고 생각한다"라는 박유경 이사의 발언은 스튜어드십팀 내부의 일반기준에서 부정적으로 나오면 아무리 수익률에서 긍정적 전망이 있다고 해도 반대할 수밖에 없는 구조라는 사실을 자인한 것이다.

그러면 이런 투표결정 방식이 바람직한 것인가? 절대 그렇지 않다. 기업들이 합병을 결정할 때는 사업 시너지나 주가상승 가능성을 보고 결정한다. 주주들이 주주총회에서 판단해 줘야 할 것은 경영진이 제시한 사업 시너지나 주가상승 가능성이 일리가 있는지 아닌지 여부이다. 그런데 경영진이 합병에서 목적으로 내세웠던 사항에 대해서는 판단하지 않고, 기계적 스튜어드십 기준을 내세우는 것은 합목적성에 부합하는 투표행태가 아니다. 외국의 대형연기금이나 대형뮤추얼펀드들이 이렇게 된 것은 인덱스펀드의 비중이 크게 높아지면서 구조적으로 투표에 대해 무관심·무능력할 수밖에 없어졌는데, 정부규제에 의해 투표가 의무화되었으므로 할 수 없이 투표하면서 나타난 결과이다.

이렇게 봤을 때에 현재 국민연금과 같이 투표와 거래가 분리되어 있지 않고 기금운용본부의 투자위원회에서 수익률을 최우선 기준으로 두고 투표를 결정하는 것이 바람직하다[4장 3절의 1) "'안정적·장기적 수익률'을 지상목표로 삼아야" 및 5장 2절의 7) "투표와 관여는 투자결정 부서에서 함께 관장해야 한다" 참조]. 이것이 국민연금이 돈 맡긴 고객의 '집사'(steward)로서 취해야 할 자세. 투표를 거래로부터 분리시키면 고객을 위한 수익률 달성이라는 근본목표가 손상받는 경우가 발생한다. 박유경 이사는 이 사실을 국정감사에서 스스로 인정한 것이라고 할 수 있다.

국내에는 외국의 거대기관들이 하는 행태를 너무 쉽게 글로벌 스탠더드로 받아들이고 그것을 좇아가려는 경향이 있다. 더 나아가 그렇게 따라하지 않는 한국의 기관이나 기업들이 마치 후진(後進) 기관, 기업이라고 비판하는 경향이 있다. 삼성합병 관련 국민연금의 투표를 비판하는 많은 학자, 언론이 명시적이건 암묵적이건 그런 입장을 보였다. 사대주의(事大主義)의 발현이라고 볼 수밖에 없다. 국민연금의 '의결권 전문위원회'에 투표결정의 전권을 준다든지(〈따로 읽기 10〉 "우려되는 국민연금의 '위원회 정치'" 참조), '수탁자 위원회'를 만들어 여기서 투표를 관장토록 한다는 주장은 그 연장선상에서 나오는 얘기들이다(〈부록 1〉 "국민연금 스튜어드십 코드 용역 중간보고서 비판적 검토" 참조). 내 입장에서 무엇이 맞고 그른지 주체적으로 살펴 결정을 내려야 한다.

행동주의 헤지펀드 엘리엇의 '국제 알박기' 행태

신장섭(2015) " '행동주의 펀드'의 실상과 재벌정책:
엘리엇–삼성 분쟁이 주는 교훈' " 발췌 요약 및 일부 업데이트

'알박기'는 개발사업이 진행될 때에 일부 토지를 매입해서 다른 토지소유자들이 개발
업체와 합의한 것에 문제를 제기하며 사업진행을 막은 뒤 일반 보상가보다 훨씬 더
많은 돈을 얻어내는 수법이다. 처음부터 토지를 소유하면서 개발사업이 잘못됐다고
주장하는 것이 아니다. 개발사업 정보를 듣고 땅을 매입한 뒤 개발사업이 잘못됐느니
자신의 재산권이 침해됐느니 하면서 거액의 보상을 요구하는 것이다. 요구를 관철하
기 위해 개발사업 전체를 인질로 잡는다. 개발사업자에게는 시간이 돈이다. 사업을
빨리 진행시키기 위해 할 수 없이 '알박기' 하는 사람에게 돈을 주고 해결한다.

엘리엇이 해외에서 큰돈을 번 수법에는 '국제 알박기'라고 이름 붙일 수 있다. 일
반인들이 상상치 못할 정도로 무자비한 방법을 동원한다. 엘리엇이 '벌처펀드'라는
명칭을 얻게 된 곳은 페루였다. 미국의 브래디 재무장관과 채권은행, 중남미 국가들
은 10년 가까운 산고(産苦) 끝에 '브래디 플랜'(Brady Plan)에 합의했다. 1980년대
에 외채위기에 빠져 있던 중남미 국가들의 부채를 탕감해 주고 성장으로 복귀하도
록 도와줘서 과실을 나눈다는 내용이다.

엘리엇은 브래디 플랜이 집행되던 1996년에 부도가 나 있던 액면가 2천 70만 달
러 페루채권을 1천 140만 달러에 샀다. 그리고 페루가 그동안 내지 않은 이자까지
합쳐 5천 8백만 달러를 지급하지 않으면 브래디 플랜이 집행되지 못하도록 하는 소
송을 냈다. 브래디 플랜에 '알박기'를 했다고 할 수 있다. 그런데 뉴욕법원은 엘리엇의
손을 들어줬다. 페루정부는 전액을 물어줬다. 페루정부가 원하는 대로 돈을 내놓지
않자 엘리엇은 후지모리 대통령이 일본으로 도피할 때에 대통령 전용기를 붙잡아
놓고 페루 재무장관에게 전액을 지급하라는 대통령 지시를 얻어냈다고 한다.

아르헨티나에서는 '알박기 판'을 더 크게 벌였다. 액면가 6억 1천 7백만 달러 채권
을 1억 1천 7백만 달러에 매입한 뒤 아르헨티나 정부에게 이자까지 합쳐서 23억 달
러(약 2조 5천억 원)를 내놓으라고 소송했다. 뉴욕법원은 아르헨티나가 16억 달러
를 엘리엇에 물어줘야 한다고 판결했다. 아르헨티나가 지급을 거부하자 전무후무
한 실력 행사를 했다. 아프리카 가나의 해안에 들어온 아르헨티나 군함 ARA 리베르

타드(ARA Libertad)를 압류하고 아르헨티나 정부가 돈을 내놓지 않으면 군함을 가져가겠다고 협박했다. 엘리엇과 아르헨티나 정부의 대치상태는 지속됐다. 아르헨티나는 국제금융시장에서 자금조달이 거의 막혔다. 결국 2016년 3월 아르헨티나 정부가 백기를 들었다. 24억 달러를 엘리엇에 지불했다. 이 돈을 지불하기 위해서 외채를 발행해야 했다. 엘리엇은 거의 20배에 달하는 수익을 올렸다.

아프리카에서는 국제기구나 선진국들이 기아(飢餓)나 용수(用水) 문제를 해결하기 위해 원조해 주는 돈마저도 채무 갚는데 먼저 써야 한다며 지급을 중단시켰다. 해당국들은 "울며 겨자 먹기"로 원조금을 받기 위해 요구를 들어줬다. 국제원조자금을 볼모로 삼은 '알박기'라고 할 수 있다. 엘리엇은 콩고에서 이런 방법으로 2천만 달러에 산 부실채권으로 9천만 달러를 받아냈다. 엘리엇은 돈을 받아내기 위해 당시 데니스 유에소(Denis Sassou Nguesso) 대통령에게 부정부패 혐의조사가 진행되도록 하겠다는 압력을 넣었다고 한다.

엘리엇은 미국 내에서도 이런 '알박기' 투자를 감행했다. 2008~2009년 세계 금융위기로 제너럴모터스(GM)가 파산위기에 처했을 때에는 자회사였던 델파이(Delphi Automotive)를 헤지펀드 폴슨(Paulson & Co.) 및 서드 포인트(Third Point)와 함께 헐값에 매집했다. 당시 미국정부에서 GM 회생작업을 총괄하던 스티브 래트너(Steve Rattner)는 이 펀드들이 델파이의 채무를 탕감해 주고 자금을 지원해 주지 않으면 "GM이 문을 닫게 만들겠다"고 압력을 넣었다고 회고한다. 델파이로부터 안정적 부품을 공급받지 못하면 GM이 굴러갈 수 없다는 약점을 알고 GM 회생작업에 '알박기'를 했다고 할 수 있다. 미국정부와 GM은 헤지펀드들의 요구사항을 거의 다 들어줬고, 엘리엇은 델파이를 재상장시켜서 12억 9천만 달러(약 1조 5천억 원)의 이익을 챙겼다.

엘리엇이 삼성물산-제일모직 합병 과정에 끼어든 것도 '알박기'로 이해할 수 있다. 엘리엇은 삼성물산에 장기투자하던 주주가 아니다. 2014년까지는 삼성물산의 주주명부에 등재되지 않았다. 제일모직과 삼성물산 간에 합병 물밑작업이 진행되던 2015년 3월경부터 삼성물산 주식을 매집했다. 합병계획 발표 직전까지 공시의무 지분율 5%에 살짝 못 미치는 4.95%를 갖고 있다가 합병발표와 함께 지분율을 7.12%로 올리며 제3대 주주로 떠올랐다. 그리고 합병반대 입장을 천명했다. 외국인투자자들은 이에 동조했지만 국민연금과 내국인투자자들이 동조하지 않아서 엘리엇의 캠페인은 실패로 돌아갔다.

4) 국민연금 투자위원회 투표결정의 적절성?

당시 국민연금에 비판적인 언론이나 정치인들은 국민연금의 삼성 합병투표를 의결권 전문위원회에 맡기지 않고 투자위원회에서 결정한 것이 삼성그룹을 도와주기 위한 것이었다고 주장했다.[35] 특검이 박근혜 전 대통령과 삼성그룹 관계자들을 '뇌물죄'로 기소하는 데서도 이 부분이 연결고리로 포함되었다. 특히 특검이 삼성물산 합병과 관련해 당시 문형표 전 보건복지부 장관과 홍완선 전 국민연금 기금운용본부장을 기소하고 법원이 2심 판결에서도 유죄를 선고한 것을 놓고, 투자위원회에서 투표하도록 한 것이 잘못이라는 사실이 입증됐다는 인식이 많이 자리잡혀 있다.

그렇지만 무엇보다 투표결정의 적절성 여부를 따질 때에 국민연금 내의 어느 조직이 투표를 결정한 것인지는 부차적 문제다. 의결권 전문위원회건 투자위원회건 둘 다 국민연금의 내부조직이다. 둘 다 똑같이 수익성과 공공성이라는 잣대에 따라 투표를 판단해야 했다. 해당 위원들이 그 잣대에 충실하다면 수익성과 공공성에서 반대투표를 던질 이유가 없었다. 만약 반대투표가 나왔다면 어느 위원회가 됐든 간에 국민연금의 기준에 맞지 않게 투표했다고 봐야 할 것이다. 다음 장에서 살펴보듯이 문형표 전 장관과 홍완선 전 본부장에 대한 유죄판결도 절차를 어기고 '외압'을 행사했다는 혐의 때문이었지, 투표의 방향 자체가 잘못됐다고 법원이 판단했기 때문이 아니었다.[36]

---

35 예를 들어 〈한겨레〉는 "수천억 원대 손해 보면서 … 국민연금, 수상한 '삼성물산 합병찬성'"이라는 제목의 기사를 통해 의결권 자문위원회에 투표를 맡기지 않은 '의혹'을 제기했다(〈한겨레〉, 2016. 11. 20).

또 국민연금 조직상 정식 의사결정기구는 투자위원회다. 전문위원회는 자문기구이지만 투자위원회가 의뢰하면 투표결정을 내리게 되어 있다. 삼성합병과 같이 중요한 사안에서 정식 의사결정기구가 투표결정을 내리는 것이 합리적이다. 실제로 2006년 의결권 전문위원회가 만들어지고 2015년 삼성합병 때까지 10년 동안 60개 기업합병안을 보면 전문위원회에서 투표결정을 내린 것은 단 1건뿐이었다.[37] 만약 의결권 자문위원회에 삼성합병에 관한 투표결정을 의뢰했다면 오히려 이것이 대단히 비정상적인 결정이었을 것이다.

5) 통합 삼성물산 주가하락으로 국민연금에 손해?

통합 삼성물산의 주가가 합병 이후에 그 수준을 유지했거나 상승했으면 국민연금의 찬성투표에 대한 그동안의 비판이나 의혹은 모두 잠재워졌을 것이다. 그러나 통합 삼성물산의 주가는 합병 직후 하락했다. 회계상으로 국민연금은 통합 삼성물산 주식보유에 따라 손실을 입었다. 그러면 이것이 국민연금이 삼성물산 합병에 찬성표를 던진 것이 잘못됐다는 증거가 되는가?

앞서 지적했듯이 국민연금이 합병 후 주가가 떨어져 "손해를 입을 것이 확실하다고 예상했는데도 불구하고 합병에 찬성했다"는 의혹을 제기한 김상조 공정거래위원장의 특검 진술발언이나 특검의 삼성 기소논리는 주식시장 생리를 조금이라도 아는 사람이라면 받아

36 4장 2절의 2) "기금운용본부" 참조.
37 "기업합병 때 찬반결정은 원래 국민연금 투자위의 고유 영역", 〈한국경제〉, 2016. 12. 28.

들일 수 없는 것이다. 정말 주가가 떨어질 것이라고 생각했으면 국민연금이 주식을 팔았어야 한다. 주식을 팔더라도 투표권을 행사할 수 있는 '주주명부확정기'라는 황금기가 한 달이나 있었다. 또 그렇게 주가하락이 확실했다면 삼성물산 주식에 '쇼트'를 해서 큰돈을 버는 투자자들이 많았어야 했다. 그러나 앞서 살펴보았듯이, 내국인 기관투자자들뿐만 아니라 외국인 기관투자자들도 (구) 삼성물산 보유지분을 거의 변동시키지 않았다. 국민연금을 포함해서 대부분의 기관투자자들이 합병 후 주가하락을 예상치 못했다고 보는 것이 합리적이다.

그러면 예상하지 못했던 주가하락 및 투자손실에 대해 펀드매니저들이 얼마나 책임져야 하는가? 그 기관 내부에서 펀드매니저들의 고과평가에는 반영할 수 있을 것이다. 그러나 이것도 투표를 결정한 행위 때문이 아니라 주식매매를 잘하지 못한 것에 대한 책임일 뿐이다. 또 펀드매니저의 성과를 평가할 때에 한 회사의 투자수익률만으로 평가하지 않는다. 펀드매니저들은 포트폴리오를 구성해 여러 기업에 투자하기 때문이다. 한 기업의 주가가 예상치 못하게 떨어지더라도 다른 기업의 주가가 올라서 만회할 수 있다. 펀드매니저의 성과는 포트폴리오의 수익률에 의해 평가받는다.

예상치 못한 통합 삼성물산 주가하락 자체를 놓고 문제 삼는 것은 포트폴리오 투자의 기본을 모르는 행위다. 국민연금의 경우는 삼성물산 합병에 대해 개별 펀드매니저가 투표를 결정한 것이 아니라, 투자위원회가 집합적으로 결정을 내렸다. 그렇다면 국민연금의 삼성물산 합병투표의 적절성 여부를 투자수익률로 평가하려고 한다면 개별 주식의 수익률이 아니라 국민연금 보유 포트폴리오 전체의 수익률로 평가해야 한다. 그러나 국민연금 포트폴리오 전체 수익률이 크게 떨어졌다는 증거는 없다.

기관투자자 내부에서조차 문제 삼지 않는 예상치 못한 개별 기업 투자수익률을 놓고 외부에서 문제 삼는 것은 정상적 투자활동을 막는 일이다. 기업경영자에게도 '사업판단 원칙'(business judgement rule)이 적용된다. 사익을 추구하기 위해 경영결정을 내렸다면 법적 책임을 져야 하지만, 그렇지 않고 실수나 외부여건 등에 의해 경영이 잘못된 것은 법적 책임을 지우지 않는 것이다. 모든 잘못에 대해 법적 책임을 묻는다면 경영자들이 위험부담을 하지 않고 따라서 모험적 투자를 기피하는 등 경영자로서의 임무를 제대로 수행하지 못하기 때문이다. 국민연금 등 기관투자자들도 마찬가지다. 배임행위를 했거나 투자과정에서 법을 위반하지 않는 한 예상치 못한 투자손실에 대해 외부에서 문제 삼을 수는 없는 일이다.

3. 국민연금에 대한 '5% 룰' 예외적용 추진과 '연금사회주의'의 위협

한국의 스튜어드십 코드는 그 '원칙'만을 봤을 때는 영국의 스튜어드십 코드보다 기관투자자 행동주의가 다소 약하게 들어가 있다. '기관투자자 공동행동'에 관한 원칙이 빠져 있기 때문이다. 대신 기관투자자가 역량과 전문성을 갖춰야 한다는 것(원칙 7)이 따로 들어가 있어 표면적으로는 기관투자자 행동주의보다 기관투자자의 책임을 더 강조하는 듯이 보인다. 그러나 실상은 크게 다르다. 한국의 스튜어드십 코드는 전 세계에서 가장 강력하게 정부주도로 이루어지고 있고 '재벌개혁' 혹은 '경제민주화'라는 정치색도 강하게 띠고 있기 때문이다.

스튜어드십 코드 제정 및 확산을 책임지는 한국기업지배구조원은 형식적으로는 민간기구이지만 사실상 금융위원회 산하기관이다. 한국금융연구원이 공식적으로는 은행연합회에 속해 있는 '독립된' 기관지만, 금융위원회 산하기관처럼 기능하는 것과 마찬가지다. 또 스튜어드십 코드에서 '원칙'이라고 내세운 것은 두루뭉술하더라도 한국기업지배구조원이 내놓은 각 원칙의 '안내지침'에는 기업관여에 대해 상당히 강도 높은 내용이 담겨 있다. 또 금융위원회가 이 지침들을 잘 실행할 수 있도록 《스튜어드십 코드 관련 법령해석집》을 내놓아서 법적으로 뒷받침해 주고 있다. 공식적으로는 '자율규제'이지만, 실질적으로는 금융위원회가 기관투자자 행동주의 촉진규제를 만든 것이라고 해석할 여지가 많다.

금융위원회는 이에 더해서 자본시장 질서를 유지하기 위한 일반규제인 5% 룰을 국민연금에 대해 예외적으로 면제해 줘서 국민연금의 행동주의를 강화하겠다는 방침을 직접 밝히고 있다. 스튜어드십 코드와 별도로 〈상법 개정안〉 등 무더기 〈경제민주화 법안〉들이 일부 통과됐거나 상정되어 있으면서 다방면에서 재벌개혁을 위한 기관투자자 행동주의 강화대책이 진행된다. "대통령·정치권·정부의 적극 추진 → 금융위원회 산하 민간기관 실무작업 → '안내지침'에 행동주의 내용 추가 → 금융위원회의 법해석 지원 및 국민연금에 대한 5% 룰 예외적용 추진 → 대규모 '경제민주화' 관련 법안들과의 상승작용"이 벌어지고 있다.

이러한 흐름의 종착점은 연금사회주의가 될 가능성이 높다. 물론 정부 관계자나 스튜어드십 코드 추진자들은 연금사회주의 우려가 터무니없는 억측이라고 펄쩍 뛴다.[38] 그러나 그것은 말뿐이다. 그 우려를 불식시킬 행동은 하지 않고 있다. 오히려 그런 우려를 불러일으킬 행동만 하고 있다. 필자는 해외 스튜어드십 코드의 '구호'와 '실제'가 크게 다르다는 사실을 강조한 바 있다.[39] 한국 스튜어드십 코드는 구호와 실제가 더 크게 차이가 난다. 구호에 휘둘리지 말고 실제를 이해할 수 있는 근거들을 제대로 살펴보아야 한다.

---

38 아래에서 논의하는 김성주 국민연금공단 이사장의 〈매일경제〉 인터뷰(2018. 1. 15) 및 〈부록 2〉 "조명현 한국기업지배구조원장 인터뷰 비판적 검토" 참조.

39 제2장 "영국과 미국의 왜곡된 스튜어드십 코드: '대안적 선택'" 참조.

1) '5% 룰' 허물기

필자는 앞 장에서 미국의 경우 5% 룰이 있는데도 불구하고 기관과 기업 간에 자유로운 관여와 소통 등을 허용한 1992년 위임규제개정을 통해 5% 룰이 사실상 무력해졌다고 지적했다. 실질적 담합을 통한 '이리떼 공격' 및 '공동투자'가 만연해졌고, 힘 있는 투자자들이 기업과의 관여 및 소통 과정에서 핵심적 정보를 빼내서 거래에 활용하거나 기업에 자사주 매입 등 단기 주가상승 압력을 넣는 사례가 빈번해졌다. [40]

다음 장에서 필자는 건전한 기관-기업 관계를 만들기 위해 '5% 룰'을 '2% 룰' 정도로 더 낮추고 관여의 내용을 경영진과 금융투자자가 함께 공개해야 한다는 제안을 내놓을 것이다. [41] 그런데 5% 룰과 관련해서 현재 정부가 추진하는 것은 이미 너무 높게 설정해 놓은 5% 룰조차 추가로 무력화시키는 것이다. 5% 룰 무력화 작업은 크게 두 가지 방법을 통해 진행된다. 하나는 스튜어드십 코드의 '안내지침'을 통해 공동행동을 부추기는 것이다. 다른 하나는 국민연금에 대해 5% 룰을 예외적용하려는 것이다.

첫째, 한국 스튜어드십 코드의 '원칙'에서는 기관투자자 공동행동이 포함되어 있지 않지만 '원칙 7'(기관투자자의 역량과 전문성 갖추기)의 '안내지침'에 "기관투자자는 논의와 토론을 활성화하고 공동의 이해관계를 추구하기 위한 포럼 등을 설립하여 성공적 주주활동 사례

---

40 1장 4절의 3) "'5% 룰'과 '이리떼 공격' 및 '관여와 표현의 자유' 악용" 참조.
41 5장 2절의 3) "관여내용 공시를 의무화해야 한다" 및 6) "'5% 룰'은 더 강화해야 한다" 참조.

등에 대한 경험과 의견을 나누고 학습함으로써 전문성과 주주활동의
질을 향상시킬 수 있다'고 명시해 놓았다(한국기업지배구조원, 2016:
14). 금융위원회는 《스튜어드십 코드 관련 법령해석집》에서 이 안
내지침이 지분을 합산해서 5%를 보고해야 하는 '주식 공동보유'에
해당하지 않는다면서 "포럼에 참석한 사정만으로는 참석자 간 주식
의 공동보유 관계에 있다고 보기 어렵다"는 유권해석을 내렸다.[42]

이것은 정부가 실질적으로 기관투자자 공동행동을 부추기는 것과
마찬가지다. 〈자본시장법 시행령〉 §141 ②에 따르면 '의결권 공동
행동을 합의한 자'는 공동보유자라고 규정된다. 금융위원회의 해석
은 공식합의에 이르기 바로 직전까지는 어떤 협의를 해도 〈자본시
장법 시행령〉 위반이 아니라는 것이다. 기업에 대해 공동으로 행동
하려는 금융투자자들이 이에 대해 모든 협의를 해놓은 뒤 "합의는
없었다"고 말하는 것은 '식은 죽 먹기'이다.

예를 들어 주주총회에서 투표할 경우에, 다른 투자자와 협의를
다 진행한 뒤 "합의는 없었지만 독자적으로 표결에 들어가니 같은
방향으로 반대투표를 하게 됐다"고 쉽게 얘기할 수 있는 것이다. 또
'포럼'을 어떻게 구성하는지에 대해 명시적 규제를 하지 않았기 때문
에 단 두 명의 금융투자자가 포럼을 만들 수도 있고, 더 많은 투자자
들이 만들 수도 있으며, 한 투자자가 여러 개의 포럼에 참여하더라
도 아무 문제가 없다. 실질적으로는 금융투자자들 간의 모든 협의창
구가 '포럼'이 될 수 있는 것이다.

---

42 금융위원회(2017b: 5) 및 아래의 〈따로 읽기 7〉 "금융위원회 《스튜어드십 코드
관련 법령해석집》 '5% 룰, 관여 및 공동행동' 부분 발췌" 참조.

〈공정거래법〉에서는 공동행동에 대해 협의만 하더라도 처벌받는다. 기업들 간에 공동행동을 협의하기 위한 '포럼' 만드는 것을 정부가 장려하는 일은 더더욱 없다. 그런데 한국 스튜어드십 코드는 기관투자자들에게 '포럼' 결성을 장려하고 '합의'까지만 가지 않은 선에서 공동행동을 하라고 정부가 격려해 준다. 담합에 대해 자본시장 규제에서는 왜 〈공정거래법〉보다 대폭 완화된 법해석을 적용해야 하는 근거가 무엇인지 아무런 설명이 없다.

단지 '대기업 개혁'을 하기 위해서는 기관투자자의 힘을 더 강하게 해야 한다는 암묵적 전제밖에는 없다. 경제정책의 최고목표가 '대기업 개혁'이고, 다른 정책들은 해당 정책의 합목적성이나 정책들 간의 정합성 등을 따지지 말고 대기업 개혁에 종속되어야 한다는 암묵적 확신만 있다. 앞에서 필자는 행동주의에 나서도록 격려받는 기관투자자들이 투명성이나 내부거래, 이사회의 독립성 등에서 기업보다 훨씬 더 떨어진다는 사실을 강조했다.[43] '대기업 개혁'을 하는 역량과 도덕성에서 기관투자자들에게 기대할 것이 별로 없다. 이들이 '공동행동'을 할 때에 선의(善意)에 의해서만 할 것이라고 기대할 근거는 더더욱 없다.

앞 장에서 살펴봤듯이 미국에서 기관투자자 행동주의가 본격적으로 시작된 지 30여 년이 지났지만 장기적 주가상승이나 기업경영 성과 개선에 도움이 됐다는 연구결과는 찾을 수 없다. 미국 상소법원조차 2011년에 이 사실을 다시 확인했고 SEC도 여기에 반박하지 못

---

43 1장 2절 "기관투자자 행동주의와 '기관-기업 관계' 규제개정" 및 "2장 2절 미국의 '립 서비스' 스튜어드십 코드" 논의 참조.

했다.[44] 그렇다면 스튜어드십 코드 추진 주체들이 내세우는 것과 달리 기관투자자의 경영관여 확대가 불러올 편익은 대단히 불확실하다고 할 것이다. 반면 5% 룰에 예외를 허용하는 것에 따르는 비용은 명확하다. 미국에서는 5% 룰이 있는데도 불구하고 행동주의 헤지펀드들이 횡행하면서 약탈적 가치착출이 대규모로 진행됐다. 포럼을 마음대로 결성할 수 있다는 안내지침은 행동주의 헤지펀드들에게 5% 룰에 구애받지 말고 한국에 들어와 맘껏 캠페인을 전개하라는 초대장과 다름없다.

둘째, 금융위원회는 이와 함께 국민연금에 대해서는 5% 지분이 넘더라도 자유롭게 기업에 관여할 수 있도록 하는 방안을 추진한다. 표면적으로는 금융업계의 건의를 받아들여서 그렇게 한다는 것으로 나와 있다. "5% 이상 지분보유 목적을 '단순투자'로 공시한 경우 적극적 주주활동이 '경영참여'로 간주되어 공시위반에 해당될 수 있음을 우려"하기 때문이라는 것이다. 한편 경영권에 영향을 주기 위한 목적으로 5% 이상 보유한다고 신고한 경우에는 지분 1%p 이상 변동 시 5일 이내에 보유상황과 목적 등을 상세히 보고하도록 〈자본시장법〉에 규정되었기 때문에 기관투자자들 입장에서는 매매전략을 공개해야 하는 부담을 안을 수 있다는 것이다(금융위원회, 2017).

그러나 이러한 주장은 '금융업계'가 먼저 내놓은 것이 아니라 참여연대 등 시민단체에서 그동안 계속 제기해왔던 것이다. 예를 들어 김우찬 경제개혁연구소장 겸 고려대 경영대 교수는 2016년 12월 한

---

44 〈따로 읽기 2〉 "행동주의 성과에 대한 실증분석 종합검토" 및 2장 2절의 1) "미 경영자협회와 상공회의소의 증권거래위원회(SEC) 이사 선임방식 규제개정 소송 및 승소" 참조.

국 스튜어드십 코드 도입 공청회에서 "국민연금은 그간 적극적으로 주주권 행사를 할 경우 (국민연금의 투자가) 경영참가 목적의 투자로 분류돼 대량보유 등의 보고(5% 룰), 임원 등 소유상황 보고(10% 룰), 단기매매 차익반환 등에 있어 국민연금에 주어진 특례를 인정받을 수 없다는 이유로 주주권 행사에 소극적이었으나 이는 이유가 될 수 없다"고 지적하며 국민연금의 적극적 스튜어드십 코드 참여와 행동을 주문했다. 이렇게 주문하는 이유는 삼성물산 합병 건에 대한 국민연금의 의결권 행사가 검찰의 수사대상이라는 사실에서 드러나듯 "국민연금이 국가권력자나 재벌총수의 이익을 위해 고객인 국민연금 가입자의 이익을 저버렸기 때문"이라는 것이다. [45]

금융위원회가 국민연금만을 위한 5% 룰 완화를 금융기관들의 '우려'를 심각하게 받아들여 추진하는지, 이와 같은 시민단체들의 요구를 심각하게 받아들여 추진하는지를 확인할 방법은 없다. 어느 금융기관이 이러한 '우려'를 전달했는지도 밝혀지지 않았다. 그러나 한국 주식시장에서 대기업 지분을 5% 이상 가진 기관투자자는 국민연금이 거의 유일하다. 외국계 대형뮤추얼펀드들은 많아 봤자 2~3% 정도의 지분을 갖고 있다. 그렇다면 5% 룰에 따르는 공시위반 가능성에 대한 '금융기관들의 우려'라는 것의 실체가 대단히 모호하다. 국민연금밖에는 우려할 일이 없는 사항을 왜 다른 금융기관들이 우려하는가? 5% 룰 예외적용은 금융기관들이 나서서 한다기보다 스튜어드십 코드 도입을 추진하는 세력이 국민연금의 적극적 참여를 끌어내기 위해 진행한다고 봐야 할 것이다.

---

45 "스튜어드십 코드, 국민연금 논란재발 막을까", 〈더엘〉, 2016. 12. 6.

앞에서 필자는 삼성합병에 대한 국민연금의 찬성투표가 가입자 이익을 저버렸다고 할 수 없고 반대표를 던졌던 외국인투자자들의 행태가 오히려 문제가 많다는 사실을 강조한 바 있다. [46] 그런데 정부는 잘못된 사실 인식에 입각해서 그런 일이 다시 벌어지지 않기 위해서는 스튜어드십 코드를 도입해야 하고, 스튜어드십 코드가 제대로 집행되려면 국내 최대 기관투자자인 국민연금의 참여가 필수적이고, 따라서 국민연금이 기업관여를 부담 없이 할 수 있도록 자본시장에 대한 일반 금융규제까지도 바꿔 줘야 한다는 외골수 합리화밖에는 제시하지 않고 있다.

이것은 본말을 전도한 것이다. 5% 룰은 주식을 대량으로 보유한 주주들이 내부자 정보를 쉽게 취득해 자신들의 이익을 위해 활용하는 것을 막고, 경영권을 위협할 경우 절차를 밟아서 하도록 강제하며, 대규모 주식보유자들의 매매동향에 관한 정보가 제대로 공개되어서 다른 일반 주식보유자들에게도 매매판단에 도움을 주는 등의 목적을 위해 만들어진 주식시장 질서 확립 차원의 규제이다. 이러한 주식시장 일반규제를 국민연금에만 예외적용하려면 그것이 규제의 본래 취지를 훼손하는 것을 상쇄할 정도로 주식시장이나 국가경제에 바람직한지에 대해 제대로 해명해야 한다. 그러나 정부 관계자들이나 한국기업지배구조원 등 스튜어드십 코드 추진 주체들에게서 이에 대한 설명은 전혀 나오지 않고 있다.

---

46 3장 2절 "'삼성물산-제일모직 합병' 투표 5대 쟁점 다시 보기" 참조.

금융위원회 《스튜어드십 코드 관련 법령해석집》 '5% 룰, 관여 및 공동행동' 부분 발췌

1) 스튜어드십 코드에 따른 주주활동 과정에서 미공개 중요정보 이용 또는
   시장질서 교란행위로 처벌받지 않기 위한 유의사항

- 〈자본시장법〉 §174·§178의 2: 기업의 미공개 중요정보를 매매·거래에 이용하
  거나 타인에게 이용하게 하는 것을 금지
→ 기관투자자가 주주활동 과정에서 투자자의 투자판단에 영향을 미치는 중요
  한 미공개 정보를 취득하거나 생성함으로써 일반투자자와의 정보비대칭 상
  태가 발생하는 경우가 있으며, 이 경우 정보비대칭 상태가 해소되기 전까지는
  이를 증권 또는 관련 파생상품의 매매 등에 이용하거나 타인에게 이용하게 하
  지 않아야 함.

2) 스튜어드십 코드에 따른 주주활동 과정에서 미공개 중요정보를 취득 또는
   생성했을 경우, 미공개 중요정보 이용 또는 시장질서 교란행위에 해당하지
   않기 위한 행동요령

→ 공개되지 않은 상장법인의 내부정보 또는 관련 시장정보 등은 미공개 중요정보
  에 해당할 수 있으므로, 매매 등에 이용할 경우에는 주의할 필요 있음.
  만약 미공개 중요정보의 취득·생성이 예상되거나 발생한 경우라면,
  (1) 일정기간 매매 등을 중단하거나,
  (2) 해당 정보를 상장법인이나 기관투자자가 공개(공정공시)한 뒤
      매매·거래하는 등의 방법을 선택 가능함.

  미공개 중요정보를 취득·생성하였지만 사전에 작성된 상환이행계약서에 따라
  담보로 제공된 주식을 처분하여 대출금 상환에 사용하는 경우 등 해당 기업의 주
  식을 매매할 합리적 이유가 있다면, 해당 정보를 이용하지 않는 매매 등임을 확
  인하고 상장법인 주식을 신중하게 매매함.

3) 스튜어드십 코드에 참여중인 기관투자자가 주식의 대량보유 등의
   보고(5% 보고) 시, 보유목적을 '경영권에 영향을 주기 위한 것'으로
   보고해야 하는지 여부

- 〈자본시장법〉§147·〈자본시장법 시행령〉§153·§154·§155: 본인과 특별관계자가 보유한 주식 등을 합해 발행주식 총수 등의 5% 이상이 되거나 이후 보유비율이 1%p 이상 변동된 경우에는, 그날로부터 5일 이내에 그 보유상황, 보유목적('경영권에 영향을 주기 위한 것' 여부), 그 보유주식 등에 관한 주요 계약내용, 주식 등을 대량보유하게 된 자, 변동사유 등을 금융위원회와 거래소에 보고해야 함('일반보고'로 상세히 보고)
  다만, 그 보유목적이 '경영권에 영향을 주기 위한 것'이 아닌 경우에는 특례가 적용됨('약식보고'로 간소하게 보고, 변동이 있었던 달의 다음달 10일까지 보고 등).
  → 스튜어드십 코드에 따른 주주활동의 이행양태는 다양하므로, 스튜어드십 코드에 참여중이란 이유만으로 '경영권에 영향을 주기 위한 것'으로 보고해야 하는 것은 아님.

- '경영권에 영향을 주기 위한 것'이란 (1) 아래의 ①~⑩ 중 어느 하나를 위하여,
  (2) '회사나 그 임원에 대하여 사실상 영향력을 행사'하는 것을 의미
  (1) '경영권에 영향을 주기 위한 것'이란
  ① 임원의 선임·해임 또는 직무 정지
  ② 이사회 등 회사의 기관과 관련된 정관 변경
  ③ 회사의 자본금 변경
  ④ 회사의 배당 결정
  ⑤ 회사의 합병, 분할과 분할합병
  ⑥ 주식의 포괄적 교환과 이전
  ⑦ 영업 전부의 양수·양도, 자산총액의 10% 이상 규모의 영업부문 양수·양도 등
  ⑧ 자산 전부의 처분, 자산총액의 10% 이상에 해당하는 자산의 처분
  ⑨ 영업 전부의 임대 또는 경영위임, 타인과 영업의 손익 전부를 같이하는 계약,
     그 밖에 이에 준하는 계약의 체결, 변경 또는 해약
  ⑩ 회사의 해산

(2) '회사나 그 임원에 대한 사실상 영향력의 행사' 여부는 주주활동 당시의 종합적
정황을 고려해서 판단해야 함.

- '회사나 그 임원에 대한 사실상 영향력의 행사'에는 주주제안권(상법 제363조의
2)이나 임시총회 소집청구권(상법 제 366조)를 직접 행사하거나 제 3자로 하여
금 행사하도록 하는 것이 포함(〈자본시장법 시행령〉 제 154조)
- 5% 이상 대량보유자가 회사나 그 임원에게 자신의 입장을 단순히 전달·설명 또는 표
명하거나, 회사나 그 임원에게 설명 또는 입장표명을 요구하거나 자신의 요구사항을
전달하는 것 등에 대해서는 특단의 사정이 없는 한 사실상 영향력 행사로 보기 어려움
- 다만, 5% 이상 대량보유자의 요구가 주주제안이나 임시총회 소집 청구 등에 이르
지 않았다 하더라도 구체적 사정을 종합적으로 고려할 때 향후 주주제안권 또는
임시총회 소집청구권 등의 권한행사로 이어지는 전(前) 단계로서 이루어진 것으
로 판단된다면, 이는 사실상 영향력을 행사한 것으로 볼 소지가 큼.

4) 다음 각각의 경우, 지분을 합산해서 5% 보고를 해야 하는 '주식 공동보유'에 해
당하는지 여부

① 기관투자자 간 협의 및 공동의 경영진 면담 수행 후 각자 판단에 따라 주주총회에
서 투표한 결과 동일한 방향으로 투표결과가 나온 경우
② 기관투자자들이 스튜어드십 코드 원칙 7의 안내지침에서 제시한 형태의 포럼에
참석한 경우
③ 여러 기관투자자들이 동일한 자문기관을 이용하고 동일한 방향으로 의결권이 행
사된 경우

- 〈자본시장법 시행령〉 §141 ② : 주식 등의 공동보유자란 합의나 계약을 통해 ⊙ 주
식 등의 공동 취득·처분 ⓒ 주식 공동·단독 취득 후 주식 상호 양·수도 ⓒ 의결권
공동행사 중 한 가지를 할 것을 합의한 자를 의미함.
→ ①·②·③ 모두 주식 공동보유에 해당하지 않음.
①·③은 기관투자자 상호간 의결권 공동행사에 대한 명시적·묵시적 합의 없이, 각자
의 판단에 따라 독립적으로 의결권을 행사한 경우에는 결과적으로 동일한 방향으로
투표결과가 나오더라도 의결권 공동보유 관계가 성립했다고 보기는 어려움. ②는 포
럼에 참석한 사정만으로는 참석자 간 주식의 공동보유 관계에 있다고 보기 어려움.

2) 국민연금과 '연금사회주의'의 위협

국민연금에 대한 5% 룰 예외적용 움직임은 국민연금이 한국 주식시장에 대해 가진 특수성에 비춰 볼 때 단순히 정책의 정합성이나 실효성 문제보다 훨씬 더 큰 우려를 자아낸다. 국민연금은 30대그룹 주요 계열사 지분을 평균 9% 가까이 가진 한국 대기업 단일 최대주주다.

2017년 9월 말 기준으로 삼성전자(지분율 9.71%), SK 하이닉스(10.37%), 네이버(10.41%), 현대자동차(8.12%) 등 275개 상장회사의 지분을 국민연금이 5% 이상씩 갖고 있다. 국민연금이 5% 이상의 지분을 가진 기업은 2013년에 비해 두 배로 늘어났다. 10% 이상 지분을 가진 회사도 LG 하우시스(14.33%), 신세계(13.58%), 호텔신라(13.50%), LG 상사(13.50%), 휴맥스(13.50%) 등 42개에 달한다. 2013년 9월 〈자본시장법〉 개정으로 개별 종목에 10% 이상 투자하는 것을 금지했던 '10% 룰'이 완화된 이후 국민연금은 10% 이상 지분보유 기업 수를 크게 늘렸다(〈그림 3-3〉). [47]

그림 3-3 **한국 대기업의 단일 최대주주 국민연금의 지분 현황**

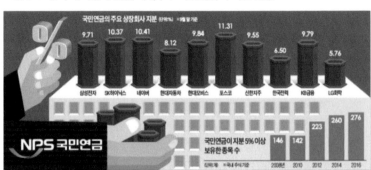

출처: 〈한국경제〉 (2017. 12. 28)

174

기업별로 보면 국민연금은 KB 금융과 네이버, 포스코, KT, 호텔신라, 엔씨소프트, BNK 금융지주 등에서 단일 최대주주다. 한국 최대기업인 삼성전자에서는 자사주를 제외할 경우 단일 최대주주다. 현대자동차의 경우는 현대모비스에 이어 2대 단일주주다. 신세계에서도 이명희 회장에 이어 2대 단일주주다. LG 상사에서도 자사주에 이어 2대 단일주주다. 2017년 말 약 620조 원가량에 달하는 국민연금의 자산에 4백조 원가량에 달하는 다른 연기금의 자산을 더하면 1천조 원이 넘는다. 여기에 더해 정부가 통제할 수 있는 금융기관들의 보유주식까지 합칠 경우 스튜어드십 코드를 통해 정부가 행사할 수 있는 파워는 더 막강해진다.

국민연금이 국내 주식시장에서 차지하는 독보적 위치는 국제 비교를 통해 더 명확히 드러난다. 국민연금의 주식운용자금은 2016년 말 102조 원으로 국내 주식시장에서 차지하는 비중이 6.7%로 세계 주요 공적 연기금 가운데 단연 1위다(〈그림 3-4〉). 대기업 주식에서 차지하는 비중은 더 압도적이다. 30대그룹의 주요계열사에서 국민연금이 차지하는 비중은 2016년 말 8.85%였다.

현재 세계 최대연금인 일본 GPIF(Government Pension Investment Fund)가 표면적으로는 국민연금에 근접한 수준의 국내주식 보유지분을 가진 것으로 나타난다. 그렇지만 GPIF는 투자만 전담하는 독립행정법인으로 정부와 분리되어 있다. 연금제도와 기금운용권을 함께 가진 한국의 국민연금과는 다르다. 또 주식투자는 직접 하지 않고 민

---

47 "연기금 '단순투자' 공시해도 경영개입 가능…'연금사회주의 우려'", 〈한국경제〉, 2017. 12. 28; "국민연금, 지분 10% 이상 보유 기업 84곳… 4년 새 2배로", 〈동아일보〉, 2017. 12. 7.

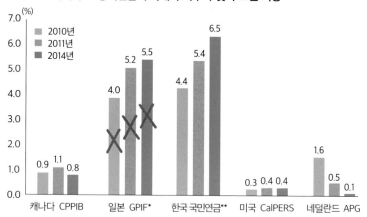

그림 3-4 **세계 주요 공적연금의 국내 주식투자 및 투표권 비중**

*GPIF는 투표권을 운용사에 위탁함.
**국민연금의 한국 주식시장 비중은 2016년 말 6.7%로 상승. 　　　출처: 하이자산운용(2017) 수정

간운용사에 위탁운용하며 투표권까지 포괄적으로 위탁한다. 그러나 국민연금은 위탁을 하더라도 투표권을 직접 행사하게 되어 있다. 현행 〈자본시장법〉 제98조 제2항에서 투자일임업자(위탁운용사)에게 의결권, 주주권 행사 위임을 금지하기 때문이다.

결국 한국의 국민연금은 자본주의 국가 중에서 국내기업에 대해 가장 압도적으로 영향력을 행사할 수 있는 연금이 된다. 국민연금이 이렇게 국내 주식시장과 대기업들의 강력한 대주주로 이미 올라선 상황이지만, 그동안은 정부가 〈공정거래법〉, 〈증권거래법〉, 〈노동법〉 등 이들을 규제할 수 있는 공식 수단이 있고, 국민연금의 주주권을 활용한 경영관여가 자유시장주의를 해치고 연금사회주의를 불러올 것이라는 우려를 고려해서 국민연금이 주주총회 사안에 대해 투표권은 행사하지만 기업에 대한 관여는 자제하던 상황이었다. 그러나 현재 정부와 스튜어드십 코드 추진자들은 자본시장 일반규제에 대한 예외

까지 제공해 주면서 국민연금의 적극적 기업관여를 촉구하고 있다.

한편 국민연금 내에서 투표와 관여에 관한 최종 의사결정기구를 투자위원회에서 현재의 '의결권자문위원회'와 성격이 더 비슷한 '수탁자 책임위원회'로 넘기려는 움직임도 나타나고 있다. 스튜어드십 코드 도입에 핵심적 연구자인 송민경 한국기업지배구조원 연구위원은 국민연금의 〈스튜어드십 코드 용역 중간보고서〉에서 '수탁자 책임위원회'와 '수탁자책임팀' 신설을 통해 "단순히 의결권 행사뿐만 아니라 다양한 형태의 다른 주주권 행사도 관장하고, 투자대상 기업의 사회적 책임과 관련한 투자도 관장"토록 해야 한다고 주장했다.

이것은 블랙록 등 외국의 대형뮤추얼펀드나 연금이 주식거래와 투표 및 관여 업무를 분리해서 후자를 '기업지배구조팀' 혹은 '스튜어드십팀'에 전담시키는 것과 같은 구조이다. 필자는 앞에서 이러한 거래와 투표·관여의 분리가 국제금융시장에서 가져온 투표공백과 이를 활용한 행동주의 헤지펀드들의 약탈적 가치착출에 대해 비판한 바 있다. [48] 또 이 책의 〈부록 1〉에서 이 보고서에 대한 종합적 비판을 제공할 것이다. [49]

이 절에서 지적할 것은 이러한 위원회는 각계각층의 정치적 성향의 인사들로 구성되고 책임지지 않는 권력을 행사할 가능성이 많다는 사실이다. 기존의 의결권자문위원회도 그러한 성격이다. [50] 현재 정부의 각 부처에서 각종 위원회가 상층부를 장악하고 책임과 전문

---

48 1장 4절 "인덱스펀드 대세와 복마전 기업투표, 행동주의 헤지펀드의 횡행" 참조.
49 〈부록 1〉 "국민연금 스튜어드십 코드 용역 중간보고서 비판적 검토" 참조.
50 4장 3절 "기금운용 및 의결권 행사 기구의 대안" 및 〈따로 읽기 10〉 "우려되는 국민연금의 '위원회 정치'" 참조.

성 없는 권력을 휘두르는 것과 큰 차이가 없다. 일반회사로 따지면 이사회를 통제하는 위원회를 설치하기 위해 회사 정관을 바꾸자는 얘기라고도 할 수 있다. 현재 추진하는 대로 국민연금이 5% 룰에서 자유로워지고 수탁자 위원회가 최고의사결정기구가 된다면, 권력자들의 정치적 입장에 따라 대기업들을 좌지우지할 수 있게 된다. 사외이사도 내보낼 수 있게 된다. 정부가 '대기업 적폐청산위원'을 파견했다거나 '관선이사'를 파견했다는 논란이 불거질 수밖에 없다.

연금사회주의 논란은 1970년대 후반 미국에서 먼저 벌어졌다. 1970년대 중반을 지나면서 연금이 집합적으로 미국기업의 최대주주이자 최대 채권보유자로 떠올랐기 때문이다. 표면적으로 자본주의 국가이지만 실질적으로 공공기관인 연금이 생산수단을 사회적으로 소유하게 되었다는 것이었다(Drucker, 1976). 그러나 미국에서 연금사회주의는 실현되지 않았다.

그렇게 된 한 가지 이유는 행동주의적 경향을 보인 일부 연금들의 비효율성과 권한남용이 도마에 올랐기 때문이다. 1980년대에 세계 최대연금 자리를 지키면서 주주행동주의자들의 아성이었던 캘리포니아 연금펀드(CalPERS)가 대표적 사례다. CalPERS는 이미 세계에서 가장 '비싼' 연금이 되어 있었다. 연금가입자들에게 은퇴 직전 최종임금의 90%를 사망할 때까지 지급하고 이 금액도 물가상승에 연동해서 계속 올려주었다. 연금고갈을 막기 위해 투자수익을 올릴 수밖에 없었고 이를 위해 주식투자 비중을 크게 높였다. 1984년에 무제한 주식투자할 수 있도록 하는 제안을 내놓아 캘리포니아 주민투표를 통해 승인받았다(Malanga, 2013; Gelter, 2013).

투자수익률을 높이기 위해 행동주의를 강화한다는 명분으로 '실패한 50개 기업' 명단을 만들고 공격을 집중시키기 위해 기업지배구조 문제에 관해 특별히 '손봐야 할' 12개 기업을 별도로 선정해서 발표하기도 했다. 그러나 연금의 주요결정을 지역 정치인, 공무원, 시민운동가, 노동조합대표들이 하면서 비전문성이 도마에 오른 적이 많았다.[51] 〈하버드 비즈니스 리뷰〉(HBR) 의 편집장이던 윌리엄 테일러(William Taylor) 는 공공연금이 기업에 효과적으로 개입하는 데에 "가장 자격을 갖추지 못하고 있다"(least equipped) 고 지적한 바 있다(Taylor, 1990).

연금사회주의가 실현되지 못한 더 중요한 이유는 미국에서 공공연금이 주 단위로 나뉘어 있기 때문이다. 주에 따라 연금이 좀더 행동주의적 경향을 보인 곳도 있고 그렇지 않은 곳도 있었다. 펀드들 간에 경쟁도 벌이고 성향도 다르다 보니 전체가 행동주의로 나서지 않았다. 또 미국의 공공연금에는 공무원들만 가입했다. 기업에 근무하는 사람들은 회사에서 운용하는 연금이나 다른 민간연금, 노조연금 등에 가입한다. 민간연금은 회사 단위로 작게 나뉘어 있지만 이들을 다 합치면 공공연금보다 규모가 훨씬 크다. 그리고 공공연금보다 행동주의적 색채가 많이 약했다.[52]

---

51 이에 대한 자세한 내용은 신장섭(2016a, 제1장) 참조.

52 기업에 대한 '행동'을 하는 측면에서 미국의 공공연금과 민간연금 간에는 큰 격차가 있다. 공공연금 운영자들은 기업에 대해서 잘 모르는 경우가 많고, 최악의 경우 세금을 통해 자신들의 연금이 뒷받침된다고 생각하므로 기업이 나빠지고 연금가입자인 근로자들이 일자리를 잃어 중장기적 연금지급능력이 떨어질 가능성이 있더라도 단기적으로 주가를 올릴 수 있는 방안을 선호하는 경향이 있다. 기업의 중장기적 가치창조를 위해 연금이 어떻게 기능해야 하는지에 대해서는 실질적 관심이 별로 없다. 그래서 1980년대 CalPERS 등 공공연금은 기업사냥꾼들과 연합전선을 펴면서 기업들의 자산매각, 구조조정 등으로 이어지는 기업사냥에 동참했다. 상세한 내용은 신장섭(2016a, 제1장) 참조.

국내에서 기관투자자 행동주의를 옹호하는 학자나 시민단체 관계자들은 CalPERS나 CalSTRS가 마치 미국의 전체 연금을 대표하고 글로벌 스탠더드를 만들어내는 기관인 듯이 포장하는 경향이 있다.[53] 그러나 이들은 미국 내에 있는 다양한 연금 중에서 가장 행동주의적인 연금일 뿐이다. 더욱이 1990년대에 뮤추얼펀드가 연금을 젖히고 최대 기관투자자로 올라서면서 미국에서 연금사회주의 논란은 더 이상 나올 여지가 없어져 버렸다.

그러나 한국의 국민연금은 미국의 행동주의적 공공연금과 질적으로 다르다. 국민연금에는 모든 국민이 가입자로 들어와 있다. 공무원도 있고, 기업인도 있고, 노조원도 있고, 정규직도 비정규직도 있고, 실직자도 있다. 국민 전체의 노후자금이다. 그렇기 때문에 한국이 경제규모에서는 세계 11위권이지만 국민연금의 자산규모는 세계 3위에 올라서 있다. 또 앞서 지적했듯이 국민연금은 국내 주식시장에 압도적 영향력을 행사할 수 있는 기업지분을 이미 확보하고 있다. 국민연금이 행동주의적으로 나서겠다고 방향만 정하면 다른 연기금, 자산운용사들이 따라올 수밖에 없는 구조이다. 그렇게 되면 한국은 자본주의 국가 중 최초로 연금사회주의를 실현하는 나라가 될 가능성이 크다.

---

[53] 송민경 (2017) 도 CalPERS와 CalSTRS의 스튜어드십 코드 참여를 부각시킨다.

3) 시장주의적 '연금자본주의'?

김성주 신임 국민연금공단 이사장은 2018년 1월초 한 언론과의 인터뷰에서 스튜어드십 코드 도입의 취지에 대해 "기업 내부의 스캔들, 경영권 다툼, 총수일가에 의한 과도한 지분 등 기업 위기요인으로 인한 주가폭락 등을 사전에 예방하자는 게 스튜어드십 코드의 도입 취지다. … 스튜어드십 코드는 가장 자본주의적이고 실용적인 고민을 담은 것이다. 연금사회주의가 아닌 '연금자본주의'라고 부르는게 맞다고 본다"고 밝혔다. 그리고 그는 "정부가 스튜어드십 코드 도입을 통해서 기업을 통제한다는 것은 있을 수도 없고, 가능하지도 않다고 생각한다"고 강조했다. [54]

그러나 김 이사장이 얘기한 "기업 내부의 스캔들, 경영권 다툼, 총수일가에 의한 과도한 지분 등의 기업 위기요인으로 인한 주가폭락 등을 사전에 예방"하기 위해 경영개입을 하지 않고 국민연금이 할 수 있는 수단이 무엇인가? 항시적으로 경영활동을 하는 CEO조차 자기 기업 내부의 스캔들을 제대로 관리하지 못한 적이 많다. 그런데 국민연금이 기업 내부의 스캔들을 어떻게 예방하나? '경영권 다툼'이라는 것이 단순히 주주 간 개인 성격차이 때문에 벌어지는 것이 아니라, 회사가 어떤 방향으로 나아가는 것이 바람직한지에 대한 의견차이를 둘러싸고 벌어질 경우, 국민연금이 경영개입을 하지 않고 이 문제를 사전에 예방할 방법이 있을까? (물론 그 역량이 있는지는 별도의 사안이다.)

---

54 "스튜어드십 코드 도입해도 기업경영 간섭하는 일 없을 것: 김성주 국민연금 이사장에게 듣다", 〈매일경제〉, 2018. 1. 15.

'총수일가에 의한 과도한 지분'이라는 것은 총수일가가 순환출자 등을 통해 지배력을 높인다는 얘기인데, 이것은 공정거래위원회 소관 사항 아닌가? 이 문제에 대해 국민연금이 어떻게 개입하나? 국민연금이 공정거래 정책을 수행한다면 이것이야말로 진짜 연금사회주의 아닌가? "기업 내부의 스캔들, 경영권 다툼, 총수일가에 의한 과도한 지분 등 기업 위기요인으로 인한 주가폭락 등을 사전에 예방"하기 위해 국민연금에 스튜어드십 코드를 도입한다는 말과 "정부가 스튜어드십 코드 도입을 통해서 기업을 통제한다는 것은 있을 수도 없고, 가능하지도 않다고 생각한다"는 말을 논리적으로 서로 연결시킬 방법을 찾을 수 없다.

한편 '연금자본주의'라는 말도 한국에서는 실체가 없는 것이다. 앞서 지적했듯이 미국의 경우에는 각 주별로 서로 다른 성격의 공공연금이 있고, 기업 혹은 노동조합에서 운용하는 민간연금이 많이 있다. 미국은 또 1980년대부터 연금시스템이 과거의 확정급여형(DB: *Defined Benefit*) 연금에서 확정기여형(DC: *Defined Contribution*) 연금으로 전환해가면서 DC의 경우 개인들이 금융상품에 대한 투자를 스스로 결정할 수 있는 폭을 계속 넓혔다. 1990년대에 뮤추얼펀드가 연금을 누르고 미국 최대기관투자자로 올라선 결정적 이유가 개인이나 법인들이 연금납입분을 뮤추얼펀드에 집어넣어 굴렸기 때문이었다 (Bogle, 2006; Clark, 2000; Lazonick, 2009).

따라서 미국의 경우는 '연금자본주의'라는 말이 맞다. 서로 경합하는 다양한 연금, 뮤추얼펀드들이 자본시장을 만들어갔기 때문이다. 그러나 한국에서 국민연금이 가진 위치는 이와 크게 다르다. 연금가입자들은 투자처를 선택하지 못하고 국민연금에 맡겨 일임투자한다.

그리고 주식투자분에 대한 투표나 관여도 국민연금에 일임되어 있다. 앞서 보았듯이 국민연금이 집합적으로 국내 주요 대기업들의 단일 최대주주가 된 상태에서 스튜어드십 코드를 통해 5% 룰을 무력화시키고 국민연금 위탁자금 분배라는 '당근'을 사용해서 자산운용사들을 '줄 세우려고' 하고 있다. 어떻게 여기에 '연금자본주의'라는 이름을 붙일 수 있는가? 국민연금 주도의 연금사회주의라는 말이 더 정확하다.

스튜어드십 코드 도입을 추진하는 많은 사람들은 마찬가지 맥락에서 '구호'만에 입각한 합리화를 내세운다. 실제로 논리나 실증이 제대로 된 것인지는 언급하지 않는다. 예를 들어 송민경 한국기업지배구조원 연구위원은 국민연금의 〈스튜어드십 코드 용역 중간보고서〉에서 스튜어드십 코드의 참여와 이행이 "의결권 행사 등과 관련된 관치 등 이해상충 우려를 최소화하는 효과적 수단"이라고 말한다 (송민경, 2017). 류영재 서스틴베스트 대표도 "국민연금의 스튜어드십 코드 도입을 연금사회주의라는 일각의 비판이 있는데 연기금이 수익률을 제고하기 위해 주주권을 활용해 운용자산을 관리하는 지극히 시장주의적인 제도라고 본다"며 "현재의 지배구조하에서 정부의 불합리한 개입을 최소화하기 위한 대안으로써 오히려 스튜어드십 코드 도입이 필요하다"고 주장했다.[55]

그렇지만 〈스튜어드십 코드 용역 중간보고서〉에는 국민연금의 스튜어드십 코드가 어떻게 '관치'를 막을 수 있는지에 대한 방법이 나와 있지 않다. '이해상충'을 막을 장치가 실제로 무엇이고, 그 장치라고

---

[55] "국민연금 스튜어드십 코드, '연금사회주의' 아닌 '수탁자 자본주의'다", 〈조선비즈〉, 2017. 12. 22.

상정하는 것들이 제대로 기능할 것인지에 대해 아무런 설명을 하지 않는다. 류영재 대표도 국민연금에 행동주의를 부추기는 스튜어드십 코드를 도입하는 것이 어떻게 "정부의 불합리한 개입을 최소화하기 위한 대안"이 되는지에 대해 아무런 설명이 없다. 국내 주식시장에서 가장 강력한 기관투자자에게 그 힘을 더 강하게 쓸 수 있도록 5% 룰 등의 자본시장 규제에서 예외를 허용하는 것이 왜 '지극히 시장주의적'인 일인지에 대해서도 아무런 해명이 없다. 한국 스튜어드십 코드의 '구호'와 '실제' 간에는 줄일 수 없는 커다란 간극만 있다.

스튜어드십 코드 도입을 추진하는 사람들이 시장자율이라는 '구호'를 내세우는 것과 정반대로 현장에 있는 연기금이나 자산운용사의 펀드매니저들은 스튜어드십 코드 도입에 따라 정부개입이 더 커질 것을 우려한다. 필자와 만난 한 연기금의 최고운용·책임자(CIO)는 "2015년에 스튜어드십 코드 논의가 국내에서 시작될 때에는 연기금이 정부간섭에서 벗어날 수 있는 좋은 계기가 될 것이라고 생각했었다"라며 "그렇지만 지금 진행되는 것을 보면 정부간섭이 더 강화될 것 같다"고 말했다. 그는 특히 스튜어드십 코드가 아무리 '자율규제'라는 형식을 갖춘다 해도 감사원 등에서 연기금 감사의 기준으로 사용하게 될 것이기 때문에 연기금 입장에서는 새로운 정부규제가 도입되는 것과 마찬가지라고 지적했다.

민간 자산운용사에서도 마찬가지로 받아들인다. 한 자산운용사 관계자는 언론 인터뷰에서 "국민연금이 스튜어드십 코드에 가입되지 않은 자산운용사에 자산을 맡기지 않겠다고 하면 자산운용사는 '울며 겨자 먹기'로 따를 수밖에 없다. 결국 정부 눈치를 보게 되는 것인데, 이걸 자율로 볼 수 있을지 의문이다"라고 말했다. [56]

스튜어드십 코드 추진 주체들이 '시장자율'을 강조하는 와중에 국민연금은 이미 정권의 뜻에 맞게 행동주의적 개입을 시작했다. 국민연금은 2017년 11월 20일 KB 금융 주주총회에서 노동조합이 추천한 사외이사 선임 건에 대해 찬성표를 던졌다. 노조가 추천하는 사외이사가 주주총회에 안건으로 들어간 것도 처음이고 국민연금이 여기에 찬성한 것도 처음 있는 일이다.

'노동이사제'는 문재인 대통령의 선거공약 사항이었다.[57] 국민연금이 순수하게 수탁자 의무를 다하기 위해 노동이사제에 찬성표를 던졌다고 받아들이기는 어려운 정황이다. 앞서 다룬 미국 SEC와 재계 간의 소송 판결문에서 상소법원은 "공공연금과 노조연금들이 〈규정 14a-11〉을 〔특수 이해관계를 위해〕 활용할 개연성이 가장 높은 기관투자자"라고 단정지었다.[58] 스튜어드십 코드를 통해 행동주의가 강화될 경우 국민연금이 미국 공공연금과 다르게 행동할 것이라고 내세울 만한 근거를 찾는 것은 쉽지 않다.

56 "국민연금이 '주주행동'에 나선다면 …", 〈주간조선〉, 2017. 11. 20.

57 "文 공약 '노동이사제'에 찬성표 던진 국민연금 … KB 금융 주총서는 결국 부결", 〈조선일보〉, 2017. 11. 20.

58 2장 2절의 1) "미 경영자협회와 상공회의소의 증권거래위원회(SEC) 이사 선임방식 규제개정 소송 및 승소" 참조.

4) 외국인투자자에게 구걸하는 한국의 스튜어드십 코드

한국에서는 기관투자자의 '자율규제'라는 것을 정부가 나서서 적극 추진하다 보니 역설적 현상이 나타나고 있다. 정부가 영향력을 행사할 수 있는 국내 기관투자자들에게는 거의 강압적으로 스튜어드십 코드가 도입되는 반면 정부가 영향력을 행사하기 어려운 외국 기관투자자들에게는 스튜어드십 참여를 '구애'(求愛)하는 모양새가 만들어지는 것이다.

'자율규제'라고 하면서 대통령 정책실장이 '스튜어드십 코드의 전면적 실시 계획'을 외신기자 간담회에서 밝히고, 금융위원장이 '관여'와 관련된 금융규제를 예외적으로 완화해 주겠다고 외국 기관투자자 간담회에서 말하며, 공정거래위원장이 외신 기자회견을 통해 "돈을 가져와라. 내가 그 돈을 더 크게 만들어 줄 것을 약속한다"고까지 얘기하면서 스튜어드십 코드 참여를 요청한다.

스튜어드십 코드가 정말 표면적으로 내세운 것처럼 집사로서의 책임을 강조하고 기관투자자들의 '자율규제'를 유도하는 것이라면 한국의 최고 정책담당자들이 외국인투자자들에게 이렇게 저자세로 나갈 이유는 없을 것이다. 오히려 고자세로 "당신들이 고객의 돈을 관리하는 집사로서의 임무를 제대로 수행해야 한다. 대책을 내놓아라. 그렇지 않으면 직접규제에 들어간다"고 다그쳤어야 했다.

앞서 논의했듯이 미국의 경우에는 이미 정부가 나서서 수탁자 규정을 법제화해서 추진했고 기관투자자들은 '방어'에 급급한 상황이었다.[59] 스튜어드십 코드가 겉으로 내세운 취지대로 사용되려면 집사의 도덕성과 투명성, 집행능력에 대한 검증이 선행되어야 한다.

그러나 현재 한국정부는 스튜어드십 코드를 재벌개혁 수단으로 사용하기 때문에 외국 기관투자자들을 그렇게 다그칠 수 없는 듯하다. 물론 스튜어드십 코드를 원래 취지대로 고객 돈관리 집사의 준칙으로 시행한다 해도 외국인투자자들이 집합적으로 한국 주식시장의 최대 보유자 그룹이기 때문에 이들의 참여가 중요하다. 그렇지 않으면 스튜어드십 코드는 무용지물이 되어 버린다. 이러한 문제는 외국인투자자 비중이 높은 영국의 스튜어드십 코드 논의 과정에서도 제기된 바 있다(Reisberg, 2015: 236~238). 그러나 그 이유만으로는 한국정부의 저자세를 설명하기 어렵다. 정부가 필요한 규제를 민간에게 '권유'했는데 민간이 하지 않으면 대상자가 내국인이 됐건 외국인이 됐건 직접 규제하면 될 일이다.

　　한국정부의 저자세는 따라서 외국인 기관투자자들에게 재벌개혁의 연합전선을 펴자고 당근을 던지는 것이라고 해석할 여지가 많다. 국민연금 혼자 '기업개혁'에 나서면 정부가 경영에 간섭한다든가, 국민연금이 정치적으로 행동한다는 등의 비판을 받을 공산이 크다. 그렇지만 외국인 기관투자자들이 공동보조를 취하면 '객관성'을 내세울 수 있고 또 추가적인 '힘'도 얻을 수 있다.

　　1997년 외환위기 이후 IMF 체제에서 '기업 구조조정'을 한다면서 한국정부가 외국자본을 원군으로 끌어들였던 것의 재탕이라고도 할 수 있다. 이 당시에 외국인투자자와 한국정부의 공동전선은 '글로벌 스탠더드'라는 이름으로 합리화됐다. 현재 정부도 스튜어드십 코드 도입을 '세계적 흐름'이라고 합리화한다.

---

59 2장 2절의 2) "노동부의 '수탁자 규정' 도입과 트럼프 행정부에서의 표류" 참조.

그러나 앞서 지적했듯이 외국 기관투자자들이 정말 '선한 청지기'로서 역할을 할 능력과 의사가 있는지는 대단히 의심스럽다. 이들은 미국에서 '약탈적 가치착출'의 방조자이거나 주역이었다. 특히 미국에서 수탁자 규정이 무력화되는 과정을 보면 이들이 청지기로서의 역할을 성실히 수행할 의사가 있는지 더 의심스러울 수밖에 없다.

그런데 한국정부는 이러한 외국인 기관투자자들의 실상을 직시하기보다 이들의 '선의'(善意)에 모든 것을 맡기면서 제발 잘해 달라면서 각종 지원까지 약속하는 모양새다.

국민연금의 성과와 기금운용 방향

04

국민연금제도는 1987년에 도입되어 30여 년의 짧은 역사를 가졌지만 가입자가 2,200만 명, 수급자가 450만 명에 달하며, 운용기금이 620조 원에 달하는 세계 3대 연금으로 성장했다. 국민연금 비판론자들은 각 나라마다 서로 다른 연금제도 및 기금운용 방식을 고려하지 않고 '해외사례'를 선택적으로 내세워 비교하면서 국민연금의운용성과를 폄하하는 경향이 있다. 특히 2015년 '삼성물산-제일모직 합병' 논란이 불거지면서 국민연금의 투자결정 및 의결권 행사방식에 관해 정치권, 언론, 시민단체, 학계에서 다양한 비판이 제기됐다. 앞 장에서 지적했다시피 한국에서 스튜어드십 코드 도입과 '국민연금 개혁' 주장은 정치적 요인에 의해 강력하게 추동되었다.

그러나 이러한 개혁 주장은 그 강력함을 뒷받침할 만한 실증과 논리가 절대적으로 부족하다. 최광 전 국민연금공단 이사장은 "사실 그동안 기금운용을 놓고 수많은 제안이 있었고 갑론을박 논의가 있었다"면서 "그러나 그간의 논의는 본질을 보지 못하고 표피의 관찰에 의한 진단과 처방, 조직운영과 기금운용 경험이 없는 백면서생 (白面書生)들의 담론, 이해당사자들의 이해타산(利害打算)적 견강부회(牽强附會), 이념이 덧칠된 황당한 주장 등으로 점철되어 있다"고 지적했다.[1]

이 장에서는 국민연금의 운용성과를 가능한 객관적이고 포괄적인 자료를 통해 분석하고 기금운용의 현행 지배구조를 평가한다. 비판론자들이 주장하는 것과 달리 현재 국민연금의 기금운용에는 상당한 정도로 독립성이 부여되어 있다. 그리고 국제적으로 비교할 때에 운용성과도 굉장히 좋은 편에 들어간다. 물론 개선이 필요한 부분들도 여러 가지 있다. 전체적으로 기금운용의 전문성과 독립성이라는 틀을 유지하면서 어떠한 개선 방안이 필요한지에 대한 제언도 내놓는다.

1. 국민연금의 기금운용 성과

1999년 기금운용본부가 설립된 이후인 2000년부터 2016년까지 17년간 기금운용수익률을 국제적으로 비교해 보자. 이 기간에 국민연금의 연평균 수익률은 6.1%이다. 세계 6대 연기금 중 캐나다 CPPIB (7.1%)에 이어 두 번째로 높은 수익률이다. 세계 최대규모 연금인

---

[1] 이 장의 내용은 최광(2017)에 크게 의존한다. 최광 전 이사장의 발언은 다 이 기조 연설 자료에서 인용한 것이고 별도로 출처를 표시하지 않았다.

일본 GPIF (2. 5%)는 국민연금의 절반에도 훨씬 못 미치는 수익률을
올렸다. 17년 동안에 7번이나 마이너스 수익률을 기록했다. 국민연
금은 2000년(-0. 1%)과 세계금융위기가 벌어졌던 2008년(-0. 2%)
에 약간의 마이너스 수익률이 나왔던 것을 제외하고는 계속 플러스
수익률을 실현했다(〈표 4-1〉).

연금의 성격에 따르는 위험부담 정도 및 수익의 안정성을 함께 고
려하면 국민연금의 수익률이 세계에서 가장 높다고도 할 수 있다.

표 4-1 **국민연금(NPS)의 기금운용 성과 국제비교(2000~2016)**

	한국NPS (연금기금)	일본 GPIF (연금기금)	캐나다 CPPIB (연금기금)	미국 CalPERS (직역연금)	네덜란드ABP (직역연금)	노르웨이GPFG (국부펀드)
평균	6.1	2.5	7.1	5.0	5.9	5.1
2000	-0.1	-5.2	-9.4	-7.2	3.2	2.5
2001	12.0	-1.8	5.7	-6.1	-0.7	-2.5
2002	8.1	-5.4	-1.5	3.7	-7.2	-4.7
2003	7.9	8.4	17.6	16.6	11.0	12.6
2004	8.6	3.4	8.5	12.2	11.2	8.9
2005	5.4	9.9	15.5	11.9	12.8	11.1
2006	5.9	3.7	12.7	18.8	9.5	7.9
2007	7.0	-4.6	-0.4	-2.9	3.8	4.3
2008	-0.2	-7.6	-18.8	-23.6	-20.2	-23.3
2009	10.8	7.9	14.7	11.1	20.2	25.6
2010	10.6	-0.3	11.6	20.7	13.5	9.6
2011	2.3	2.3	6.3	1.0	3.3	-2.5
2012	7.0	10.2	9.8	12.5	13.7	13.4
2013	4.2	8.6	16.1	18.4	6.2	16
2014	5.3	12.3	18.3	2.4	14.5	7.6
2015	4.6	-3.8	3.4	0.6	2.7	2.7
2016	4.7	5.9	12.2	-	9.5	6.9

출처: 최 광 (2017)

국민연금보다 수익률이 높은 것으로 나오는 캐나다의 CPPIB는 안정성을 별로 고려하지 않고 수익성 위주로 운용한다. 캐나다에는 사회복지 제도가 발달해서 한국의 기초연금에 해당하는 OAS(Old Age Security)라는 보편적 기초연금제도(수급률 95.8%, 급여수준 19%)가 별도로 존재한다. CPPIB에서 운용하는 자금은 여기에 추가되는 2층 보장연금이라 할 수 있다.

그러나 한국의 국민연금에는 기초연금까지 다 들어와 있기 때문에 국민 노후자금의 1층이 흔들리지 않도록 하기 위해 더 안정적으로 기금을 운용해야 하는 과제를 안고 있다. CPPIB는 OAS가 1층을 지켜주는 것에 더해 캐나다 정부로부터 독립된 별도의 기관으로서 직원들의 연봉이 수익률에 연동되어서 결정된다. 조직의 특성상 투자의 안정성을 별로 고려하지 않고 수익률 위주로 투자하게 되어 있다. 그 결과 수익성은 한국의 국민연금보다 조금 높았을지 몰라도 안정성에서 크게 뒤떨어진다. 2000년부터 2016년까지 17년 동안 4차례에 걸쳐 마이너스 수익률을 기록했고 세계금융위기가 났던 2008년의 경우 -18.6%의 막대한 손실을 봤다.

국내 국민연금 비판론자들이 국민연금을 비판하거나 행동주의를 강화해야 한다고 주장할 때 단골메뉴처럼 인용하는 CalPERS는 국민연금이 아니라 캘리포니아주 공무원의 직역연금이다. 앞 장에서 지적했듯이 1970년대부터 CalPERS는 주식투자 비중을 크게 늘리면서 공격적 투자에 앞장섰다. 이와 함께 기관투자자 행동주의에도 앞장섰다. 큰 손실을 보더라도 가입자(공무원) 부담분은 불변이고 사용자(주정부) 부담분만 증가하는 구조이기 때문에 더 공격적인 투자를 할 수 있었던 측면도 있었다.[2] CalPERS는 2000년부터 2016년 기간에 국민연금에 비해 평균수익률(5.0%)이 낮을 뿐만 아니라 4차례에 걸쳐 큰 손실을 봤다. 2000년에 -7.2%, 2001년에 -6.1%, 2007년에 -2.9% 손실을 기록했고 2008년에는 -23.6%라는 '치명적 손실'을 봤다.

네덜란드의 ABP도 CalPERS처럼 공무원들의 직역연금이다. CalPERS처럼 행동주의적 성향을 보인다. CalPERS와 유사하게 수익률이 크게 변동한다. '인터넷 버블'이 터졌던 2002년에 -7.2%의 수익률을 기록했고 세계금융위기가 벌어진 2008년에는 -20.2%의 수익률을 보였다. 국부펀드는 국민 노후자금을 지켜야 한다는 부담이 없기 때문에 수익률 위주로 투자한다. 노르웨이 국부펀드 GPFG는 2002년에 -4.7%, 2008년에 -23.3%의 수익률을 기록했다. 세계 6대 연기금 중 국민연금과 가장 성격이 비슷한 곳은 일본의 GPIF밖에 없다. 앞서 지적했듯이 국민연금은 GPIF보다 두 배 이상의 수익률을 올려왔다. 안정적·장기적 수익률이라는 잣대로 비교할 때에 국민연금이 세계 최고수준이었다고 할 수 있다.

그렇지만 국민연금 비판론자들은 국민연금이 해외 연기금과 비교해서 수익률이 '꼴찌'라는 얘기를 틈틈이 쏟아낸다. 언론에서도 이를 여과 없이 보도하고 사설에서까지 비판한다. 예를 들어 2017년 국정감사에서 윤종필 의원은 "2012년부터 2016년까지 국민연금의 평균 기금운용수익률은 5.15%로 확인됐다"며 "이는 국민연금, GPIF(일본), CPPIB(캐나다), CalPERS(미국), ABP(네덜란드), GPF(노르웨이) 등 세계 6대 연기금 중 최하위"라고 지적했다.[3] 김

---

2 1장 2절의 1) " '펀드자본주의'의 급진전과 대형공공연금" 참조.
3 "2017 국감: 국민연금 기금운용수익률 세계 6대 연금 중 꼴찌", 〈쿠키뉴스〉, 2017. 10. 12.

기선 의원은 2015년 국정감사에서 2010년부터 2014년까지 5년간 수익률에서 국민연금이 세계 6대 연기금 중 '꼴찌'라고 강조했다. [4] 한 언론은 한국개발연구원(KDI)의 자료를 인용하면서 국민연금의 수익률이 '글로벌 꼴찌'라는 기사를 내보냈다. [5] "국민연금 수익률 '세계 꼴찌수준', 대책 강구하라"라는 언론사 사설도 등장했다. [6]

최광 전 국민연금공단 이사장은 "주요 일간지와 경제지는 '수익률 꼴찌' 기사를 심심하면 내보내곤 한다"며 "자료를 통해 그렇게 설명하고 이해를 촉구해도 항상 마이동풍(馬耳東風)이었다. … 참으로 안타까운 현상이다"라고 한탄한다. 그는 또 "만약 국민연금 기금운용이 (CPPPIB나 CalPERS처럼 한 해에) 20% 상당의 손실(약 124조 원)을 보면 어떤 일이 전개될까?"라고 질문을 던진다. 그리고 "공단 이사장과 기금운용본부장의 사퇴는 물론이고 엄중한 책임추궁이 이어질 것이다. 이 정도로 끝나지 않고 정권이 교체되리라는 것이 본인의 판단이다"라고 말한다.

그러나 객관적 자료나 제대로 된 국제비교에 기반을 두지 않고 국민연금의 기금운용 성과에 대해 비판적 여론이 계속 쌓이다 보니 '국민연금 개혁론'으로 발현된다. 국민연금의 기금운용은 변함없는 목표인 안정적·장기적 수익률이라는 관점에서 봤을 때에 아직 큰 문제를 삼을 여지가 없다. 그렇지만 국민연금 개혁론은 계속 비등해져왔다.

---

4 "김기선 '국민연금, 세계 6대 연기금 중 수익률 최하위'", 〈연합인포맥스〉, 2015. 10. 5.
5 "국민연금 운용수익률 글로벌 꼴찌", 〈뉴스 1〉, 2015. 5. 7.
6 "국민연금 수익률 '세계 꼴찌수준' 대책 강구하라", 〈매일경제〉, 2014. 9. 12.

2. 기금운용의 현행 지배구조와 평가

국민연금의 '개혁'을 주장할 때에 항상 등장하는 이슈가 기금운용의 전문성과 독립성이다. 기금운용 담당자들의 전문성이 부족하다 보니 투자수익률을 제대로 올리지 못하고 '외압'을 쉽게 받는 구조이기 때문에 수익률 확보라는 목표에 집중하지 못한다는 것이다. 이에 따라 의결권 행사도 전문적·독립적으로 이루어지지 않는다는 것이 국민연금 스튜어드십 코드 도입 추진의 핵심근거로 사용된다. 그렇지만 위에서 살펴보았듯이 전문성이 떨어진다고 단정할 정도로 국민연금의 수익률이 나쁘다는 증거는 없다. 또 아래에서 살펴보듯이 현재의 기금운용 제도에서 독립성이 심각하게 결여되었다고 단정할 증거도 별로 없다.

물론 620조 원에 달하는 기금을 운용하려면 지속적으로 전문성을 높이고 독립성이 침해받지 않도록 하는 개선이 이루어져야 한다. 그러나 실증에 근거하지 않은 '개혁'은 오히려 시스템을 후퇴시킬 수 있다. 시스템을 망가뜨릴 수도 있다. 기금운용에 안정성이 중요한 것처럼 기금운용체제에서도 안정성이 중요하다. 실증에 근거를 두고 조심스럽게 개선 방안이 모색되어야 한다.

1) 기금운용위원회

국민연금의 기금운용 관련 지배구조에서의 핵심은 기금운용위원회와 기금운용본부이다. 기금운용위원회는 보건복지부 장관을 위원장으로 당연직 5명(기획재정부, 농림수산부, 산업통상부, 고용노동부 차관, 국민연금공단 이사장)과 위촉직 14명(상용자 대표 3명, 근로자 대표

그림 4-1 **국민연금 기금운용 지배구조**

3명, 지역가입자 대표 6명, 관계전문가 2명) 및 간사 1명(연금정책국장)으로 구성된다. 기능은 "기금운용 주요 정책사항에 대한 심의·의결"로 되어 있다. 기금운영위원회의 심의·의결을 보좌하기 위해 산하에 의결권행사 전문위원회(9명), 성과평가보상 전문위원회(12명), 투자정책 전문위원회(33명)가 있고 이 전문위원회들은 복지부나 국민연금공단 직원이 아닌 외부 '민간 전문가'로 구성된다. 기금운용의 집행은 국민연금공단에 있는 기금운용본부가 담당한다.

현행 지배구조에서 한 가지 중요하게 짚고 넘어가야 할 것은 〈국민연금법〉상 기금운용위원장인 보건복지부 장관이 기금운용의 최종책임을 지지만 기금운용위원회는 비상설조직이라는 사실이다. 보건복지부 장관은 두 가지 면에서 기금운용에 대한 책임을 맡을 자격을 갖추지 못했다.

첫째, 기금운용 정책에 관해 심의 및 결정을 내릴 수 있는 전문성을 갖추지 못했다. 보건복지부 장관을 뽑는 데에 기금운용 능력이 별로 중요한 기준이 되지 않기 때문이다. 그동안 보건복지부 장관은 정치인, 의사·약사 출신, 복지관련 연구원 등이 주로 역임했다. 현재 박능후 장관도 사회복지학을 전공한 교수 출신이다. 620조 원에 달하는 거대자금을 운용하는 것에 대한 지침을 마련하거나 의결하는 데에 기본 역량이 있다고 하기 어렵다. 최광 전 이사장은 "〔보건복지부 장관이〕 기금운용위원회 위원장으로서 사회를 보지만 역대 장관 중 기금운용의 본질을 제대로 이해하고 사회를 본 장관이 과연 몇 명이나 되었을까"라고 의문을 제기한다.

둘째, 보건복지부 장관은 기금운용 이외에 다른 업무가 많기 때문에 기금운용에 시간을 별로 낼 수 없다. 매년 기금운영위원회가 6~7회 개최되고 1회 회의에 2시간 정도 소요되니 보건복지부 장관이 관심을 갖고 실제로 운영위원회를 관리하는 시간은 총 15시간 정도에 불과하다. 최광 전 이사장은 "국민연금 기금운용의 경쟁자는 JP 모건, 칼라일(Carlyle), UBS, 블랙스톤(Blackstone) 등 세계 유수의 투자은행들이다. 이들 기관의 CEO들은 세계 최고의 투자전문가를 거느리고 자가용 비행기를 타고 세계를 누비며 하루 24시간 365일 1년 내내 자산운용에 전력으로 고심한다. 이와는 대조적으로 국민연금 기금운용을 책임지는 복지부 장관은 보건복지부 고유의 업무에 진력하며 자신이 책임지는 그 막중한 기금운용은 돌볼 생각도 돌볼 짬도 없이 지낸다"고 문제를 제기한다.

1년에 6~7회 개최되는 기금운영위원회조차 보건복지부 장관의 다른 임무 때문에 연기되는 경우가 발생한다. 2018년의 첫 번째 기금운영위원회는 2월 2일에 열리는 것으로 예정되었다. 그러나 1월 26일 지방 도시 밀양의 영세 요양병원인 세종병원 화재 때문에 사상자가 많이 발생하자 보건복지부 장관이 사태수습을 책임지고 매달리면서 기금운영위원회를 '무기연기'했다. 보건복지부 장관의 임무에서 기금운용은 굉장히 뒤에 있는 후순위로 되어 있다.

기금운용위원의 전문성도 전혀 확보되지 않고 있다. '관계전문가 2명'의 경우에는 전문성이 확보된 것처럼 보이지만 이들도 한국보건사회연구원 원장과 한국개발연구원 원장이라서 기금운용 전문가라고 할 수 없다. 다른 18명은 더 말할 나위 없다. 그런데 이들이 심의·의결해야 할 사항은 기금운용 지침, 자산운용 정책, 성과평가 등 대단히 전문적인 사안이다. 비전문가들이 비상근으로 1년에 6~7번 열리는 회의에만 참석해 전문적 결정을 제대로 내릴 수 있다고 기대하기 어렵다.

2) 기금운용본부

국민연금 개혁론자들은 기금운용본부가 제대로 독립되어 있지 못하고 '외부압력'에 취약하고 주장한다. 2015년 삼성물산-제일모직 합병건에서도 독립성에서의 취약함 때문에 대통령을 통해 삼성의 로비가 쉽게 들어갔다고 내세운다. 그러나 실제 제도상으로는 거의 완벽하다고 할 정도로 기금운용본부에 투자 및 의결권 행사에서 독립성이 확보되어 있다. 삼성합병 관련으로 문형표 전 복지부 장관, 홍완선 전 기금운용본부장이 재판에서 유죄선고를 받은 것은 절차를 어겨 영향력을 행사했다는 '직권남용' 및 '권리행사 방해' 혐의 때문이지 투표 방향이 잘못됐기 때문이 아니었다. 오히려 '외압'을 넣었다는 복지부 장관과 기금운용본부장이 유죄선고를 받을 정도인 것은 기금운영본부의 의결권 행사제도가 독립성을 갖추었다는 방증이라고 해석할 수 있다.

현재 기금운용은 〈국민연금법〉 102조 6항에 의거해 보건복지부 장관이 국민연금공단에 위임하게 되어 있다. 국민연금공단 이사장은 국민연금 기금운용규정에 의거해 위임된 기금운용을 관리하고 세부적 사항은 위임전결규칙에 따라 시행하도록 되어 있다. 개별 투자나 의결 건에 관해 보건복지부 장관이나 공단이사장이 관여할 수 없게 되어 있다. 그 근거는 두 가지다. 첫째, 국민연금 기금운용규정상 투자위원회와 대체투자위원회 위원장을 기금운용본부장이 맡으며 동 위원회가 안건의 심의·의결 기능을 수행하도록 되어 있다(〈그림 4-1〉 참조). 둘째, 위임전결규칙에서 기금운용과 관련된 주식, 채권, 대체 등 개별 투자 건에 관한 것은 모두 기금운용본부장 소관 전결사항으로 규정되어 있다.

이에 따라 보건복지부 장관과 공단 이사장 어느 누구도 개별 투자 건에 대해 사전적으로 개입하는 것은 물론이고 사전보고조차 받지 못하도록 되어 있다. 사후적으로도 공단 이사장은 투자위원회 또는 대체투자위원회 의결 후 상당한 시간이 지난 다음 형식적 결제과정에서 그 결정내용을 인지한다. 보건복지부 장관은 공단 이사장과 달리 개별 투자 건에 대해 사후적으로도 직접 보고받지 못하도록 되어 있다.[7]

문형표 전 보건복지부 장관이 삼성합병과 관련해서 유죄선고를 받은 것은 사전에 개별 투자 건에 대해 개입했다는 혐의 때문이다. 반면 최광 전 이사장이 검찰조사만 받은 뒤 무혐의로 처리된 것은 이러한 내부규정을 어겼다는 증거를 찾을 수 없었기 때문이었다. 헤지 펀드 엘리엇은 2015년 삼성그룹과의 분쟁과정에서 국민연금 내부 의사결정 시스템에 대해 잘 모르고 자신의 입장을 설명하는 편지를 최

---

7 〈따로 읽기 8〉 "유시민 전 보건복지부 장관의 실언과 '직권남용' 업무처리" 참조.

이사장에게도 여러 차례 보냈다. 그러나 최 이사장은 이 편지들을 뜯어보지도 않고 당시 홍완선 본부장에게 그대로 전달했다고 한다.

현재 개별 투자 및 의결권 행사 관련해서 기금운용본부의 제도적 독립성은 거의 최고수준으로 보장되었다고 봐야 한다. 그렇지만 전문성이 확보되었다고 보기는 어려운 상태이다. 기금운용본부장이 연임하며 전문성을 오래 쌓는 풍토가 형성되지 못했다. 대부분 단임으로 끝나고 중간에 낙마한 적도 많았다. 마땅한 인물을 구하지 못해 기금운용본부장직 공석 상태가 오래 지속된 적도 있다. 기금운용본부의 펀드매니저들도 민간부문에 비해 연봉을 적게 줄 수밖에 없는 구조라서 뛰어난 인재를 영입하기 어렵다. 오히려 기금운용본부에서 잘 훈련된 펀드매니저들이 민간부문으로 이직하는 경우가 많다.

국민연금공단은 〈공공기관의 운영에 관한 법률〉(공운법)에 따라 '기금관리형 준정부기관'으로 지정되어 있기 때문에 운용인력에 대해 별도로 처우를 특별히 잘해 주는 것이 어렵다. 정부의 지역균형 발전 전략에 따라 기금운용본부가 2017년부터 전주로 옮겨가면서 기존의 전문인력이 여러 명 이탈했고 새로운 전문인력을 끌어들이는 것이 더 어려워진 상황이다.

그동안 국민연금이 국제적으로 비교할 때에 기금운용에서 좋은 성과를 냈던 것은 어려운 환경에서도 직원들이 뜻을 모아 열심히 잘했기 때문이라고밖에 해석할 여지가 별로 없다. 그러나 국민연금 직원들의 의욕과 사기를 꺾는 일들이 계속 벌어지고 있다. 정치권과 정부에서 기금운용본부 전주 이전 등을 통해 전문성에서 핵심과제인 인력의 확보 및 육성에 커다란 장애물을 만들어 놓고, 실증에 근거하지 않은 정치적 명분을 내세워 국민연금의 '개혁'을 주문하고 있는 상태라고 할 수 있다.

유시민 전 보건복지부 장관의 실언과 '직권남용' 업무처리

2016년 12월 29일 방송된 JTBC의 시사토론프로그램 〈썰전〉에서 유시민 전 복지부 장관은 다음과 같이 발언했다.

"구조가 보건복지부 장관, 공단 이사장, 기금운용본부장으로 내려가는 거다. 내가 복지부에 있을 때 경험한 바에 따르면 천억 원 이상 투자결정은 보고가 다 들어온다. 보고받을 때 실무자들이 와서 이렇게 할 경우와 저렇게 할 경우 국민연금 기금의 손익관계, 시장 리스크 이런 걸 다 보고한다. 정밀하게 보고받고 결정해 줬다. 문형표 씨는 전화통화는 인정하지만 의결권 행사에 아무 말도 안 했다고 하고 최광 이사장은 반대하다 쫓겨났고 홍완선 씨는 의결권행사 전문위원회 소집도 안 했고 투자위원회에서 그냥 결정했다. 이재용과 만나 밀어붙였다. 명백한 배임이다. 홍완선 씨가 왜 했겠냐. 장관이 개입했으면 청와대 지시가 있었다고 봐야 한다"(" '썰전' 유시민·전 원책이 말하는 #탄핵심판 #정유라 #성추행외교관", 〈뉴스엔〉, 2016. 12. 30).

기금운용본부의 투자결정 독립성이 보장된 현행 체계에 비춰 볼 때에 "내가 복지부에 있을 때 천억 이상 투자결정은 보고가 다 들어온다. … 정밀하게 보고받고 결정해 줬다"는 것은 그 체계를 무시했다는 말이 된다. 사전보고를 다 받고 기금운용본부가 결정할 문제를 보건복지부 장관이 대신 결정했다는 것이다. '직권남용'에 해당된다. 이 발언을 놓고 최광 전 이사장은 다음과 같이 말한다.

"이 발언과 사실을 두고 책임이 반드시 추궁되어야 한다. 황당한 발언을 한 장관이 처벌되지 않으면 현재 재판받고 있는 [문형표] 장관은 어떻게 처벌될 수 있나? 기금운용의 최종책임은 보건복지부 장관이 지게 되어 있다. 그래서 장관이 국민연금공단과 기금운용본부를 관리 감독해야 한다. 그러나 개별 건에 대해 '정밀하게 보고받고 결정해 줬다'는 아니다. 이전엔 복지부 연금재정과장이 '밤의 황제'라 회자된 적이 있었다. 불미스런 사고가 터지기도 했다. 이젠 모두 옛날의 이야기다. 전직 장관이 스스로 무슨 말을 하고 있는지조차 인식 못하며 공개적으로 자신의 범죄를 자백했다. 문제 삼아야 하는가? 문제 삼으면 어떻게 문제 삼아야 하는가?

이해되지 않고 도저히 있을 수 없는 일이기에 꼭 문제 삼아야 한다. 우리 사회의 크고 작은 문제의 배경에는 공무원들의 직권남용, 권력남용이 있다. 복지부 장관은 복지부 자체의 일만 열심히 하면 된다. 기금운용은 전문가에게 맡기면 된다. 왜 자신의 고유 업무는 팽개치고 그 업무는 제대로 하지 못하면서 산하기관이라며 자신의 일이 아닌 공단 업무에 그렇게 개입하는가?"

3. 기금운용 및 의결권 행사 기구의 대안

앞서 강조했듯이 국민연금의 기금운용은 620조 원에 달하는 거대한 국민 노후자금을 관리하는 중차대한 사안이다. 2020년이 되면 기금규모가 1천조 원에 달하고 2040년경에는 최대 2천 5백조 원 정도까지 늘어날 전망이다. 현재 적립금 규모는 빨리 늘어나고 있는 상태이지만 고령화와 저출산의 영향 때문에 총수입은 곧 정체상태에 빠지고 대신 총지출이 급격히 늘어나는 구조가 될 것이다. 멀리 바라볼수록 기금운용을 잘해야 한다는 절박함이 강해진다. 2050년 정도까지는 기금이 굉장히 많이 쌓여 있는 것처럼 보여도 그 이후에는 급전직하로 줄어든다. '기금고갈'에 대한 우려가 여기서 나온다(〈그림 4-2〉 참조).

그림 4-2 **국민연금의 적립기금·총수입·총지출 변화 추이**

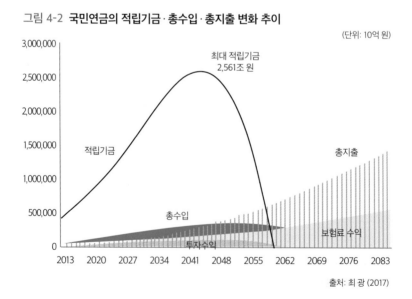

출처: 최 광 (2017)

1) '안정적·장기적 수익률' 추구를 지상목표로 삼아야

연금고갈 우려에 대해 가장 근본적인 대책은 저출산·고령화의 영향을 완화하는 것이다. 일단 실효성 있는 출산장려책이 만들어져야 할 것이다. 필자는 그러나 출산장려책보다 적극적 이민정책이 더 중요하다고 생각한다. 출산장려책은 시행한다 하더라도 실제로 아이들을 많이 낳을 수 있을 정도로 강력한 동기가 부여될 수 있을지 의문이다. 설사 아이들을 많이 낳게 된다 하더라도 그 아이들이 자라나서 세금을 낼 때까지는 30년가량을 기다려야 한다. 그동안은 이들에게 투자하는 비용만 들어간다.

한국은 그동안 인프라 투자 등을 적극적으로 해왔고 한류의 영향 등으로 한국에 오고 싶어하는 외국인들이 많이 늘어나 있는 상태이다. 이민을 받아들이면 그렇지 않아도 어려운 국내 고용문제가 더 악화될 것이라고 우려하는 사람들이 많다. 그렇지만 해외투자를 유치하면서 능력 있는 외국인, 즉 당장 세금을 낼 수 있는 외국인 위주로 이민을 유치하면 오히려 고용을 창출하는 인력유치가 된다. 싱가포르가 선진국으로 발돋움한 성공의 방정식이다. 해외투자 유치와 능력 있는 외국인 인력 유입을 결합해서 저출산이 불러오는 고용인구 감소 문제를 완화해갈 필요가 있다. [8]

노령화로 인해 평균수명이 늘어나서 연금지급 부담의 총액이 늘어나는 것은 어쩔 수 없는 추세다. 지급하게 되는 금액에서 최대한 효율적으로 연금이 사용되도록 다양한 방안을 강구해야 한다. 그러나 근본적으로 연금의 안정성과 지속성이 보장되기 위해서는 지출

---

8 〈따로 읽기 9〉 "21세기는 인력유치 경쟁의 시대이다" 참조.

이 너무 많아질 경우 연금지급액을 낮추고 연금보험료를 높이는 방법밖에 없다. 네덜란드의 경우에는 노령화에 따르는 연금 추가지급액 추이를 계산해서 주기적으로 연금지급액과 연금보험료를 동시에 조정하는 사회적 합의를 시행한다. 한국도 이와 같은 사회적 합의 마련에 대한 검토작업을 시작해야 한다.

국민연금의 기금운용은 이러한 전반적 틀 내에서 대안이 마련되어야 한다. 앞서 강조했다시피 기금운용의 지상목표는 변함없이 '안정적·장기적 수익률'이어야 한다. 국민의 노후자금을 관리하는 기관으로서 이것은 바꿀 수 없는 소명이다. 연금고갈 우려를 해소한다는 명분으로 기금운용에 지나친 수익률 제고 부담을 주어서는 안 된다. 안정성이 타격을 받을 수 있기 때문이다. 최대한 안정적·장기적 수익률을 높일 수 있도록 기금운용 시스템을 갖추되, 그 이상의 문제는 연금제도에서 해결해야 한다. 기금운용이 모든 문제를 해결할 수 있는 요술방망이가 아니다.

"기금운용수익률을 1%p 추가로 올리면 기금고갈 시점을 몇 년 연장할 수 있다"는 등의 주장은 얼핏 들으면 그럴싸하게 들릴지 몰라도 안정적·장기적 수익률이라는 기금운용의 지상목표를 흔드는 것이 될 수 있다. [9] 수익률을 지나치게 높이려고 할 때에 변동성이 높

---

9 예를 들어 국회예산정책처는 〈재정사업 성과평가〉 보고서를 통해 "기금운용수익률을 현재보다 1%p만 높여도 기금고갈 시점은 2068년으로 8년 연장된다"고 강조한다 ("예정처 '국민연금 수익률 낮아… 재정안정 전략 시급'", 〈연합뉴스〉, 2015. 6. 14). 전광우 전 국민연금공단 이사장조차 "국민연금의 기금운용수익률을 1%만 올리면 연금이 고갈되는 시기를 9년 더 연장할 수 있습니다. 그런데 이 1%에 다시 1%를 더해 2%까지 기금운용수익률을 올릴 수 있다면 현재의 제도만으로도 연금의 고갈을 영원히 막을 수 있는 것으로 분석됩니다"라고 언급했다 ("기금운용수익률 연 2% 올리면 연금고갈 걱정 안 해도 된다", 〈주간조선〉, 2011. 1. 31).

아지고 손실확률 또한 높아지기 때문이다. 현 수준에서 1%p 초과 수익을 추구할 때 변동성은 약 3배, 손실확률은 약 2백 배 이상의 위험증가가 예상된다는 연구결과도 있다.[10] 최광 전 이사장은 "수익을 높이기 위해서는 그 이상의 위험을 감내해야 하고 초과수익 추구 시 손실발생 확률은 기하급수적으로 증가하므로 1% 초과수익률 추구, 그것도 장기간의 초과수익률 추구를 쉽게 언급하는 것, 그것도 전문 가들이 그러는 것은 참으로 문제"라며 "기금운용 원칙인 안정성과 수익성의 조화가 깨질 경우 2008년과 같은 세계금융위기 상황이 발생하면 대규모 기금운용 손실이 불가피하고 제도의 존립 자체가 흔들릴 수 있다"고 경고한다.

기금운용 평가의 잣대는 따라서 위험대비 수익률로 해야 한다. 단순수익률 비교를 사용해서는 안 된다. 앞서 지적했듯이 각 나라의 기금운용 주체들이 위험을 부담할 수 있는 정도는 그 나라의 사회보장제도나 기금운용기관의 인센티브 시스템에 따라 달라진다. 기초연금까지 책임져야 하는 국민연금에는 안정성이 다른 나라보다 더 중요해진다. 이런 맥락에서 최광 전 이사장은 "제도를 장기적으로 지속가능한 틀을 갖춰 놓고서 그 상황에서 수익률을 높여야지, 수익률을 높여서 제도가 가진 문제를 해결하겠다는 것은 위험한 접근"이라고 지적한다.

---

10 원종현(2008), "국민연금 기금운용체계 고찰", 사회연대연금지부.

21세기는 인력유치 경쟁의 시대이다

〈중앙선데이〉 칼럼(2014. 3. 16) 수정 및 확장

지난 20여 년 동안 일본은 경제열등생으로 꼽혔다. '잃어버린 20년'을 겪었다고도 한다. 반면 미국은 2008년 세계금융위기가 올 때까지 경제우등생으로 찬사를 받았다. 구조조정을 잘해서 경쟁력을 회복했다는 얘기를 많이 들었다. 세계금융위기를 일으킨 장본인이지만 지금도 일본보다 빠른 경제회복세를 보인다. 현재 선진국 중에서 가장 우등생으로 꼽히는 나라는 독일이다. 통독 후유증을 잘 극복했다. 세계 금융위기 이후 정체에 빠진 유럽경제를 이끄는 기관차 역할을 한다.

그러나 이 세 나라의 성장 내용을 잘 들여다보면 성장률 차이가 흔히 얘기하는 경쟁력이라든지 구조조정과 별 관계없다는 것이 드러난다. 1991년부터 2012년까지 연평균 경제성장률에서는 일본 1.04%, 미국 2.61%, 독일 1.67%로 큰 격차가 난다. 그렇지만 경제활동인구(*total labor force*)당 성장률을 보면 얘기가 달라진다. 일본은 0.91% 인 반면 미국은 1.62%, 독일은 0.87%이다. 일본은 독일보다 높은 수준이다. 미국과의 격차도 많이 줄어든다. 2000년대만 비교하면 일본의 경제활동인구당 성장률은 미국과 비슷하다.

그렇다면 세 나라 간 성장률 차이의 가장 큰 원인은 인력에서 찾을 수 있다. 20년 동안 미국의 경제활동인구는 23.0% 증가했다. 독일의 경제활동인구는 14.1% 늘었다. 그렇지만 일본의 경제활동인구는 0.6%밖에 안 늘었다. 이 수치들을 내놓은 윌리엄 클라인(William Cline) 박사는 따라서 일본경제에 대한 그동안의 일반적 평가는 '착시'(*optical illusion*)라고 말한다. 엉뚱한 것들을 보면서 일본경제의 부진 원인이라고 왈가왈부했다는 것이다.

미국이나 독일의 노동력 증가율이 높은 가장 큰 원인은 해외인력 유치다. 미국은 원래부터 다양한 인종의 용광로(*melting pot*)였다. 지금도 이민이 일상화되어 있다. 독일은 히틀러의 게르만 순혈주의로 배타적인 나라처럼 알려져 있지만, 원래 다양한 인종이 정착해서 살던 나라이다. 지금도 계속 이민이 이루어진다. 2010년 월드컵에서 독일 국가대표 축구팀 23명 중 11명이 이민자였다. 아스널의 스타 외질, 레알 마드리드의 케디라 등이 다 그때의 이민자 출신 멤버들이다. 독일 팀은 전 세계 최고의 다민족 국가대표팀이라고 할 수 있다.

반면 일본은 이민으로 인력을 늘리려는 노력을 거의 하지 않았다. 이민을 받아들였지만 일본인들이 일하기 싫어하는 저임금 분야에서만 외국노동자들을 제한적으로 받아들이는 정도였다. 이에 더해서 선진국 중에서 가장 빠르게 고령화가 진전되었다. 출산율도 급격하게 떨어졌다. 일본이 1990년대에 초 버블이 붕괴된 뒤 여러 가지 후유증을 겪었는데도 불구하고 지난 20여 년 동안 매년 1% 정도의 생산성 향상을 이룬 것은 일본경제의 저력이 아직도 대단하다는 것을 보여준다. 그렇지만 일본은 노동력 정체로 인해 '잃어버린 20년'이라는 불명예를 뒤집어썼다.

21세기 세계경제에서 가장 큰 골칫거리는 고령화다. 평균수명은 한없이 늘어나는데, 젊은 세대는 결혼을 잘 안 하고, 하더라도 늦게 하고, 결혼 후에도 자식을 적게 낳거나 아예 낳지 않는다. 해결방법이 무엇인가? '고려장'을 도입할 수도 없다. 노령인구를 어떻게든 부양해야 한다. 젊은 세대를 빨리 결혼시켜 아이를 많이 낳게 강요할 방법도 없다. 출산장려책을 써도 출산율을 높이기는 대단히 힘들다. 몇 푼 더 받겠다고 아이를 더 낳는 여성도 많지 않다. 그렇게 태어난 아이들이 자라서 세금을 낼 때까지는 하세월이다. 오히려 그 아이들이 클 때까지 세금으로 도와줘야 한다.

현재 이 상황을 타개하기 위해 할 수 있는 거의 유일한 방안은 세금 낼 능력 있는 사람들을 외국에서 데려와 함께 일하는 것뿐이다. 그러나 대부분의 나라들이 동시에 고령화란 과제에 직면했기 때문에 인력유치는 세계적 경쟁이 되었다. 미국과 독일은 이미 해외인력 유치 틀이 상대적으로 잘 갖춰졌기 때문에 이 경쟁에서 유리하다. 반면 일본은 그렇지 못했기 때문에 어려움을 겪고 있다.

싱가포르가 외국인력 유치능력에서는 거의 세계 최고수준이라고 할 수 있다. 1990년에 싱가포르의 인구는 3백만 명 정도에 불과했다. 그러나 적극적 인력유치 정책을 펼친 결과 2000년에는 인구가 4백만 명으로 늘고, 2010년에는 5백만 명으로 늘었다.

반면 한국은 일본과 비슷한 모습이다. 출산율은 세계 최저수준으로 떨어졌다. 일본보다도 더 빨리 고령화가 진전되고 있다. 이민정책도 거의 없는 수준이라고 할 수 있다. 앞으로 성장 정체가 지속될 경우 사실은 노동력이 제일 큰 문제였다고 일본처럼 뒤늦게 후회할 가능성을 배제할 수 없다.

일본과 비교할 때 한국은 그래도 외국인력을 끌어들이기에 훨씬 좋은 환경이다. 지진 등의 문제로 한국에 와서 살고 싶어하는 일본인들이 많다. 중국과 인접해 있기 때문에 능력 있는 중국인들을 끌어들이기도 쉽다. '한류'의 성공으로 한국에 오고 싶어하는 다른 개발도상국 사람들도 꽤 있다. 이런 사람들을 국내에 빨리 끌어들여 투자도 하고 함께 일자리를 만들어낼 방안을 찾아야 한다.

미국, 독일, 싱가포르와 같이 이미 이민정책이 잘 갖춰진 나라들 수준으로까지 한국의 여건을 갑자기 바꿀 수는 없다. 그렇지만 조금만 전향적 조치들을 취하면 최소한 한·중·일 3개국 중에서 한국이 이민을 가장 쉽게 받아들이는 나라가 될 수 있다. 이민을 받아들이면 그렇지 않아도 어려운 국내 고용문제가 더 악화될 것이라고 우려하는 사람들이 많다. 그렇지만 해외투자를 유치하면서 능력 있는 외국인, 즉 당장 세금을 낼 수 있는 외국인들 위주로 유치하면 오히려 고용을 창출하는 인력유치가 된다. 싱가포르가 선진국으로 발돋움한 성공의 방정식이다.

일본에서는 지금의 추세를 그대로 놔두었다가는 인구 1억 명이 곧 무너진다는 위기감이 높다. 아베 정부는 이민을 매년 20만 명씩 받아들겠다는 안을 내놓고 내부 논란을 벌이다 유야무야했다. 한국은 일본의 경험을 가장 가까이에서 보고 느끼는 나라이다. 그런데도 일본처럼 시간 다 흘려보낸 뒤 만시지탄(晚時之歎)만 하면 안 된다.

2) 지침수립 및 감독기구와 집행기구 간의 명확한 분리

필자는 앞에서 현행 기금운용 체계가 독립성에서는 별 문제가 없지만 전문성에서 여러 가지 문제가 드러나고 있고 앞으로 그 문제들이 더 커질 위험이 있다고 지적했다. 전문성의 문제는 기금운용위원회와 기금운용본부 모두에 적용된다. 기금운용위원회는 위원장에서부터 개별 위원의 전문성이 모두 문제가 되고 있는 상황이고, 기금운용본부는 역량 있는 펀드매니저들의 유치, 육성, 보유에서 문제가 커지고 있는 상황이다.

기금운용위원회의 전문성을 확보하기 위해서는 보건복지부는 국민연금에 대한 감독 및 이사장 임명 권한만 갖고 국민연금공단 이사장에게 전권을 주는 것이 바람직하다. 보건복지부 장관은 국민연금 업무에 전문성을 갖기도 어렵고 시간도 내기 어렵기 때문이다. 한편 공단 이사장은 연금제도와 기금운용을 총괄하면서 한국은행의 금융통화위원회처럼 상설 기금운용위원회를 구성하고 위원장으로서 이를 운영하는 것이 좋다고 생각한다. 상설 기금운용위원회는 금융통화위원회처럼 기금운용과 관련된 전문가들이 위원으로 들어와야 할 것이다.

한편 기금운용위원회와 기금운용본부는 기능을 명확히 분리해서 운영해야 할 것이다. 기금운용위원회에서 '입법'하는 것처럼 투자 및 의결권 행사지침을 만들고 행정부에 대해 '국정감사'를 하는 것과 같이 기금운용본부를 감독하는 것이다. 기금운용위원장으로서 국민연금공단 이사장은 기금운용본부장에 대해 임명권을 갖지만 지금처럼 투자와 의결권 행사는 기금운용본부에서 전적으로 판단하고 집행하도록 하면 독립성이 보장된다.

이렇게 기금운용위원회와 기금운용본부 간의 역할을 명확히 구분하면 현재 스튜어드십 코드에서 논란이 되는 의결권 행사 문제도 쉽게 정리될 수 있다. 국민연금의 〈스튜어드십 코드 용역 중간보고서〉는 '수탁자 위원회'를 구성해서 여기에 의결권 관련 지침 마련 권한과 집행 권한을 다 함께 줘야 한다고 주장한다.[11] 국민연금 내부에서의 '지침개정'을 통해 현재의 의결권 전문위원회가 국민연금 의결권 행사의 중심 주체로 만들려는 움직임도 진행된다.

그러나 이러한 주장들은 지침을 만드는 주체가 집행하고, 거기에서 더 나아가 감독까지 하는 문제를 불러온다. 일반 행정원리와 배치된다. 또 투자와 의결권 행사에서 기존의 '전문성' 문제를 해결해주지 못한다. 의결권 행사에서 '독립성'의 문제는 악화시킨다. 외부인사가 중심이 되는 위원회에 전권을 주면 '외압'이 더 쉽게 들어오기 때문이다.[12]

'안정적·장기적 수익률'이라는 기금운용의 지상목표에 비추어 볼 때에도 투자에 책임지는 부서가 의결권 행사까지 관장하는 것이 정상적인 일이다. 해외 대형뮤추얼펀드나 대형연기금에서 투자결정 부서와 의결권 행사 부서가 분리된 것은 정상적 행태라고 할 수 없다. 투표에 무관심·무능력한 인덱스펀드가 대세가 되어 버린 상태에서 투표를 성실하게 한다는 것을 대외적으로 보여주기 위한 '립서비스'인 측면이 많다. 이에 따라 기업투표가 커다란 공백이 생겨

---

11 이에 대한 자세한 내용은 〈부록 1〉 "국민연금 스튜어드십 코드 용역 중간보고서 비판적 검토" 참조.

12 〈따로 읽기 10〉 "우려되는 국민연금의 '위원회 정치'" 참조.

낮고 투표결과가 왜곡되는 현상이 벌어지고 있다.[13] 앞서 지적했듯이 삼성물산-제일모직 합병투표의 경우도 의결권이 투자결정 부서에 속한 국민연금이 좀더 정상적으로 결정했고, 의결권 행사가 투자결정 부서로부터 분리된 외국인투자자들이 비정상적 투표행태를 보였다.[14]

국내에서 크게 논란이 되었던 기금운용본부를 보건복지부로부터 독립시켜 캐나다나 일본처럼 별도의 기금운용 전문기관으로 만들 것인가, 아니면 현재처럼 보건복지부 산하에 두고 연금제도와 긴밀하게 연계된 조직으로 유지할 것인지의 문제는 기금운용본부의 독립성과 전문성이 확보되는 한 부차적 문제인 것 같다. 실제로 세계를 둘러보면 연금제도와 기금운용 체계는 다양한 형태를 보인다. 연금청을 통해 정부가 직접 연금제도를 운영하는 나라도 있고, 한국의 국민연금공단과 같이 특수법인을 만들어서 연금제도를 위탁운영하는 나라도 있다. 또 이들 간에도 연금제도와 기금운용을 한 기관에서 통합관리하는 나라도 있고, 분리운영하는 나라도 있다(〈표 4-2〉 참조).

각 방식마다 장단점이 있고 어떤 형태가 가장 바람직하다고 단정짓기 어렵다. 기금운용위원회와 기금운용본부가 앞서 논의한 것처럼 명확하게 기능을 분리하고 전문성, 독립성을 확보할 수 있는 방안을 마련하는 것이 선결과제다. 이들이 어느 정부부처 산하에 들어갈 것인지는 그 후에 따져도 되는 문제이다.

---

13 1장 4절 "인덱스펀드 대세와 복마전 기업투표, 행동주의 헤지펀드의 횡행" 참조.
14 〈따로 읽기 5〉 "삼성물산 합병에서 나타난 외국인투자자의 왜곡된 투표행태: 투표와 매매의 분리" 참조.

표 4-2 **연금제도 및 기금운용 체계 국제 비교**

국가기관이 연금제도 직접운영 (연금청) (9개국)		특수법인에 연금제도 위탁운영 (공단) (21개국)	
제도·기금 통합관리 (0개국)	제도·기금 분리운영 (9개국)	제도·기금 통합관리 (16개국)	제도·기금 분리운영 (5개국)
없음	미국, 영국, 캐나다, 아일랜드, 노르웨이, 뉴질랜드, 덴마크, 호주, 아이슬란드	한국, 그리스, 독일, 오스트리아, 룩셈부르크, 멕시코, 터키, 슬로바키아, 이탈리아, 체코, 포르투갈, 폴란드, 스위스, 핀란드, 헝가리, 네덜란드	일본, 스웨덴, 스페인, 벨기에, 프랑스

출처: 최 광 (2017)

그러나 기금운용본부의 지리적 위치는 금융중심지인 서울로 복귀시키는 것이 마땅하다고 생각한다. 금융은 다른 어느 업종보다 '집적효과'(agglomeration effect)가 큰 산업이기 때문이다. 금융은 기본적으로 정보산업이다. 금융기관은 돈을 가진 사람들과 돈을 쓰고자 하는 사람들에 관한 정보를 갖고 이들을 연결시켜 줘서 돈을 번다. 돈을 어디에 투자하는 것이 좋을지에 대한 정보도 많이 갖고 있다. 그러므로 일반인들이 자기 돈을 맡긴다. 시장이나 고객에 대한 고급정보를 계속 갖고 활용하기 위해 네트워크, 즉 '연줄'도 계속 관리하고 확장한다. 금융기관과 일반인들 간에 '정보의 비대칭성', '연줄의 비대칭성'이 있기 때문에 금융기관이 존재하는 것이다. 골드만삭스, JP 모건, 모건스탠리 등 미국의 투자은행(IB)들이 세계금융시장을 쥐락펴락하는 것도 이들이 가진 정보력과 연줄 때문이다.[15]

기금운용본부가 좋은 투자수익률을 올리려면 정보와 연줄에서 경

---

15 신장섭 (2009) 2장 참조.

쟁력을 발휘할 수 있어야 한다. 정보와 연줄에서 밀리 떨어진 전주에 기금운용역들이 따로 떨어져 있게 되면 핵심적 정보와 연줄에서 점점 멀어지게 된다. 특히 기금운용 규모가 현재 기하급수적으로 늘어나는 상태이고 이에 따라 펀드매니저들을 더 적극적으로 뽑아야 하는 상황이다. 펀드매니저들을 충원하는 데도 큰 걸림돌이 된다. 기업의 경우에는 공장이 지방이나 해외에 있어도 핵심 연구개발 인력이나 관리인력은 수도권에 둔다. 그럴 만한 경제적 이유가 있기 때문이다.

거대한 국민 노후자금의 운용이 정치논리 때문에 경쟁력과 전문성을 확보하기 어려워진 상황은 하루빨리 시정해야 할 것이다.

우려되는 국민연금의 '위원회 정치'

〈중앙일보〉 칼럼(2018. 2. 8)

보건복지부는 조만간 기금운용위원회를 열어 의결권 전문위원회가 기업투표를 전담하는 방향으로 〈국민연금 의결권 행사지침 개정안〉을 심의·의결할 계획이라고 한다. 그동안은 투자를 담당하는 투자위원회에서 투표를 결정하고 필요하다고 판단할 경우 전문위원회에 의뢰해왔다.

이 지침개정은 국민연금이 한국경제와 주식시장에서 차지하는 위치에 비추어 볼 때에 굉장히 중요한 결정이다. 국민연금은 현재 자산이 620조 원을 넘어 세계 3대 연금에 올라섰다. 한국 주요 대기업 지분을 평균 9%가량 가진 단일 최대주주다. 전 세계에서 국내 기업주식 보유비율이 압도적으로 높다. 일본의 GPIF만이 이에 근접한 수준이지만, 주식투자는 민간 자산운용사에 위탁운용하고 의결권까지 함께 위탁한다. 그러나 한국은 〈자본시장법〉에서 의결권 위탁을 금지해 놓았다. 국민연금의 의결권 행사 방향에 따라서 대기업의 운명이 왔다갔다할 수 있는 구조다.

지침개정 명분은 '민간 전문가'들을 의사결정 주체로 만들어 '외부압력'을 차단한다는 것이다. '외압'으로 의결권 행사가 잘못된 가장 심각한 사례로 2015년 삼성물산-제일모직 합병 때 국민연금이 찬성표를 던진 것이라 상정한다. 그러나 이 명분은 잘못된 사실 인식에 근거하고, 국민연금을 선진화하기보다 '후진화'할 가능성이 훨씬 더 높다.

첫째, 전문위원회가 오히려 '외부압력'을 더 많이 받는 구조다. 전문위원은 기금운용위원회 위원장을 맡은 보건복지부 장관이 임명한다. 반면 투자위원회는 국민연금의 기금운용본부장이 구성하고 운용본부장은 기금운용위원회와 국민연금공단 이사장의 감독을 받는다. 현재 투자위원회의 결정사항에 대해서는 보건복지부 장관이나 공단 이사장 모두 사전보고를 받지 못하도록 규정된다. 복지부 장관은 사후보고조차 직접 받지 못하고 이사장은 추후 결제과정에서 의결권 행사내용을 알 수 있다.

제도상으로 봤을 때 전문위원회에 '외압'을 넣기 훨씬 쉽다. 보건복지부 장관이 자기 입맛에 맞는 사람들을 위원으로 뽑으면 된다. 각 위원들이 정부 추천, 근로자 추천, 지역 가입자 추천, 사용자 추천, 연구기관 추천으로 구성되기 때문에 이들에게 직접적으로 이해집단의 정치적, 경제적 외압이 쉽게 들어온다.

둘째, 국민연금의 삼성물산 합병찬성은 잘못된 것이 아니었다. 2017년 8월 이재용 삼성전자 부회장 재판 1심 판결과 올해 2월 2심 판결에서도 모두 합병찬성이 잘못이란 증거가 없는 것으로 나왔다. 이와 별도로 진행된 민사재판에서도 "국민연금 투자위원회의 찬성의결은 내용 면에서도 거액의 투자손실을 감수하거나 주주가치를 훼손하는 등의 배임 요소가 있었다고 인정하기 부족하다"고 판결을 내렸다.

문형표 전 복지부 장관, 홍완선 전 기금운용본부장이 유죄선고를 받은 것은 절차를 어겨 영향력을 행사했다는 혐의 때문이지 투표 방향이 잘못됐기 때문이 아니었다. 오히려 '외압'을 넣었다는 복지부 장관과 기금운용본부장이 유죄선고를 받을 정도로 투자위원회 중심의 의결권 행사 방식이 독립성을 갖추고 있다고 해석할 수 있다.

셋째, 전문위원에게 '전문'이란 이름은 붙어 있지만 실제 전문성이 크게 떨어진다. 기업투표 결정은 해당 기업, 산업, 경제 흐름 등에 대해 잘 알아야 한다. 투자위원들은 대부분 기금운용본부에서 오랫동안 기업과 산업, 경제를 바라보며 중요한 투자결정을 내렸던 베테랑들이다. 반면 전문위원은 교수, 연구원들로 구성된다. 이들이 투표결정을 제대로 내릴 역량을 더 잘 갖췄다고 볼 근거는 어디에도 없다. 국민연금이 2005년 의결권 전문위원회가 만들어진 이후 기업합병 관련해 단 1건만 전문위원회에 의결을 의뢰한 이유도 여기에 있다.

삼성합병 재판에서 한 국민연금 관계자는 "시민단체와 학계로 구성된 전문위원회는 각자 본인들 얘기만 했고 공단에서 준비한 분석자료는 보지도 않았다"며 "참관한 보건복지부 관계자도 '전문위원회가 이런 식으로 열리냐'며 참담해했을 정도였다"고 증언했다. 문형표 전 장관과 홍완선 전 본부장이 '개입'한 것은 '외압' 때문이 아니라 전문위원회를 믿지 못해 삼성합병과 같이 중요한 사안이 혹시 잘못되면 큰 문제가 될 것을 우려했기 때문이라고 해석할 수 있는 부분이다.

그러면 정부는 왜 갑자기 의결권 지침을 바꾸려고 하는가?

대통령 공약사항을 이행하려는 조치일 수도 있다. 문재인 대통령은 재벌공약에서 "국민연금을 비롯한 기관투자자들이 적극적으로 주주권을 행사할 수 있도록 하겠습니다. … 그래서 삼성물산 합병에 국민연금이 동원된 것과 같은 일이 재발하지 않도록 하겠습니다"라고 강조했다. 기금운영위원회 입장에서는 의결권 행사를 전문위원회 중심 체제로 바꾸는 것이 이 공약을 이행하는 과정이라고 생각할 수 있다. 정부가 발표한 〈2018년 경제정책방향〉에서도 스튜어드십 코드 도입 등 국민연금 개편은 "기업지배구조 개선을 통해 경영의 투명성 및 효율성을 제고"해서 '공정경제'를 실현한다는 항목에 들어가 있다.

또 한 가지 생각할 수 있는 것은 현재 정부부처의 상층부를 각종 외부인사로 구성된 '위원회'가 장악한 것처럼, 국민연금도 '위원회' 중심 체제로 권력구조를 개편하려는 시도일 가능성이다. 위원회 정치가 편리한 이유는 책임지지 않고 권력을 행사할 수 있기 때문이다. 국민연금을 '독립된' 위원회 중심으로 만들어 놓으면 만약 정권이 바뀐다고 해도 위원회를 장악한 세력이 국민연금의 권력을 계속 행사할 가능성도 열려 있게 된다.

어떤 이유에서든 의결권 행사지침 변경은 졸속으로 결정할 사안이 아니다. 국민연금의 권력구조를 바꾸는 일이기 때문이다. 제대로 된 공론(公論)을 거쳐야 한다. 어떤 사안이든 개편은 사실에 입각해야 한다. 국민연금 개혁론자들이 믿는 '사실'은 실제 사실과 많이 다르다는 것이 점점 드러나고 있다. 사실관계 확인부터 다시해야 한다. 2022년이면 1천조 원이 넘어설 거대 국민 노후자금의 권력구조를 '거사'(擧事) 하듯 바꿔서는 안 된다.

필자는 스튜어드십 코드에 대해 '구호와 실제' 간의 괴리를 계속 강조해왔다. 특히 정부가 적극 추진하는 '자율규제'가 갖는 문제점을 지적했다. 현직 대통령의 공약사항이고, 주요 정책담당자들이 나서서 강조하고, 금융위원회에서 5% 룰을 국민연금에만 예외적용하는 방안을 추진하고, 〈2018년 경제정책방향〉에 '공정경제' 실현의 주요 정책수단으로 들어가 있는데 '자율규제'라고 할 수 없다. 또 처음부터 금융위원회가 주도적으로 추진했고 금융기관들은 따라가는 상황이었는데, 민간이 자율적으로 규제를 도입하려 했다고 말하기도 어렵다.

정부가 적극적으로 나서서 하는 일이면 '자율규제'라는 가면을 벗고 정직하게 정부의 정식 규제로 도입해야 한다. 실제로 스튜어드십 코드가 대상으로 삼은 기관투자자와 기업 간의 관계는 주식시장에 대한 정부규제에서 굉장히 중요한 사안이다. 미국은 뉴딜 금융규제의 일환으로 1940년에 〈투자회사법〉을 만들어서 지금까지도 이 틀

안에서 기관과 기업 관계에 대한 규제를 유지하고 또 개정한다. 처음 뉴딜 금융규제가 도입될 때에는 기관투자자가 기업에 관여하는 것을 '도둑질'(*thievery*)에 해당하는 일이라고까지 보았고, 1980년대 이후 이루어진 규제개정에 행동주의를 허용하거나 장려하는 내용이 들어갔다.[1] 한국도 〈자본시장법〉에서 금융투자사와 기업 간의 관계에 어떤 의무와 제약이 있는지 등을 규정한다.

스튜어드십 코드가 추구하는 것처럼 기관투자자의 기업관여를 촉진하는 것이 정말 필요하다고 정부가 판단한다면 적절한 공론화 과정도 거치고 국회 심의도 받아 법령이라는 틀에서 새롭게 만들어가야 한다. 그래야만 책임 있는 정책이 만들어지고 집행된다. 정부가 주도해서 만든 뒤 '자율규제'라면서 정부는 그에 따르는 '법령해석'만 내놓는 것은 책임 있는 행동이 아니다. 잘못될 경우 아무도 책임지지 않는 무책임한 정책이 될 수 있다. 더 나아가 이렇게 '자율규제'를 내세우는 것은 책임지지 않고 권력을 행사하려는 시도일 수도 있다.

스튜어드십 코드는 현재 1천조 원 이상, 2040년이 되면 3천조 원 이상에 달하는 거액의 국민 노후자금이 걸렸고, 기업과 경제의 장기 성장과 국부증대가 걸린 중차대한 사안이다. 정부가 '자율규제'라는 구호 뒤에 숨지 말고 정정당당하게 정책으로 내놓아야 한다. 또 기관투자자의 행동주의를 강화한다는 방향을 미리 설정해 놓고 추진하는 것이 아니라, 전체 경제의 관점에서 봤을 때에 기관투자자와 기업 간의 상호관계를 어떻게 규제해갈 것인지를 포괄적으로 균형 있게 다루어야 한다.

---

1 1장 1절 "주주민주의, '뉴딜 금융규제'와 기관투자자" 참조.

1. 대안 마련의 출발점들

1) '정직성'과 '전문성'을 갖춘 정부규제

스튜어드십 코드는 정부가 적극 추진하는 '자율규제'가 갖는 '구호와 실제' 간의 괴리 못지않게 '스튜어드십 코드'라는 단어가 표면적으로 지향한다는 명분과 실질적으로 추구하는 내용 간의 괴리도 심각하다. 만약 스튜어드십 코드가 처음부터 중립적인 한국말로 직역되어 '집사준칙'이라고 소개됐다면 그 원래 뜻과 '기관투자자 행동주의'라는 실제 집행내용 간에 괴리가 크다는 사실을 많은 사람들이 쉽게 깨달았을 것이다. 그러나 영어 표현을 그대로 들여와 사용하다 보니 '선한 청지기 만들기'와 같이 스튜어드십 코드 중개인들이 방향성을 미리 갖고 일방적으로 내놓은 단어 정의(定義)에 많은 사람들이 현혹(眩惑)되어서 한국도 빨리 따라해야 하는 좋은 제도로 착각한 측면이 있다.

정책은 정직하게 제시되어야 제대로 된 공론이 일어날 수 있다. 그렇지 않으면 '숨긴 의도'(hidden agenda)를 둘러싸고 불필요한 억측과 논란이 벌어진다. 건설적 공론이 들어설 자리는 줄어든다. 앞서 계속 강조했듯이 스튜어드십 코드의 원래 뜻은 기관투자자들이 돈 맡긴 고객의 집사로서 수행해야 하는 준칙이다. 그러나 스튜어드십 코드 추진 주체들은 이를 기관투자자들이 기업을 관리하는 집사로서 수행하는 준칙으로 환치(換置)해서 집사준칙과 기관투자자 행동주의를 동의어로 사용한다. 정직한 정책 논쟁이 이루어지기 위해서는 '집사준칙'과 '기관투자자 행동주의'는 별개라는 사실을 인정하는 데서부터 출발해야 한다.

집사준칙은 미국 노동부가 추진한 수탁자 규정과 같이 기관투자자의 수수료, 내부거래 등에 대해 명확히 하는 등의 조치를 비롯해서 돈 맡긴 고객이 기관투자자에게 요구하는 여러 가지 임무를 어떻게 하면 잘 수행토록 할 것인지를 중심으로 별도로 논의되어야 한다. 그 여러 가지 임무 중에서 기관이 투자대상 기업에 대해 영향력을 행사해서 주식가치를 높이는 것은 — 그것이 실제로 얼마나 가능한 일인지에 대해 실증도 제대로 이루어지지 않았지만 — 아주 작은 일부일 뿐이다.

마찬가지로 기관투자자와 기업 간의 관계에서도 '기관투자자 행동주의'가 전부는 절대 아니다. 기업이 기관투자자에게 요구하는 사항들도 있다. 서로 입장과 생각이 엇갈리는 적도 많다. 어느 쪽이 항상 옳다고 할 수도 없다. 경제정책 담당자나 금융규제 당국은 객관적 제3자의 입장에서 기관과 기업이 상호에 대해 기대하거나 요구하는 것들을 국민경제의 건강한 발전이라는 관점에서 어떻게 다루어야 할지 종합적으로 판단해야 한다. 기관투자자 행동주의도 이러한 기관과 기업 간의 전반적 틀 안에서 어떻게 다뤄야 할 것인지 생각해야 한다.

이와 함께 새로운 정책이 제안될 때에는 전문적 연구와 편익비용 분석이 제대로 이루어져야 한다. 필자는 앞에서 스튜어드십 코드에 관한 해외사례 연구가 지극히 부실하고 일방적이라는 사실을 지적했다. 스튜어드십 코드 주체들이 내놓는 홍보성 자료를 그대로 반복하는 수준에 불과했고, 그것을 기반으로 한국이 받아들여야 할 글로벌 스탠더드로 포장했다. 정부가 이것을 알면서도 국내에 적극 도입하려 했다면 앞서 지적한 정책의 '정직성'에서 심각한 결격사유가 발생한다. 스튜어드십 코드가 처음 영국에서 만들어질 때나 미국 등에서 도입할 때에 크게 왜곡됐다는 사실을 모르고 국내에 도입하려 했다면 정책의 '전문성'에서 커다란 결격사유가 발생한다. 해외사례에 대해 한쪽의 의견만 보는 것이 아니라 다방면의 의견을 종합적으로 취합하고, 특히 그 사례가 나타난 맥락에 대해 제대로 연구가 이루어진 뒤 국내에 도입할 것인지 여부를 결정해야 한다.

한국에 스튜어드십 코드 도입을 추진하는 주체들은 아직까지 그에 따르는 편익비용 분석을 제대로 내놓은 적이 없다. 기관투자자 행동주의의 '편익'이라는 것만 내세웠지 그 비용이 무엇인지, 편익과 비용을 따졌을 때에 왜 편익이 우세한지를 얘기한 바 없다. '재벌개혁'이나 '공정경제' 확립을 위해서는 모든 수단을 동원해야 한다는 수준 이상의 정책 합리화가 없었다. 미국 상소법원은 2011년 SEC의 규제개정을 무효화할 때 SEC가 "일관성 없고 기회주의적으로" 비용과 편익을 설정했다며 "어떤 비용들은 제대로 계산하는 데에 실패했고, 왜 그 비용들을 계산하지 못하는지 설명하지도 않았고, … 스스로 모순을 일으켰고, 코멘터(commentor)들이 제기한 심각한 문제들에 대해 응답하지도 않았다"고 비판했다. [2]

한국의 스튜어드십 코드에는 이러한 "일관성 없고 기회주의적인" 편익비용 분석조차 없다. 편익이라고 내세운 것들만 있다. 목표가 일견 바람직해 보이더라도 집행수단이 마땅치 않거나 그 부작용이 더 크다면 그 정책은 추진할 수 없다. 다른 정책목표들과 상충될 때에 이를

---

2 2장 2절 1) "미 경영자협회와 상공회의소의 증권거래위원회(SEC) 이사 선임방식 규제개정 소송 및 승소" 참조.

어떻게 국민경제 전체의 관점에서 조율한 것인지도 중요하다. 목표를 달성하는 수단이라고 내세운 것들의 합목적성도 제대로 검증해야 한다. 이러한 검증 및 조율 작업에는 정직한 전문성이 필수적이다.

2) 국제금융시장 역학관계의 역전과
투표 무관심·무능력 펀드의 대세

한국의 주식시장은 대외 개방되어 있고 전체 주식의 3분의 1 이상이 외국인투자자에게 보유되어 있다(〈그림 5-1〉). 대기업에 대한 외국인투자자 지분은 더 높다. 국내 주식시장에 대한 정책은 국제금융시장의 흐름을 제대로 읽고 그 흐름에 대응하는 방향으로 만들어져야 한다.

그림 5-1 **한국 상장기업의 권력지형**

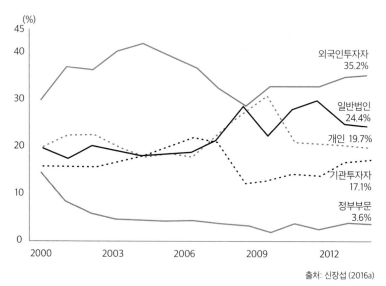

출처: 신장섭 (2016a)

필자는 앞에서 기관투자자의 '초거대 재벌화'가 진전되면서 기관과 기업 간의 역학관계가 완전히 역전(逆轉)됐다는 사실을 강조했다. 한편 인덱스펀드나 단기매매 펀드, AI 등에 의해 주도되는 국제금융시장은 주주행동주의자들의 기대와 달리 기업투표 및 관여에 무관심·무능력한 금융투자자들이 대세가 되었다. 그로 인해 만들어진 기업투표의 공백을 헤지펀드나 투표자문사들이 자신의 이익을 위해 쉽게 활용하는 구조가 되었다는 사실도 지적했다. 또 미국 등 선진국뿐만 아니라 한국의 금융규제도 이처럼 변화한 현실을 반영하지 않고 기관투자자들을 힘이 약한 소수주주로 취급하면서 이들의 힘을 집합적으로 더 강화하는 방향으로 금융규제 개정이 이뤄졌다는 사실을 강조했다.

기관과 기업 간 관계에 대한 규준을 만드는 데에는 이러한 국제금융시장의 생생한 현실이 반영되어야 한다. 과거의 현실이나, 교과서에나 나오는 현실이나, 이념의 세계에서 그려진 현실에 입각해서 중요한 정책이 결정되어서는 안 된다. 실증과 논리가 함께 따라가야 한다. 기관투자자들은 더 이상 소수주주가 아니다. '기업개혁'을 추진할 수 있을 정도로 스스로 개혁적인 주체도 아니다. 필자는 앞에서 내부거래의 투명성이라든지 이사회의 독립성 등에서 기관투자자들이 오히려 기업보다 훨씬 뒤떨어진다는 사실을 지적했다. 미국의 상소법원은 그 이유 때문에 기관투자자 행동주의를 대폭 강화하는 규제개정을 무효화시켰다.[3]

해외사례를 '글로벌 스탠더드'라며 들여오려는 많은 사람들은 해

---

[3] 2장 2절의 1) "미 경영자협회와 상공회의소의 증권거래위원회(SEC) 이사 선임방식 규제개정 소송 및 승소" 참조.

외사례가 가진 어두운 면을 무시하는 경향이 있다. 기관투자자 행동주의의 경우도 그 밝은 면이라고 상정하는 것만 강조하지, 미국에서 그것이 강화되면서 '약탈적 착취'가 벌어졌다는 사실이나 그 원인이 무엇인지에 대해서는 눈을 감는 경향이 있다. 한국 주식시장의 3분의 1 이상을 차지하는 외국인투자자들의 행태를 제대로 이해하기 위해서는 국제금융시장에서 무슨 일이 벌어졌는지, 벌어지고 있는지를 제대로 알아야 한다. 그 연장선상에서 기관과 기업 간의 관계에 대한 정책 틀을 어떻게 만들어갈 것인지 다루어야 한다.

3) 수평적 기관-기업 관계: '자금 관리인'과 '경영 관리인'

기관투자자 행동주의는 철학적으로 '주주가치 극대화'(MSV) 이데올로기에 의해 떠받쳐진다. 기업의 경영목표는 '주인'인 주주들의 이익을 극대화하는 데 맞춰야 한다는 것이다. 그래야 기업이 더 효율적으로 경영되고 경제도 더 좋아진다는 주장을 편다. 기관투자자 행동주의자들은 여기서 한 걸음 더 나아가 자신이 기업의 '주인'이라고 종종 내세운다. 기관투자자 행동주의의 토대를 닦은 몽크스는 법학도로서 기관투자자가 '대리인'(fiduciary)이라는 사실을 잘 알면서도 필요에 따라 '주인'이라고 강조했다.[4] 현재 많은 펀드매니저들이 스스럼없이 기관투자자가 기업의 '주인'이라고 내세운다. 언론에서도 그렇게 다룬다. 동양권에서는 '주식보유자'(stockholder)라는 말보다 '주주'(株主)라는 말이 주로 사용되면서 기관투자자들이 마치 '주인'인

---

4 1장 2절의 2) "기관투자자 투표의무화, ISS와 몽크스의 행동주의" 참조.

듯이 여겨지는 현상이 강화되고 있다.

그 결과, 기관투자자와 경영인 간의 관계를 상명하복(上命下服)의 수직적 관계로 바라보는 관점이 만들어지고 강화되었다. 경영인이 '주인'인 기관투자자의 집사 혹은 노예로 취급되는 것이다. 그러나 이것은 영미나 유럽의 기업법 역사와 맞지 않는다. 서양에서 기업법은 회사와 주주의 이익이 항상 일치하지 않는다는 전제하에서 기업 의사결정의 최종권한을 이사회가 갖도록 만들어져 있다. 이사회에 최우선적으로 주어진 임무는 회사의 '장기적 생존'(long-run viability)이다. 시간이 지나면서 주주들은 바뀔 수 있다. 현재 있는 주주들 중에는 단기투자자도 있고 장기투자자도 있다. 현재 주주들이 다수결로 내리는 결정이 회사의 장기생존을 보장하는 일이라고 단정할 근거가 없다.

따라서 이사회에 '사업판단 원칙'이 주어지고 이사회가 회사의 궁극적 책임을 지는 기구가 된다. 모든 자산이 주주 소유가 아니라 법인(法人) 소유로 되어 있는 것도 회사의 장기생존이라는 전제에 기반을 둔 것이다. 여기에 근거해 금융기관들이 회사에 돈을 빌려준다. 주식투자자들은 이렇게 회사의 채무에 대해 책임을 지지 않기 때문에 부담 없이 주식을 사고팔 수 있는 자유를 누린다. 그러나 회사를 청산하거나, 상장폐지하거나, 인수합병하는 것과 같이 주주들이 주식을 보유할지 여부에 결정적으로 영향을 미치는 사안에 대해서는 주주총회를 통해 결정한다. 이와 같은 서양의 기업법 운용 정신에 비추어볼 때에 경영자들은 기본적으로 이사회의 대리인이다. 이사회는 주주들의 이해관계를 포함해서 생산과 분배에 관한 결정을 내리지만 주주들만의 대리인이라고 할 수는 없다.

따라서 기관투자자와 경영진 간의 관계는 수평적으로 재정립되어야 한다. 기관투자자는 고객이 맡긴 돈을 관리하는 수탁자(*money-managing fiduciary*)이다. 한편 경영자는 이사회로부터 부여받은 회사 경영의 임무를 수행하는 수탁자(*business-managing fiduciary*)이다. 기관투자자는 돈 맡긴 고객들의 위임을 받아 회사경영에 관해 자신들의 견해를 표명할 수 있다. 경영자들도 이사회를 통해 중요한 결정에 대한 승인을 받는다. 따라서 기관과 기업의 관계는 수직적인 것이 아니라 이사회를 매개로 한 수평적 관계이다. 새로운 기관-기업 관계 규준은 서로 다른 기능을 담당하는 수탁자들 간에 합리적으로 갈등을 해결하면서 공생할 수 있도록 하는 틀을 만들어내는 데 초점을 맞춰야 한다.

4) 장기적 기업가치 상승: 기관과 기업 간의 접점

기관투자자와 기업은 서로 하는 일이 다르다. 앞서 강조했듯이 기관투자자의 주업무는 투기다.[5] 공개시장에서 주식을 쌀 때 사서 비쌀 때 팔아('쇼트'할 때에는 비쌀 때 사서 쌀 때 팔아) 매매차익을 얻는 것이 주로 하는 일이다. 벤처캐피탈과 같이 기업 설립 초기부터 '인내자본'(*patient capital*)을 공급하는 경우는 기관투자자가 운용하는 전체 자금에서 극히 일부이다. 벤처기업에 투자한 다음에도 목표 수익을 달성했다고 판단하거나 그 회사가 잘 굴러가지 않는다고 판단할 때에 매수자만 발견하면 언제든지 팔고 나갈 수 있다. 처음에 '인내자본'으로 시작했어도 상황에 따라 '단기자본'으로 바뀔 수 있는 것이다.

---

5 1장 4절 "인덱스펀드 대세와 복마전 기업투표, 행동주의 헤지펀드의 횡행" 참조.

반면 기업이 주로 하는 일은 좀더 질 좋고 값싼 제품이나 서비스를 만들어내면서 가치를 창조하는 것이다. 이 가치창조 과정에는 시간이 필요하다. 전략을 세우고 집행하며 자금을 지속적으로 투입하고 조직을 유지하며 기술개발, 시장개척도 해야 한다. 복잡한 기술이나 대량생산을 필요로 하는 경우에는 시간이 더 오래 걸린다. 삼성전자는 반도체산업에 뛰어든 뒤 7년 동안 대규모 적자를 봤다. 대우조선이 정상화되는 데는 10년이 넘게 걸렸다. 금융투자자는 여러 곳에 분산투자하고 있기 때문에 기업이 조금 어려워질 때에 '손절매'할 수 있는 여지가 크다. 반면 기업은 투자한 것에 대해 손절매하는 것이 쉽지 않다. 결과가 나올 때까지 인내심을 갖고 기술개발, 시장개척을 하면서 성과가 날 때까지 끌고 가야 한다.

그래서 이러한 장기투자에 가장 많이 사용되는 자금이 내부유보다. 경영진이 가진 미래에 대한 확신을 가장 쉽게 밀어줄 수 있는 돈이 내부자금이기 때문이다. 금융권 대출이나 채권발행도 장기투자에 많이 사용된다. 반면 주식시장이 공급해 주는 장기투자자금은 사실 그렇게 많지 않다. 20세기 초반 미국에서 주주민주주의 프로젝트를 진행시켰던 금융인이나 기업인들도 이 사실을 이미 알고 있었다.[6] 한 나라가 선진국이 될수록 주식시장이 기업으로부터 자금을 빼내가는 경향이 강화된다. 예를 들어 앨런과 게일의 연구에 따르면 1970∼1989년 사이에 선진국의 신규투자 자금조달에서 주식시장이 기여한 비중은 미국 -8.8%, 영국 -10.4%, 독일 0.9%, 일본 3.7%, 프랑스 6%로 나타났다.[7]

---

6 1장 1절 "주주민주주의, '뉴딜 금융규제'와 기관투자자" 참조.
7 〈따로 읽기 11〉 "주식시장의 허상: 자금 조달창구가 아니라 유출창구" 참조.

이렇게 서로 본업이 다른 기관투자자와 기업이 그나마 공통 관심사로 논의할 수 있는 과제는 기업의 장기적 가치상승이다. 기업법에서 이사회의 목표는 기업의 장기적 생존이다. 기업가치의 장기적 상승은 이사회와 경영진이 달성해야 하는 임무이다. 현재 많은 나라에서 기업 경영에서의 '단기주의'(short-terminism)가 문제되고, '분기자본주의'(quarterly capitalism) 개혁이 미국 대통령 선거의 공약사항이 됐다는 사실은 단기주의가 경영목표가 되어서는 안 된다는 사회적 공감대를 반영한다. 기관투자자가 기업에 '관여'한다면 이러한 기업의 존재 이유에 맞춰서 해야 한다. 장기적 기업가치 상승은 기관투자자와 기업 간 상호작용의 접점(接點)인 것이다.

기관투자자들은 투자성향에서 다양한 성격을 갖는다. '초단기매매'(HFT)를 하는 투자자도 있고 '가치투자'를 철학으로 삼는 투자자도 있다. 연기금은 노후자금이기 때문에 장기투자를 할 수밖에 없다. 장기적 기업가치 상승이 기관과 기업 간의 접점이라면 장기이익을 추구하는 기관투자자들이 기관-기업 관계에 더욱 큰 영향력을 행사하도록 기관-기업 관계의 틀을 만들어야 한다.

현재 국내외의 스튜어드십 코드 추진 세력은 장기적 기업가치를 중심으로 기관과 기업이 협의하고 관여해야 한다는 점을 강조하면서 실제로 이 목표를 어떻게 달성할 것인지에 대해서는 뚜렷이 내놓는 방안이 없다. 전반적 기관투자자 행동주의는 격려하면서 새로운 목표라고 내세운 장기적 기업가치 상승에 관해 구체적 대안을 내놓지 않는다면 그전에 진행되어온 기관투자자 행동주의와 차별화할 여지가 없다. '장기적 기업가치 상승'이라는 말은 스튜어드십 코드의 립서비스 목표에 지나지 않는다.

주식시장의 허상: 자금 조달창구가 아니라 유출창구

신장섭(2008), 《한국경제, 패러다임을 바꿔라》 요약 및 수정

1997년 외환위기 이후 한국정부와 IMF는 은행대출 위주의 성장이 기업들의 부채 비율을 높여 금융위험을 높였다는 판단 아래 기업부채비율을 대폭 낮췄다. 그리고 '무분별한 대출'이 일어나지 않도록 기업대출에 대해 여러 가지 규제를 도입했다. 대신 주식시장을 육성해 기업들이 필요한 자금을 조달하는 방향으로 정책을 수정 했다. 주식시장을 통한 자금조달이 '글로벌 스탠더드'이고 은행을 통한 투자자금 조 달은 시대에 뒤떨어진 방식이라는 생각이 정책담당자들을 지배했기 때문이다. 정 부는 그동안 "금융시장의 개혁을 통한 시장중심 금융구조로의 전환"을 추진했는데 여기서 '시장중심'이란 주식시장 중심이라는 뜻이었다.

주식시장을 통한 자금조달이 은행을 통한 자금조달에 비해 좋다고 할 때 유일하게 확립된 근거도 위험도가 낮다는 사실뿐이다. 경기가 나빠질 때 주식에 대해서는 배당을 주지 않으면 그만이다. 배당 안 준다고 기업이 부도날 일은 없다. 원금을 돌려줄 필요도 없다. 원금 돌려받고 싶은 투자자들은 소유주식을 시장에서 팔아 스스로 해결해야 한다. 해당 기업에 원금 내놓으라고 요구할 수 없다. 반면 은행에서 빌린 돈에 대해서는 경기가 좋으나 나쁘나 약정대로 원리금을 갚아야 한다. 그렇지 않으면 기업이 부도처리된다.

주식시장을 통한 자금조달이 은행을 통한 자금조달보다 기업경영이나 경제성장에 더 바람직한지는 이론적으로나 실증적으로 확립된 것이 전혀 없다. 미국 등 선진국에 서 주식시장이 자금조달의 중추적 기능을 했다는 말은 허구(虛構)다. 선진국에서 주 식시장은 자금조달에 미미하게 기여했거나 오히려 자금 유출창구로 기능했다. '은행 위주'로 성장했다던 경제개발 기간의 한국 주식시장보다 선진국 주식시장의 자금조 달 기능은 훨씬 약했다. 외환위기 이후 한국경제는 주식시장 위주로 시스템 전환을 시도하면서 똑같은 선진국병에 걸렸다. 주식시장의 자금조달 기능이 선진국 수준으 로 떨어졌다. 게다가 기업부문으로 가는 간접금융을 정책적으로 억제했기 때문에 전 반적 기업투자자금이 줄어들었다. 주식시장 위주 금융의 이론과 현실을 살펴보자.

첫째, 금융경제학에서는 아직까지 주식발행을 통한 자금조달(*equity financing*)과 금융기관 차입을 통한 자금조달(*debt financing*) 중에서 어느 것이 기업활동에 더 바람 직한지에 대해 논쟁이 계속된다. 상대적 장단점이 거론될 뿐 어느 방법이 일반적으로

표 5-1 **주요국의 투자자금 출처 비교**

(기간: 1970~1989년, 단위: %)

	독일	일본	영국	미국	한국*
내부유보	62.4	40.0	60.4	62.7	29.0
은행차입	18.0	34.5	23.3	14.7	40.7
채권발행	0.9	3.9	2.3	12.8	5.7
신주발행	2.3	3.9	7	-4.9	13.4
무역신용	1.8	15.6	1.9	8.8	n.a.
자본이전	6.6	n.a.	2.3	n.a.	n.a.
기타	8.0	2.1	2.9	5.9	n.a.

*1972~1991년.   출처: 신장섭(2008).

더 좋은지 결말이 나지 않는다. 필자가 보기에는 영원히 결말나지 않을 논쟁이다. 서로 다른 장단점을 가진 두 가지 방식 중 어느 것이 절대적으로 좋다고 할 근거는 찾을 수 없기 때문이다. 게다가 장단점은 보는 입장에 따라 달라진다. 효율성 측면에서 봤을 때 장단점이 있고, 기업통제란 측면에서 봤을 때 장단점이 있을 수 있다. 서로 다른 관점들을 다 포괄하는 절대적 장점이나 단점을 얘기할 순 없다.

둘째, 선진국에서 주식시장은 기업의 자금조달에 미미하게 기여했거나 오히려 역기능을 했다. 메이어(Mayer, 1988)는 1970~1985년에 주요 선진국에서 주식시장을 통한 자금조달을 조사했다. 영국에서는 주식시장의 신규 자금조달 순기여가 -3%였다. 미국은 1%, 캐나다는 3%, 독일 3%, 일본 5% 정도에 불과했다. 알렌과 게일(Allen & Gale, 2001)은 1970~1989년에 벤처캐피탈 투자를 포함해 선진국의 신규 투자 자금조달 경로를 분석했다. 이 연구에 따르면 주식시장을 통해 조달된 자금 비중이 미국 -8.8%, 영국 -10.4%, 독일 0.9%, 일본 3.7%, 프랑스 6%로 나타났다.

흥미로운 것은 '은행중심'이라는 일본, 독일, 프랑스에서 자본시장의 투자자금 조달 기여가 높았고 자본시장이 발달한 미국이나 영국에서는 오히려 기여도가 마이너스였다는 사실이다. 이것은 주주자본주의가 발달한 영미에서 자사주 매입과 기업인수합병(M&A)에 따르는 기존주식 폐기가 신주발행보다 많았기 때문이다. 반면 간접금융이 발달했던 독일, 일본 등에서는 주식시장이 간접금융의 보완기능을 하면서 발달했다.

셋째, 한국이 외환위기 이전에 은행중심의 금융체제를 유지했다고 하지만 주식시장을 통해서도 대단히 활발하게 자금을 조달했다는 사실은 흔히 망각된다. 〈표 5-1〉을 살펴보자. 1972년부터 1991년의 기간 동안 한국기업의 투자액에서 신주발행이

그림 5-2 **자금 유출창구가 된 한국의 주식시장** (기간: 1999~2011)

출처: 한국증권거래소·금융감독원 자료 취합

차지하는 비중은 13.4%였다. 이는 독일(당시 서독, 2.3%), 일본(3.9%), 영국(7.0%), 미국(-4.9%) 등의 수치보다 훨씬 높다.

1997년 외환위기가 벌어진 다음에는 재벌들이 경영권 유지 등을 위해 주식발행을 기피했기 때문에 높은 기업부채비율이 유지됐다는 주장이 재벌비판의 일환으로 나오곤 했다. 그러나 이것은 추측일 뿐이다. 국제비교를 통해 실제 수치를 보면 한국기업들이 주식발행을 회피한 증거는 없다. 오히려 주식을 그렇게 많이 발행했는데도 불구하고 자금이 모자랄 정도로 공격적 투자를 감행했고, 그로 인해 금융기관 차입을 계속 늘렸다고 해석하는 것이 더 정확하다.

넷째, 1997년 외환위기 이후에 주식시장을 그렇게 적극적으로 육성했어도 주식시장이 기업부문의 자금조달에 기여한 바는 거의 없다. 영국, 미국에서와 똑같이 나타난 현상이다. 1999년부터 2011년까지 신주발행 등으로 한국의 주식시장에 유입된 돈은 147.9조 원이었다. 반면 배당, 자사주 매입, 유상감자 등으로 주식시장에서 유출된 돈은 174.9조 원이었다. 27조 원이 순유출됐다(〈그림 5-2〉). 외환위기 이후 구조조정을 한 뒤 주식시장의 자금 유출창구 기능은 대폭 강화됐다.

그러면 주식시장은 왜 한국뿐만 아니라 선진국에서도 산업금융 기능을 제대로 수행하지 못하는가? 이것은 주식시장 투자자들이 대부분 단기적 시각을 가졌기 때문이다. 벤처투자에서 보듯 일부 길게 내다보는 투자도 있다. 그러나 이들조차 당장 영업이익은 나지 않는다 하더라도, 투자한 주식의 가치가 미래에 대한 기대 때문에 단기적으로 올라갈 전망이 있을 경우에 더 많이 투자한다.

실제로 주식시장은 투자자금 조달 기능보다 부(富)를 실현시키는 기능이 더 크다. 일부 벤처기업들을 제외하고 대부분의 기업들은 안정적으로 매출을 늘리고 영업이익을 올린 뒤 주식시장에 상장한다. 투자자 보호를 위해 대부분의 증권거래소가 이러한 상장기준을 둔다. 기업 입장에서는 상장할 수 있을 정도로 영업이 안정됐으면 주식시장을 통해 자금을 조달해야 할 필요가 그렇게 절박하지 않다. 오히려 그동안 경영을 잘해서 쌓아 놓은 기업가치를 주식시장을 통해 실현시키려는 목적이 더 크다.

외환위기 이후 한국경제의 구조조정 과정에서는 기업들의 간접금융 의존도가 높아서 외환위기가 왔다는 생각 때문에 부채비율 축소, 기업여신 규제 강화 등을 통해 간접금융을 억제하는 정책을 취했다. 이 정책은 역사적으로 볼 때에 한국과 같은 중진국에서 간접금융이 산업금융에서 차지하는 독보적 중요성을 무시했기 때문에 채택된 것이라고 할 수 있다. 결과는 전반적 투자부진이었다. 여기에는 주식시장의 투자자금 공급능력에 대한 환상이 큰 원인으로 작용했다.

2. 새로운 '기관-기업 관계 규준' 7가지 제안

앞서 밝힌 대안 마련의 출발점들에 입각해서 필자는 건설적 기관-기업 관계를 구축하기 위해 다음과 같은 7가지 제안을 내놓는다.

1) 주주제안에 장기적 기업가치 상승 합리화를 의무화하자

기관투자자와 기업이 가장 공식적으로 만나는 포럼이 주주총회이다. 여기서 이사선임이나 합병찬반 등 경영에 중요한 안건도 결정된다. 주주총회가 건설적으로 이루어지기 위해서는 기관투자자와 기업 간에 가장 크게 공유할 수 있는 공동의 목표를 중심으로 진행되어야 한다. 필자는 이 목표가 '장기적 기업가치 상승'이라고 강조했다. 이 공동의 목표 달성을 위해 '주주제안'을 내놓을 때에 그것이 기업의 장기적 가치를 높이는 데 어떻게 도움이 되는지 합리화하는 것을 의무화할 필요가 있다. 기관투자자와 경영진이 공동의 목표를 어떻게 달성할 것인지 건설적으로 논의해야 한다는 공생(共生)의 과제를 정부규제로 부과하는 것이라고 할 수 있다.

현재 대부분의 주주제안에는 '잉여현금'을 빼내야 한다든가 '주주환원을 늘려야 한다'는 등 단기 금융투자자 위주의 애기만 일방적으로 들어가 있다. 헤지펀드 행동주의가 가장 활성화된 미국에서 이러한 경향은 가장 강하게 나타난다. 많은 헤지펀드들이 '건설적 행동주의'(constructive activism)라고 슬로건은 내걸고 있지만 실제로 내놓는 제안은 자사주 매입, 배당확대, 구조조정 등 단기적으로 주가에 영향을 미치는 것이 대부분이다. 대기업 경영진도 이런 투자자들의 요구를 따라 하는 것이 보유주식 옵션의 가격을 올리고 자신의 수입을 늘릴 수 있기 때문에 적극적으로 반대하지 않는다. 금융투자자와 경영진 간에 '불경한 동맹'이 성립됐고 그 결과 미국에서 벌어진 것은 '약탈적 가치착출'이었다.

아무런 견제장치 없이 기관투자자 행동주의만 강화하면 한국에서도 이와 비슷한 일이 벌어질 가능성이 크다. 한국 주식시장의 3분 1 이상을 보유한 외국인투자자들은 해외에서 약탈적 가치착출의 방조자이거나 선도자다. 한국에서 금융투자자에 의한 가치착출이 본격적으로 벌어지면 미국의 경우보다 더 심각해질 수 있다. 미국은 천문학적 규모의 돈이 기업으로부터 유출되어 나갔지만 그 돈이 대부분 미국 내에서 머물렀다. 미국의 기관투자자들이 미국 대기업들의 가장 큰 주주들이기 때문이다. 반면 한국에서는 국부의 해외유출 문제가 불거진다.

예를 들어 삼성전자의 60조 원에 달하는 대규모 자사주 매입의 가장 큰 수혜자는 삼성전자 주식의 절반가량을 보유한 외국인투자자였다.[8] 만약 주주제안에 '장기적 기업가치 상승'을 합리화하는 것이 의무화되어 있었다면 자사주 매입의 상당액이 미래를 위한 국내 투자에 쓰일 수밖에 없었을 터이고 고용창출 및 기술개발에 크게 기여할 수 있었을 것이다.

주주제안을 내놓을 때에 금융투자자들에게 장기적 기업가치에 미치는 영향에 대해 합리화할 것을 의무화하면 무작정 '잉여현금'을 내놓으라는 요구가 차단된다. 잉여현금이라는 것을 빼낼 때에 그것이

---

8 미래에셋, "삼성전자 자사주 매입현황과 예상 경로", 〈이슈코멘트〉, 2017. 9. 15; "이 거대한 자해극을 언제까지 계속할 건가", 〈조선일보〉, '박정훈 칼럼', 2017. 12. 28.

왜 기업의 장기가치 상승에 바람직한지를 합리화해야 하기 때문이다. 이 과정에서 장기적 관점을 갖는 투자자들의 목소리가 높아질 수 있을 것이다. 마찬가지로 경영진의 전반적 시각이나 행태도 장기적이 될 것이다. 투자자들이 '잉여현금'이라고 주장하는 자금에 대해 경영진이 기업의 장기성장을 위해 왜 필요한지 합리화하는 의무를 지면 기업의 장기성장에 더 적극적으로 자신의 경영능력을 투입할 될 것이다. 경영진이 자신의 아성을 쌓는 등 다른 목적을 위해 잉여현금을 쌓아 놓고 있다는 세간의 비판에서도 상당히 자유로워질 수 있을 것이다.

2) 장기투자자에게 더 많은 투표권을 주자

장기적 기업가치 상승이라는 기업과 기관투자자 간 공동목표가 실현되려면 장기투자자를 우대하는 방향으로 투표권 행사제도가 바뀌는 것이 바람직하다. 앞서 지적했듯이 세계 주식시장은 갈수록 단기화하는 경향을 보인다. 그 경향이 앞으로 완화될 전망도 별로 보이지 않는다. 잠깐 주식을 보유하고 단기차익만 노리는 기관이나 개인을 그 기업의 '주인'처럼 대우해 주는 것은 합리적이지 못하다.

그 기업에 애정을 갖고 잘 성장하기를 바라는 기관이나 개인이 주인 대우를 받을 자격이 있다. 정치투표에서도 단기체류자에게 투표권을 주지 않는다. 관광객에게는 더더욱 주지 않는다. 그런데 현재 한국에서는 '1주 1의결권'이 상법의 강행규정으로 모든 주주에게 똑같이 적용되기 때문에 아무리 단기투자자라도 장기투자자와 똑같이 투표권이 주어진다. 전 세계에서 '1주 1의결권'을 상법상 강행규정

그림 5-3 유럽의 국가별 차등의결권 적용 현황

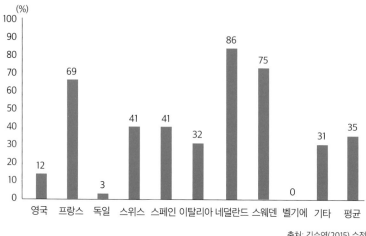

출처: 김수연(2015) 수정

으로 만들어 놓은 나라는 한국밖에 없을 것이다.

　다른 나라에서는 차등의결권 제도를 통해 장기적 관점을 가진 투자자들에게 더 많은 투표권을 줘서 기업이 단기이익 추구에 흔들리는 것을 막아 준다. 유럽의 경우는 3분의 1가량의 기업이 차등의결권을 사용한다. 프랑스(69%), 네덜란드(86%), 스웨덴(75%)은 차등의결권 비율이 특히 높다(〈그림 5-3〉 참조). 미국은 주식시장에 상장한 다음에는 차등의결권을 허용하지 않지만 상장하는 시점에는 차등의결권을 허용한다. 상장 전에 회사를 설립하고 운영하며 주식 보유에 따르는 위험부담을 많이 짊어졌던 창업자, 경영자, 초기투자자들에게 투표권이 더 많이 주어진다. 구글, 페이스북과 같은 기업은 창업자들이 1주 10의결권을 갖고 있다. 워렌 버핏은 1주에 대해 2백 개의 의결권을 갖고 있다. 포드, 브로드컴, 뉴스코프 등도 차등의결권 주식을 통해 지분율보다 훨씬 큰 의결권을 행사한다.

일본도 상법에서는 1주 1의결권을 원칙으로 하지만 회사 정관을 통해 다양한 형태의 차등의결권 주식을 발행할 수 있다. 임원선해임권부 주식, 양도제한 주식, 의결권제한 주식 등 9가지 종류의 주식을 허용하고 회사의 필요에 따라 다양하게 주식설계를 할 수 있다. 단원주(單元株) 제도가 특이하다. 다른 나라에서는 창업자나 장기투자자에게 의결권 숫자를 늘리는 차등의결권 제도를 택하지만, 일본은 창업자 등 초기투자자는 1주당 1의결권을 갖고 나중에 들어오는 투자자들은 10분의 1이나 100분의 1의 의결권을 준다. 10주 혹은 100주로 묶인 1 단원(單元)에 대해 1의결권을 부여하는 것이다. 다른 나라보다 후발참여 주주들에게 의결권에서 차별 메시지를 더 강하게 주는 시스템이다.

한국은 상법에서 강행규정으로 차등의결권을 사용하지 못하게 되어 있으나, 상호출자 혹은 순환출자가 차등의결권의 대체역할을 해왔다. 창업자가 계열사들을 그룹으로 묶어서 주식을 교차 혹은 순환 보유하면서 개인이 가진 지분보다 더 큰 지배력을 행사한 것이다. 필자는 이러한 상호출자, 순환출자가 빚보증에 의해 금융위험을 키우는 것만 막고 계열사 간 내부거래의 투명성만 확보해 주면 차등의결권과 같이 경영의 안정을 기하면서 장기투자를 유도하는 기제(機制)라고 생각한다. 그러나 한국에서는 재벌에 대한 편견이 강해지면서 경제적 이유가 아니라 정치적 이유로 순환출자를 금지하는 추세로 가고 있다. [9]

9 〈따로 읽기 12〉 "비국제적·비역사적 적반하장 순환출자금지론: 김상조 위원장의 편견과 착각" 참조.

기업의 장기성장 및 투자확대가 바람직한 정책목표라면 한국에도 차등의결권을 도입해야 한다. 현재 미국의 혁신을 이끄는 실리콘밸리 기업들은 상당수 차등의결권을 사용한다. 그래서 뉴욕증시에 상장된 기업들과 달리 단기이익에 급급하지 않고 지속적 혁신투자를 한다. 지난 30년 동안 '1주 1의결권'에 의해 금융투자자들의 영향력 하에 놓인 많은 대기업에서는 '약탈적 가치착출'이 진행됐지만, 실리콘밸리에서는 차등의결권에 의해 가치착출을 억제하고 '유보와 재투자'의 철학을 가진 기업들이 가치창출에 적극 나서면서 미국경제의 혁신동력이 유지되고 있다.

한국도 주식시장에 상장하려는 기업에게 차등의결권을 선택할 수 있도록 허용해야 한다. 주식투자자들이 차등의결권이 싫다면 그 회사 주식을 사지 않으면 그만이다. 차등의결권을 택하면서 상장하려는 회사들은 투자자들을 끌어들이기 위해 주식가격을 할인해서 발행할 수도 있다. 구글도 2004년 상장하면서 차등의결권 주식을 발행할 때에 금융가와 여론으로부터 강한 비판을 받았다. 그러나 창업자인 래리 페이지(Larry Page)와 세르게이 브린(Sergey Brin)은 "차등의결권은 단기이익을 쫓는 월스트리트식 경영간섭에 제한받지 않고 장기적 기업전략의 수립 및 경영을 가능하게 한다"면서 "이것이 싫다면 구글에 투자하지 말라"고 반박했다(김수연, 2015).

차등의결권을 받아들이고 당시 구글 주식을 산 사람들 중에서 지금 자신의 '주주권'이 침해당했다고 불평하는 사람은 없을 것이다. 정부에서 차등의결권이 원천적으로 불법이라고 강제할 아무런 근거가 없다. 기업과 투자자들이 다양한 의결권 제도를 놓고 선택할 수 있는 길을 열어 줘야 한다.

한편 이미 상장된 기업에는 차등의결권 도입이 상당히 어렵다. 미국이나 일본, 유럽 대부분의 나라에서는 회사 정관을 개정해야 하고 개정하기 위해서 주주 다수의 의결과정을 거쳐야 한다. 한국의 경우는 상법 개정을 통해 차등의결권이 허용해야 하고, 그렇게 된다 하더라도 회사 정관을 고쳐야 한다. 정관을 고치려면 주주총회를 통한 의결과정이 필요하다. 그렇지만 대부분의 상장기업에서 금융투자자들이 다수 주식을 보유한 상태이기 때문에 차등의결권 도입에 반대할 가능성이 높다. 실제로 기관투자자들의 연합체인 CII는 차등의결권 폐지를 오래전부터 자신의 목표로 내걸었다.

하지만 CII 등 기관투자자들이 차등의결권에 반대하는 근본적 이유는 창업주 등 경영진에게는 복수의결권이 부여되는 반면 금융투자자에게는 주당 1의결권만 부여되면서 차별받는다고 생각하기 때문이다. 만약 창업주건, 경영진이건, 금융투자자건 상관없이 장기투자자에게 의결권을 더 많이 주는 시스템으로 제도를 바꾸면 이에 대해 기관투자자들이 반대할 이유가 크게 줄어든다. 장기투자하는 기관투자자들은 이러한 보유기간에 따르는 차등의결권 도입에 찬성할 가능성이 있다. 장기투자하려는 개인들도 마찬가지다. 네덜란드나 프랑스에서는 이러한 주식 장기보유자 우대 투표제도를 시행한다.

스튜어드십 코드가 표면적으로 내세우는 것처럼 장기투자와 장기적 기업가치의 상승이 기관투자자와 기업이 공동으로 추구할 목표라면 장기보유자를 우대하는 방향으로 차등의결권 제도를 도입해야 한다.

비국제적·비역사적 적반하장 순환출자금지론:
김상조·위원장의 편견과 착각

〈매일경제〉 칼럼(2017. 8. 28) 수정 및 확장

김상조 공정거래위원장은 지난주 로이터통신과의 인터뷰에서 "현대차그룹과 지배구조 개선을 논의 중"이라면서 "순환출자를 해소하는 데 더 이상 시간을 낭비해서는 안 된다"고 강조했다. 김 위원장의 압력은 순환출자가 굉장히 나쁜 일이고 따라서 빨리 없애야 하는 일이라는 전제를 갖고 있다. 그래서 그는 "현대차그룹의 복잡한 순환출자 구조가 커다란 지배구조 위험을 초래할 수 있다"고 경고한다.

과연 그럴까? 순환출자라는 현상을 국제적·역사적으로 살펴보면 이런 주장은 별로 근거가 없다. 일단 일본이나 독일에서는 순환출자만이 아니라 상호출자까지 허용한다. 전 세계에 정부가 나서서 순환출자를 없애려는 나라는 한국밖에 없다. 다른 나라 정부는 순환출자의 '위험성'을 모르고 한국정부만 안다고 할 수 있을까?

한국에서 순환출자가 나타난 역사적 배경을 살펴보아도 기업을 탓하기 어렵다. 오히려 정부를 탓해야 한다. 처음부터 지주회사가 허용됐다면 재벌에게 순환출자가 그렇게 많이 나타날 이유가 원천적으로 없었다. 그런데 한국은 상법에서 지주회사를 금지했다. 재벌이 생기기 전이었는데 일본 상법을 아무 생각 없이 베껴 쓰다 보니 벌어진 일이다. 일본의 지주회사 금지는 경제적 이유 때문이 아니었다. 제 2차 세계대전에서 패한 뒤 맥아더 사령부가 '자이바츠'(財閥)를 전범이라고 해체하면서 지주회사도 금지했을 뿐이다. 지주회사가 금지된 상태에서 박정희 대통령 정부가 들어서면서 은행을 국유화하고 재벌의 은행소유를 금지시켰다. 이런 상황에서 한국의 재벌들은 사업을 영위하는 회사가 지주회사 역할을 하는 사업지주회사 체제를 갖추며 성장했다.

그런데 재벌들이 조금 크자마자 정부는 1972년에 〈기업공개 촉진법〉을 도입하면서 총수가족 지분을 5% 이내로 분산시키는 대기업에 혜택을 주겠다고 했다. 정부의 서슬이 퍼런 때라 대기업들은 총수 지분을 크게 줄였다. 대신 계열사 지배력을 안정시키기 위해 일본처럼 상호출자를 많이 이용했다. 그러나 공정거래위원회가 만들어지고 1987년부터는 상호출자를 제한하기 시작했다. 재벌들은 순환출자로 옮겨갔다.

1997년 외환위기가 난 다음에는 '기업개혁'의 일환으로 순환출자를 줄이고 지주회사 체제로 전환하라고 강력하게 '권고'했다. SK그룹은 그 권고에 따라 지주회사 체제로 바꾸다가 2003년 '소버린 사태'를 당했다. 한국정부는 2013년에 결국 신규 순환출자를 금지하는 법까지 통과시키며 순환출자를 죄악시했다.

역사를 돌이켜 보면 한국재벌이 특이해서라기보다 한국의 특이한 정부규제의 산물로 순환출자 중심의 재벌 형태가 나타났다고 할 수 있다. 순환출자의 원죄(原罪)는 정부에 있는데 적반하장으로 재벌들이 두들겨 맞는다. 실제로 순환출자 자체가 가진 금융위험은 별로 크지 않다. 한 계열사가 망하면 그 회사에 출자한 다른 계열사가 그 주식만큼 손해 볼 뿐이다. 지주회사의 자회사가 잘못되면 지주회사가 손실 보는 것과 차이가 없다.

김 위원장이 실제로 얘기하는 '지배구조 위험'은 이런 금융위험이 아니다. 순환출자 구조를 이용해 '총수'가 직접 보유하는 주식보다 더 많은 투표권을 행사한다는 것이다. 그러나 이런 현상은 다른 나라에도 많이 있다. 미국에서 구글이나 페이스북의 '총수'들은 복수의결권을 통해 1주당 10투표권을 행사한다. 워렌 버핏은 1주에 대해 무려 2백 개의 의결권을 갖고 있다. 유럽에서는 3분의 1가량의 기업이 차등의결권을 행사한다. 일본도 '단원주'라는 차등의결권 제도를 갖고 있다.

그렇지만 한국은 차등의결권이 상법에서 금지되어 있다. 따라서 차등의결권의 기능을 순환출자가 담당했다고 봐야 한다. 미국과 유럽의 기업들이 차등의결권을 사용한다는 사실만으로 '커다란 지배구조 위험'에 처해 있다고 얘기할 근거가 없는 것처럼 순환출자 자체가 '커다란 지배구조 위험'을 갖고 온다고 할 수 없다.

김 위원장의 발언은 그 근거뿐만 아니라 그 방법에서도 우려를 자아낸다. 정부가 정말 순환출자를 줄이려고 한다면 전체 기업의 상황을 놓고 규제 원칙을 논의하고 기존 순환출자까지 해소하는 법을 통과시키면 된다. 그렇지 않고 특정 기업에게 직접 압력을 넣는 것은 법치(法治)가 아니라 인치(人治)이다. 장관과 시민운동단체장의 업무를 혼동하는 것이라고도 할 수 있다.

3) 관여내용 공시(公示)를 의무화해야 한다

금융위원회의 《스튜어드십 코드 관련 법령해석집》에서는 기관투자자가 기업에 대한 관여 과정에서 "만약 미공개 중요정보의 취득 · 생성이 예상되거나 발생한 경우라면 ① 일정기간 매매 등을 중단하거나 ② 해당 정보를 상장법인이나 기관투자자가 공개 (공정공시) 한 뒤 매매 · 거래하는 등의 방법을 선택 가능"하다고 밝혔다. 이것은 미공개 정보의 취득 및 사용에 대해 기관투자자의 선의(善意)의 행동에 지나치게 큰 기대를 거는 것이다.

이러한 기대와 달리 기관투자자 행동주의에 관한 실증연구들은 힘 있는 기관투자자들이 관여를 '의미 있는 정보'를 얻어내는 창구로 활용하는 경향이 강하다는 사실을 지적한다.[10] 기관투자자들이 관여 과정에서 취득한 미공개 정보를 매매 등에 이용할 때에 금융당국이 이것을 찾아내서 처벌할 방법도 마땅치 않다. 관여를 위한 기관과 경영진 간의 모임은 비공개로 이루어지기 때문이다. 경영진 입장에서는 자신이 미공개 정보를 알려줬다는 것이 밝혀지면 법적 책임까지도 질 수 있는 일이기 때문에 기관투자자가 그 정보를 사용하는 것을 알더라도 이를 외부에 알릴 유인이 없다.

기관투자자의 적극적 관여는 실질적으로 자본시장 질서 규제의 중요한 원칙인 정보의 공개 및 정보취득의 공평성을 위배하는 것이다. 형식적으로는 관여와 소통의 자유가 모든 주식투자자에게 주어지지만 실제로는 소통이나 관여 요청이 왔을 때에 모든 요청에 응할

---

10 1장 4절의 3) "'5% 룰'과 '이리떼 공격' 및 '관여와 표현의 자유' 악용" 참조.

수 없는 것이 기업의 현실이기 때문이다. 기업은 힘 있는 기관투자자들에게 우선적으로 응대할 수밖에 없다. 그렇다고 가장 힘 있는 투자자가 가장 공정한 투자자라고 상정할 근거는 어디에도 없다.

기업관여가 장기적 기업가치 상승이라는 공동의 목적을 지향하는 것이라면 기관투자자와 기업이 개별적으로 소통하거나 관여한 내용에 관해 공동으로 그 내용을 공표하도록 해야 한다. 금융위원회의 《스튜어드십 코드 관련 법령해석집》에서 "① 일정기간 매매 등을 중단하거나"라는 항목은 넣을 필요가 없다. 또 "② 해당 정보를 상장법인이나 기관투자자가 공개(공정공시)한 뒤 매매·거래하는 등의 방법을 선택 가능"하다고 할 것이 아니라 "해당 정보를 상장법인과 기관투자자가 즉시 공개해야 한다"라는 강행규정으로 도입해야 한다.

금융당국이 정보공개를 주식시장 규제의 중요한 원칙으로 삼는 것은 금융투자자 간에 정보취득의 형평성을 맞추고 내부자거래나 선행매매 등을 막기 위한 것이다. 기관투자자의 관여와 소통과정에서 이 원칙을 저버려야 할 아무런 이유를 찾을 수 없다.

4) 기관투자자 투표의무화는 폐기해야 한다

기관투자자 투표의무화는 폐기하는 것이 바람직하다. 처음 미국에서 도입될 때부터 크게 왜곡됐고 그 결과 기업투표를 '복마전'으로 만든 중요한 원인이 되었기 때문이다. 몽크스 등 1980년대의 주주행동주의자들은 정치민주주의 비유를 들면서 기관투자자가 '기업시민'으로서 기업에 대한 '참정권'을 적극 행사해야 한다고 했다.

그렇지만 투표의무화는 정치민주주의에서조차 하지 않는 것이다. 호주, 브라질, 싱가포르 등 일부 국가만 제외하고 정치투표는 국민의 권리이지 의무사항이 아니다. 투표에 무관심한 국민에게 투표의무를 부과할 경우 투표결과가 왜곡될 수 있고, 또 투표하지 않는 것도 의사표현의 한 방법이기 때문에 투표의무를 부과하는 것은 '표현의 자유'를 침해하는 것이라는 철학이 반영된 결과다. 또 인덱스펀드 등 투표 무능력·무관심 펀드가 국제금융시장의 대세가 된 현실을 감안할 때에 이들에게 투표를 의무화시켜서 기대할 수 있는 편익은 별로 없다. [11]

기관투자자 투표의무화는 오히려 부작용을 더 많이 불러왔다. ISS 등 투표자문사들이 정당성 없는 파워를 행사하게끔 만들고 대형 기관투자자들은 내부에 투표만 전담하는 '립서비스' 조직을 운영할 수밖에 없게끔 만들었다. 그 결과 기업투표에는 커다란 공백이 생겨났고 행동주의 헤지펀드와 같은 일부 세력이 이 공백을 자신의 단기이익 추구를 위해 쉽게 활용할 수 있는 구조가 만들어졌다. [12] 이러한 부작용을 줄이기 위해서라도 기업투표는 장기적 성과에 관심 있는 주주들이 자발적으로 주식가치의 장기상승과 기업의 장기성장이라는 공통의 과제를 놓고 협력하고 경합하는 장(場)으로 거듭나야 한다.

국내에서 현재 문제가 되는 '섀도보팅'(shadow voting) 금지는 투표의무화에 대한 환상만 없애면 자연스레 해결될 수 있다. 섀도보팅 금

---

11 1장 2절의 2) "기관투자자 투표의무화, ISS와 몽크스의 행동주의" 참조.

12 1장 4절의 2) "투표의무화의 폐해: '투표괴물' ISS와 대형 기관투자자의 '립서비스' 투표" 참조.

지는 투표의무화가 필요하다고 절대적으로 믿는 사람들이 이를 완벽하게 실행하려는 조치라고 할 수 있다. 새도보팅은 기관투자자가 형식적으로는 '새도보팅'이란 이름으로 투표하고 이에 따라 투표의무를 이행한 것이 되지만, 실질적으로는 찬반결정을 하지 않고 나중에 전체 찬반비율이 나오면 그 비율에 따라 투표가 나눠지기 때문에 투표하지 않은 것과 마찬가지다. 투표결정은 하지 않고 투표 정족수만 채워 주는 것이라고 할 수 있다.

새도보팅 제도는 투표를 의무화시킨 상태에서 투표의무화의 부작용이 나타나는 것을 줄이기 위한 타협책이라고 할 수 있다. 예를 들어 한 기관투자자가 합병하는 A와 B 두 회사의 주식을 함께 갖고 있고 합병내용이 회사 A에게 유리하고 회사 B에게 불리할 경우 투표하기가 곤란해진다. 또 주주총회 사안에 대해 잘 알지 못하거나 찬반이 어떻게 되건 별 차이가 없다고 판단할 경우에는 투표 방향을 정해서 투표하기보다 '대세'에 투표결과를 맡기는 것이 현실적 대안이다.

하지만 한국정부는 현재 이 타협의 여지마저 없애고 기관투자자에게 찬반여부를 확실하게 선택하는 것만이 투표의무화를 100% 이행하는 것이라고 강제한다. 그러나 기관투자자 투표의무화는 처음부터 단추를 잘못 끼운 것이다. 첫 단추부터 풀어야 한다. 투표의무화를 폐기하면 새도보팅이라는 타협책이 원천적으로 필요 없어진다.

5) 포괄적 '수탁자 규정'을 별도로 만들어야 한다

기관투자자가 정말 '집사'로서 고객에 대한 임무를 충실히 수행하도록 만들기 위해서는 '스튜어드십'의 원래 뜻에 맞게 미국의 오바마 행정부가 추진했던 것과 같은 수탁자 규정을 도입할 필요가 있다. 돈 맡긴 고객과 기관투자자 사이에서 분쟁의 여지가 가장 큰 부분은 수수료와 내부거래이다. 금융투자사들이 제시하는 수수료 부과방식은 천차만별이다. 겉으로는 낮아 보여도 실질적으로 높은 경우도 있다. 고객에게서 받는 수수료는 낮더라도 운용사로부터 받게 되는 수수료가 짭짤해서 고객에게 불리한 펀드가입을 권유하는 경우도 종종 있다. 기관투자자가 운영하는 수많은 펀드 간에 내부거래를 통해 고객의 손익이 달라지는 경우도 나타날 수 있다.

원칙적으로는 미국의 수탁자 규정이 추진했던 것처럼 수수료를 투명화할 필요가 있다. 그러나 그 구체적 방안에 대해서는 좀더 폭넓은 검토가 필요하다. 수수료를 완전히 공개하는 것이 기관투자자들의 영업비밀을 노출시키거나 영업을 위축시킬 가능성도 있다. 그로 인해 오히려 고객들이 투자수단을 선택할 수 있는 폭이 줄어들 수도 있다. 관련업계와 고객의 입장을 폭넓게 수렴해서 합리적인 선에서 수수료 투명화 방안이 마련돼야 할 것이다.

미국의 경우에는 이런 수수료 구조 투명화의 필요성이 한국보다 훨씬 크다. 연금가입자들이 투자상품을 선택할 수 있기 때문이다. 일반 연금가입자들의 금융상품에 대한 지식과 연금관련 금융상품을 파는 금융기관 간에 정보의 비대칭이 크다. 금융사들이나 자신의 이익을 위해 비전문가인 연금가입자들의 이익을 해칠 수 있다.

반면 한국은 국민연금 등 연기금이 투자활동을 직접 수행한다. 자산을 위탁운용을 할 때에도 연기금 내의 투자전문가들이 운용사 및 투자상품을 고르기 때문에 금융상품 수요자와 금융상품 공급자 간 정보의 비대칭성 문제는 완화된다고 할 수 있다. 대신 위탁운용 과정에서 이해상충의 문제가 발생할 가능성은 남아 있다. 연기금의 펀드매니저들이 자신의 이익에 유리한 위탁운용사를 연기금 고객에게 유리한 위탁운용사로 포장할 가능성은 열려 있는 것이다.

이 이해상충의 문제는 기본적으로 연기금이 내부의 관리시스템을 통해서 해결해야 하는 사안이다. 그렇지만 이해상충 여지를 줄이기 위해 연기금이 자산을 위탁운용할 때에 수수료를 공개하는 의무를 부과할 필요가 있다. 특히 해외 헤지펀드나 사모펀드들은 위탁운용 계약을 맺을 때에 '수수료 비밀조항'을 붙여서 수수료 내역을 감추는 경향이 강하다. 수수료가 높은데 공개되지 않을 경우에는 이해상충의 여지가 커진다.

또 해당 펀드의 실제 수익률을 제대로 평가하는 것조차 어려워진다. 미국의 연금들은 이로 인한 문제를 이미 크게 겪었다. 헤지펀드 투자가 일반적으로 소개되는 것처럼 '고비용·고수익'이 아니라 실제로는 '고비용·저수익'이었다는 연구결과도 나왔다. 미국에서 헤지펀드 투자를 선도했던 CalPERS는 그래서 2014년에 헤지펀드 투자를 중단했다.[13] 비밀조항을 적용하려는 자산운용사에는 공공연기금이 위탁운용을 맡기지 못하도록 하는 규제를 도입해야 한다.

---

13 〈따로 읽기 13〉 "헤지펀드 대체투자, '고수익'의 유혹과 함정: 미국 11개 연금 투자실적은 '저수익·고비용'" 참조.

헤지펀드 대체투자, '고수익'의 유혹과 함정:
미국 11개 연금 투자실적은 '저수익·고비용'

〈중앙일보〉 칼럼(2015. 12. 5) 수정 및 확장

국민연금 등 국내 연기금들이 대체투자를 늘리고 있다. 대체투자란 전통적 투자수단 인 채권, 주식 등을 대신해 헤지펀드, 사모펀드, 부동산 등에 투자하는 것이다. 대체투 자는 투자다변화를 통해 안정된 수익을 올리거나 좀더 적극적 투자를 통해 수익률을 높 이는 수단으로 사용된다. 지금 국내 연기금들이 대체투자를 늘리는 것은 안정성보다 고수익에 방점이 찍혀 있다. 고령화사회가 급격히 진행되고 노동인력은 정체되는 데다 저금리 기조가 정착되면서 장래에 연금고갈 현상이 벌어질 것을 우려하기 때문이다.

그러나 지금 진행되는 논의는 대체투자를 하면 투자수익률이 막연히 높아진다 는 전제를 깔고 있는 것 같다. 투자가 구체적으로 어떻게 이루어지는지, 수익률이 실제로 얼마나 될지 등에 대한 논의가 거의 이뤄지지 않는다. 금융의 기본은 '고위 험·고수익'과 '저위험·저수익'이다. 고수익을 추구한다면 그에 따른 위험을 감수 해야 하고, 안전하게 운용하려면 저수익을 감수해야 한다. 그러나 '고위험·고수익' 전략은 국민들의 노후자금을 굴리는 연기금들이 택하기 어렵다. 대체투자는 그래 서 '저위험·고수익'을 안겨 줄 수 있다는 기대를 심어 주면서 연기금을 끌어들인다. 그렇다면 연기금들은 '저위험·고수익'이란 예외적 상황이 어떻게 가능한지에 대 해 철저히 따진 뒤 대체투자 여부를 결정해야 한다.

최근 루스벨트 연구소가 내놓은 〈빛나는 것이 모두 금은 아니다〉(*All That Glitters Is Not Gold*)라는 보고서를 보자. 이 보고서는 헤지펀드에 투자한 미국 11개 연금의 총 88 회계연도(한 연금당 8개 회계연도) 실적을 분석했다. 결론은 헤지펀드 투자가 '고비용·저수익'이라는 것이다. 11개 연금은 헤지펀드 투자에서 표면적으로 총 195억 달러 수익을 올렸다. 반면 같은 규모의 전체 펀드투자에서 총수입은 211억 달러로 오 히려 헤지펀드 투자수익보다 약간 높았다. 수수료를 제외하고 연금이 가져간 실제수 입을 따져 보면 격차가 훨씬 더 크게 벌어진다. 헤지펀드 투자에서는 총수익의 36.4% 에 달하는 71억 달러를 수수료로 냈고, 순수입은 123억 달러였다. 반면 같은 규모의 전체 펀드 투자에서는 총수익의 4.6%에 달하는 9억 달러 수준의 수수료를 냈고, 순수 입은 202억 달러였다. 연금이 실제로 벌어들인 수입만 비교하면 같은 규모의 전체펀 드가 헤지펀드보다 64.2%나 수익률이 높았다. 연금가입자는 일반펀드에 투자했을 때에 비해 크게 손실을 봤고 헤지펀드만 거액의 수수료 수입을 챙겼다(〈그림 5-4〉).

그림 5-4 헤지펀드와 일반펀드 간 수익 및 수수료 비교

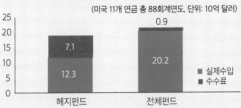

(미국 11개 연금 총 88회계연도, 단위: 10억 달러)

이 보고서는 헤지펀드 수수료 비밀조항에 대해서도 문제를 제기했다. 보통 헤지펀드나 사모펀드는 표면적으로 '2%-20%'룰을 적용한다. 투자성과와 관계없이 투자총액의 2%를 선(先)수수료로 떼고, 이익의 20%를 성과급으로 가져간다. 물론 고객과의 협상에 따라 조정할 수 있다. 비밀조항으로 인해 11개 연금에 실제 적용된 수수료를 알 수 없기 때문에 루스벨트 보고서는 '1.8%-18%'의 추정치를 적용해서 그 비용을 계산했다. 이 보고서는 말미에서 연금들이 더 비용이 적고 효과적 투자다변화 방안을 모색해야 하며 모든 수수료를 투명하게 공개해야 한다고 결론지었다.

실제로 헤지펀드의 성과에 대해서는 논란이 많다. 조지 소로스, 제임스 사이몬 등 오랫동안 고수익을 낸 헤지펀드 매니저들이 있는 것은 사실이다. 그러나 연금은 대규모 자금을 투자하는 만큼 평균수익률을 봐야 한다. 헤지펀드 업계에서 내놓는 보고서들도 물론 자신들의 수익이 평균적으로 '고수익'이라는 결과들을 내세운다. 그러나 실제로는 평균수익률이 그렇지 않다는 연구결과가 많다. 예를 들어 일리아 디체프(Ilia Dichev)와 궨 유(Gwen Yu) 교수는 2011년 *Journal of Financial Economics*에 게재된 논문 "고위험, 저수익: 헤지펀드 투자자들이 실제로 얻은 것"(*Higher Risk, Lower Returns: What Hedge Fund Investors Really Earn*)에서 1980년부터 2008년까지 1만 8,094개 헤지펀드의 성과를 분석한 결과 펀드 투자자들에게 실제 돌아간 수익률은 헤지펀드가 내세우는 수익률보다 3∼7%p 정도 낮다는 주장을 내놓았다. 투자자 입장에서 본 수수료 차감수익률은 이 기간 중 S&P 500 지수 상승률보다 크게 낮고, 미국 국채 투자수익률보다는 '한계적으로'(*marginally*) 높은 수준이라고 결론지었다.

〈파이낸셜 타임스〉의 '좀비 헤지펀드 시리즈'도 비슷한 주장을 내놓았다. 이 시리즈의 기획자가 조사한 바에 따르면, 데이터베이스에 등록된 헤지펀드 2만 5천 개 중 3분의 2에 해당하는 1만 6천 2백여 개가 폐업했다. 업계에서 내놓는 수익률에는 폐업한 헤지펀드의 수익률이 포함되지 않는다. 문 닫은 헤지펀드까지 포함할 경우 헤지펀드의 평균 수익률이 크게 떨어질 것은 자명하다.

이 시리즈는 또 살아남은 헤지펀드들 중에서 수익률이 높은 것은 소규모 펀드들이고 규모가 큰 것들은 다른 펀드보다 수익률이 높다고 할 근거가 없다고 밝힌다. 규모가 작으면 남들이 잘 모르는 기법을 적용해 수익률을 높일 수 있지만, 규모가 커지면 기법이 다 알려지고 남들도 따라 하기 때문에 초과수익률을 내기 어렵다고 해석할 수 있다. 그렇다면 연금과 같이 대규모 자금을 지속적으로 굴려야 하는 경우 헤지펀드가 '대안'이라고 얘기하기 어렵다. 큰 헤지펀드에 투자해서는 초과수익률을 올릴 수 없고, 작은 헤지펀드 중에서는 누가 성공 가능성이 높을지 찾기도 어렵다. 또 기금운용의 '안정성' 차원에서 헤지펀드에 큰돈을 맡길 수도 없다.

2002년부터 연금의 헤지펀드 투자를 선도한 CalPERS는 비슷한 근거로 2014년 헤지펀드 투자를 중단했다. '높은 비용과 복잡성'(*high costs and complexity*)으로 인해 헤지펀드 투자를 더 이상 정당화할 수 없다고 밝혔다. 2013년의 경우 CalPERS 총자산의 80%를 차지하는 전통자산에서는 운용비가 4천만 달러 들었다. 그러나 자산의 20%를 차지하는 대체투자에서는 운용비가 그 20배에 달하는 8억 달러가 들었다. CalPERS 관계자는 헤지펀드 성과가 일반적으로 좋다는 증거가 없고 어느 헤지펀드에 투자하는 것이 바람직한지 체계적으로 판단할 방법이 없다고 말했다.

루스벨트 연구소의 보고서는 연금이라는 헤지펀드 사용자 측에서 내놓은 첫 번째 종합 보고서란 점에서 의미가 있다. 미국에서 지금 연금의 헤지펀드 투자가 줄어들기 시작하고 좀비 헤지펀드가 양산되는 것은 이와 같은 사용자 측의 재평가와 관계가 많을 것이다. 그런데 한국에서는 거꾸로 헤지펀드 투자를 확대해야 한다는 목소리가 높다. 그동안 헤지펀드 투자 경험이 거의 없었던 한국의 연기금 담당자들이 10년 이상 헤지펀드에 투자했던 미국의 연금 담당자들보다 좋은 헤지펀드를 고르는 혜안(慧眼)이 더 뛰어나다고 어떻게 상정할 수 있겠는가? 공급자 측 보고서와 사용자 측 보고서 중 무엇을 더 신뢰할 수 있겠는가? 세계 2위 규모인 노르웨이 국민연금은 헤지펀드나 사모펀드에 투자하지 않는다는 방침을 계속 지키고 있다. 세계적으로 존경받는 연금이 왜 이런 방침을 세웠는지 귀 기울여 볼 필요가 있다.

연기금은 국민의 노후자금을 굴리면서 사회보장의 안전판 역할을 하는 중차대한 사명을 갖는다. 헤지펀드 대체투자가 기존투자를 얼마나 대체할 수 있을지 다시 검토해 봐야 한다. '저위험·고수익'을 낼 수 있다면 그만큼 좋은 일은 없다. 그러나 고수익에는 고위험이 따르고 저위험을 택하면 저수익으로 만족해야 하는 것이 금융의 정석(定石)이다. '저위험·고수익'이라는 예외적 투자성과가 얼마나 지속가능성이 있는 것인지 면밀히 살펴봐야 한다.

6) '5% 룰'은 더 강화해야 한다

한국의 스튜어드십 코드 추진 세력은 국민연금의 자유로운 기업관여를 위해 자본시장의 일반규제인 '5% 룰'을 국민연금과 같이 '자격을 갖춘' 기관투자자에게 예외적용해야 한다고 주장한다. 앞에서 필자는 정책의 '전문성'을 강조하면서 새로운 정책 도입에 따르는 편익비용 분석을 제대로 내놓아야 한다고 지적했다. 국민연금에 대한 5% 룰 예외적용 주장은 '편익'이라고 상정하는 것만 내세우고 비용에 대해 아무런 언급이 없는 비전문적 분석의 대표적 사례다.

여기서 '편익'이란 그렇지 않아도 강력한 힘을 가진 국민연금이 더 강력한 영향력을 행사하면서 나오는 것으로 상정된다. 이것을 국민경제 입장에서 과연 편익이라고 할 수 있을까? 만약 기관투자자 행동주의가 강할수록 국민경제의 편익이 올라간다는 증거가 있다면 편익이라고 할 수 있을지 모른다. 그러나 이 경우조차 국민연금을 행동주의에 동원했을 때 발생할 수 있는 다른 비용에 비추어 순(純)편익을 계산해야 한다. 그렇지만 앞서 살펴보았듯이 기관투자자 행동주의가 기업의 가치상승에 긍정적 영향을 미쳤다는 증거는 아직까지 확립되지 않았다. 오히려 '약탈적 가치착출'이 전개됐다는 증거만 있다.[14] 스튜어드십 코드 추진 세력은 입증되지 않은 편익을 강력히 내세우면서 5% 룰 예외적용에 따르는 비용에 대해서는 아무런 언급도 하지 않는다.

실제로 5% 룰 예외적용에 따르는 비용은 여러 가지다. 첫째, 자본시장 일반규제의 권위상실이다. 5% 룰은 일정규모 이상의 지분

---

[14] 1장 3절 "기관투자자 행동주의의 성과: '약탈적 가치착출'과 '1% 대 99%' 구도" 참조.

을 보유한 투자자는 경영에 영향력이 강해진다는 전제하에서 이들이 그 영향력을 이용한 비공개 정보 취득 및 내부거래를 할 가능성을 줄이기 위한 규정이다. 또 기업 경영권에 영향을 미치기 위한 목적으로 지분을 늘릴 경우, 모든 투자자들이 똑같은 절차를 따르도록 하는 규정이다. 만약 이 규정이 '자격을 갖춘' 기관투자자에게 예외 적용되면 금융당국이 이 규정을 엄격하게 강제할 의지가 약하다는 사실을 금융시장에 공표하는 것이다. 집행이 제대로 되지 않는 규제는 없느니만 못한 경우가 많다.

둘째, '관치'(官治)를 불러온다. '자격을 갖춘' 기관투자자를 누가 정하는가? 정부가 한다. 정부가 어떤 기관은 규제를 어기면 안 되고, 어떤 기관은 규제를 어겨도 된다고 자의적으로 개입하기 시작하면 기관들이 정부의 눈치를 보게 되고 음성적 로비활동도 더 강해질 수밖에 없다. 이것이 무시할 수 있는 사소한 비용인가?

셋째, 금융규제의 예외를 국민연금과 같이 정부가 영향력을 행사하기 쉬운 기관에만 허용하는 것은 앞서 지적했듯이 연금사회주의를 실현하는 것이 된다. [15] 국민연금이 대기업에 관여해서 '기업개혁'을 달성하려는 과정에서 나타날 이해상충의 문제라든지 경영에서의 불확실성 증대 등의 비용이 무시할 수 있는 것인가? 자유시장경제 체제에서 국민연금의 경영관여가 과연 바람직한 것이라고 할 수 있는가?

국제금융시장의 현실이나 규제의 합목적성에 비추어 본다면 5% 룰은 국민연금에 예외적으로 높이기보다 오히려 전반적으로 낮추면서 강화해야 한다. 앞서 지적했다시피 5% 룰은 헤지펀드들의 '이리

15 3장 3절 "국민연금에 대한 '5% 룰' 예외추진과 '연금사회주의'의 위협" 참조.

떼 공격'이나 '공동투자'를 통해 쉽게 무력화된다. 실질적 담합을 통한 기업 공격을 막기 어렵다. 처음 SEC가 규제개정을 도입할 때에는 ① 기관투자자들의 힘이 상대적으로 약해서 기업 경영진의 횡포를 견제할 방법이 없고 ② 5%라는 문턱(threshold)이 시장효율을 해칠 정도로 충분히 낮은 수준이라는 두 가지 전제가 있었다. 그러나 그 이후 미국에서 진행된 일들은 이 두 가지 전제가 모두 잘못됐다는 사실을 보여준다.[16] 기본 전제가 잘못된 규제는 유지할 아무런 이유가 없다. 프랑스 등 다른 나라의 경우처럼 2% 정도로 문턱을 낮추는 방안을 검토해야 한다.

7) 투표와 관여는 투자결정 부서에서 함께 관장해야 한다

앞 장에서 필자는 국민연금의 투표는 투자결정 부서에서 관장해야 한다고 강조했다.[17] 해외 대형연기금이나 뮤추얼펀드들이 투표와 매매를 분리하는 것은 잘못된 행태다. 이들이 투표와 매매를 분리하는 것은 본업인 포트폴리오 선택과 조정을 더 잘해서 수탁자 의무에 더 충실하려는 것이 아니다. 투표에 무관심하고 무능력하지만 투표의무를 책임 있게 수행한다는 것을 대외적으로 보여주기 위해 '립서비스'하는 기구를 별도로 만들어 운영하는 것이다.[18] 또 관여를 하더라도 투자담당 부서와 관여담당 부서가 분리되어 있다는 것을 대

---

16 1장 4절의 3) "'5% 룰'과 '이리떼 공격' 및 '관여와 표현의 자유' 악용" 참조.

17 4장 3절 "기금운용 및 의결권 행사 기구의 대안" 참조.

18 1장 4절의 2) "투표의무화의 폐해: '투표괴물' ISS와 대형 기관투자자의 '립서비스' 투표" 참조.

외적으로 명백히 밝힘으로써 관여에 따르는 법적 리스크를 줄이려는 포석도 있다.

그러나 기관투자자들이 고객 돈을 관리하는 집사로서 수탁자 임무를 제대로 이행하려면 투표와 관여를 투자수익률 확보라는 지상목표에 복속시켜야 한다. 예를 들어 삼성물산-제일모직 합병 사례와 같이 합병에 관한 투표결정은 해당 기업에 대한 투자수익률을 결정하는 데 대단히 중요한 사안이다. 다른 사항에 앞서 투자수익률을 우선적으로 고려해야 한다. 네덜란드 연금의 박유경 이사는 삼성합병과 관련된 국회 증언에서 외국 기관투자자들이 "합병의 취지는 완전히 공감하지만, 합병비율이 보유주식의 가치를 훼손하면 안 되고, 스튜어드십 코드 때문에 예외적으로 (찬성)할 수 없는 그런 사정이 있었다"라고 말했다.

투자수익률을 높여야 하는 지상목표에 비추어볼 때에 이런 관행은 있을 수 없는 일이다. 어떻게 합병의 취지에는 공감하지만 그래서 주가가 올라갈 것이라고 판단했는데 합병에 반대표를 던진다는 말인가? 이것은 해외 대형연기금과 뮤추얼펀드들이 투표와 매매부서를 분리시키고 투표부서에서는 기업지배구조 관련 기계적 기준을 적용하기 때문에 나타나는 이상 현상이다.[19] 국민연금이나 국내 기관투자자들이 이런 비정상적 행태를 좇아가서는 안 된다. 현재 국민연금에서 기금운용본부의 투자위원회가 투표에 관한 결정을 함께 내리는 것처럼 투자부서가 투표업무도 함께 관장하도록 해야 한다.

---

19 3장 2절 〈따로 읽기 5〉 "삼성물산 합병에서 나타난 외국인투자자의 왜곡된 투표행태: 투표와 매매의 분리" 참조.

국민연금의 의결권 남용 혹은 외압 가능성, 경영개입 부작용 등을 근본적으로 해결하는 방안은 일본의 GPIF가 시행하는 것처럼 주식투자는 자산운용사에 모두 위탁하고 의결권까지 함께 위탁하는 방안일 것이다. 연금이 운용자산 다양화 차원에서 주식투자를 하지 않을 수는 없다. 전 세계적으로 돈이 주식시장으로 몰리면서 주가지수가 지속적으로 오르는 상황에서 주식투자는 연금을 운용하는 데 중요한 투자수단이다. 그렇지만 국민연금의 규모가 커지고 주식시장에서 개별 기업에 대한 지분율이 높아지면 국민연금의 경영개입 문제가 어떤 형태로든 불거지지 않을 수 없다. 각종 정치세력이 국민연금의 강력한 힘을 이용해 기업에 영향력을 미치려는 유인도 많이 있다.

　국민연금이 주식투자를 민간에 모두 위탁운용하면 수수료를 일부 준다 하더라도 의결권을 둘러싼 갈등을 영원히 없애고 '안정적·장기적 투자수익률'이라는 단일 목표에 집중해서 기금운용을 해갈 수 있다. 국민연금이 떠안게 되는 정치적 리스크도 대폭 줄일 수 있다. 위탁운용에 따라 수수료를 지급하는 것이 모두 추가비용이라고 할 수도 없다. 국민연금 내에서 주식관련 펀드매니저들의 숫자를 크게 줄일 수 있기 때문이다. 국가경제적으로는 국내 자산운용사들이 운용할 수 있는 자금이 크게 늘어나기 때문에 자산운용업을 발전시킬 수 있는 한 가지 방안도 될 수 있다.

최대 공기업 국민연금의 진로

스튜어드십 코드 도입 논란은 공기업 경영의 관점에서 다시 생각해 볼 수 있다. 공기업은 공공의 목적을 위해 필요하고 그 기능을 민간에 맡기기 어렵기 때문에 존재한다. 국민연금과 같은 연기금은 중요한 사회보장 수단이기 때문에 민간에 맡길 수 없다. 개인이 보험에 가입하거나 저축해서 노후대비를 하지만 그 절대액수가 모자라기도 하고 자발적으로 노후대비를 제대로 못하는 사람들도 많다. 연금제도는 사회안정 차원에서 정부의 힘을 이용해서 개인이 일정액을 저축하도록 강제하고 그 돈을 연기금이 관리해서 나중에 노후자금을 제공해 주는 것이다.

연금은 그 목적상 공공성이 아주 강하다. 민간에 자율적으로 맡겨서 해결될 수 없다는 한계 때문에 정부가 공권력이라는 수단을 동원한다. 한국의 경우에는 다른 나라와 달리 기금운용의 일부를 개인에게 맡기지 않고 연금공단이 운용을 전적으로 책임지기 때문에 공적 성격

257

이 더욱 강하다. 국민연금 등 연기금은 국민의 노후보장이라는 공공 목적을 위해 만들어진 공기업이라고 볼 수 있다.

공기업이 해야 할 가장 중요한 일은 주어진 공공의 목적을 제대로 수행하는 것이다. 연기금의 경우는 노후자금을 잘 관리해서 제공해 주는 것이 그 목적이다. '안정적·장기적 수익률'이 기금운용의 절대적 목표이다. 스튜어드십 코드가 국내 연기금에 주어진 공공의 목적을 더 잘 수행하는 데 초점을 둔다면 이의를 제기할 이유가 없을 것이다.

그러나 현재 진행되는 스튜어드십 코드 도입은 연기금이라는 공기업을 잘 운용하는 것보다 공기업이 가진 힘을 외부에 어떻게 활용하느냐에 초점을 둔다. 공기업 관리의 기본원칙에서 본다면서 해당 공기업이 아무리 대외적으로 힘이 강하더라도 그 힘을 사용하는 것을 자제시키고 주어진 공공의 목적을 수행하는 데 충실하도록 정부가 통제해야 한다. 그런데 이러한 공기업 관리 기본원칙과 정반대로 현재 정부는 스튜어드십 코드를 통해 강력한 국민연금의 힘을 '기업개혁을 통한 공정경제 실현'이라는 해당 공기업 본연의 목적 외부의 정책목표 달성에 사용하려고 한다.

필자는 바로 이 이유 때문에 국내의 스튜어드십 코드 도입이 정직성이 결여된 정책이라고 비판한다. 표면적으로는 스튜어드십 코드가 연기금이 돈 맡긴 고객의 집사로서 임무를 충실하게 수행하도록 하기 위한 것이라고 내세우지만, 실제로는 연기금이 투자대상 기업을 관리하는 집사인 듯이 그 목적을 환치(換置)해서 사용한다. 정직한 정책이라면 연기금이 공기업으로서 본연의 업무를 더 잘하도록 하는 수탁자 규정과, 연기금과 투자대상 기업 간의 관계를 어떻게 설정할 것인지에 대한 '기관-기업 관계 규제'를 별도의 사안으로 다루어야 한다.

국민연금에 초점을 맞추어서 이 문제를 다시 살펴보자. 국민연금은 현재 자산 620조 원으로 한국 최대규모의 공기업이다. 또 자산이 2022년에 1천조 원을 넘어서고 2040년경에는 최대 2천 5백조 원가량에 도달한다. 한국에서 최대규모이면서 성장속도도 가장 빠른 공기업이라고 할 수 있다. 그런데 2050년이 지나면서 국민연금의 자산은 급격히 줄어든다. 총지출은 기하급수적으로 늘어나는데 보험수익은 답보상태에 머무르기 때문이다. 국민연금은 2050년 이후에 한국의 최대 부실공기업이 될 가능성도 함께 갖고 있다(〈그림 4-2〉 참조).

장기적 안목에서 바라본다면 공기업으로서 국민연금의 앞길에는 험난한 도전이 놓여 있다. 그동안은 어려운 여건에서도 세계적 수준의 투자성과를 거두었지만 정치적 이유 때문에 벌어진 공단 본사 및 기금운용본부의 전주 이전, 전 기금운용본부장의 구속, 핵심 기금운용역들의 이탈 등으로 직원들의 사기가 많이 떨어졌다. 기금의 규모는 급증하는데 국내 시장 정체 및 포화 등으로 운용 여건이 훨씬 어려운 해외시장으로 투자를 대폭 확대해야 한다. 국민연금의 거대한 운용자산을 위탁받기 위해 국내외 주요 기관투자자, 헤지펀드, 사모펀드들이 경쟁적으로 국민연금 관계자들을 접촉하면서 이해상충이 벌어질 여지도 커지고 있고, 이에 따라 내부조직을 더 잘 관리해야 할 필요성도 높아지고 있다. 고령화·저출산이 예상보다 더 빨리 진행되기 때문에 2050년 이후로 예상되는 기금급감(基金急減)이 더 빨리 찾아올 수도 있다.

최광 전 국민연금공단 이사장은 2017년 12월 국회세미나 기조연설에서 "그동안 어느 정권도 10대 국정과제에 국민연금 문제를 넣지 않았다"면서 "그러나 국민연금은 10대 국정과제에 들어가야 할 사안"이라고 말했다. 필자는 현재의 국민연금 규모나 성장속도, 2050년 이후 기금급감 문제 등을 고려할 때, 지금부터라도 모든 정부가 국민연금을 3대 국정과제에 집어넣고 엄격하게 관리해야 한다고 생각한다. 지금 제대로 관리하지 않으면 20~30년 후에 심각한 문제가 발생하기 때문이다. 인구변화만큼 장기예측이 정확하게 맞는 것은 별로 없다. 인구변화가 불러올 문제는 지금 해결책을 마련하지 않으면 20~30년 후 실제로 문제가 벌어졌을 때에 아무런 대책이 없다.

국민연금은 특히 기성세대와 젊은 세대 간 불평등을 악화시키는 가장 큰 요인이 될 가능성이 높기 때문에 정치적 폭발성도 갖고 있다. 현재 기금규모가 빠르게 늘어나고 있기 때문에 기성세대는 큰 문제의식을 갖지 않고 연금 지급액을 늘려 달라고 요구할 수 있다. 표(票)에 취약한 정치권은 당장 국민의 환심을 사기 위해 기성세대의 연금지급액을 늘려 주고 그 부담은 젊은 세대에 떠넘길 수 있다. 기금운용본부는 연금지급액 증가에 따르는 '기금고갈' 우려를 줄이기 위해 더 '적극적으로' 투자하는 과정에서 큰 손실을 볼 가능성도 있다. 손실이 날 경우 기성세대는 별로 부담하지 않고 젊은 세대에게 떠넘겨질 가능성도 높다.

CalPERS는 이미 1980년대에 연금지급액을 비합리적으로 높이면서 이를 보충하기 위해 '공격적 투자'를 가장 먼저 했고 그 과정에서 손실도 많이 봤다. 또 주식투자 수익률을 높인다는 명분으로 기관투자자 행동주의에 앞장서기도 했다.[1] 국민연금에서 이런 일이 벌어지면 기금고갈 우려는 더 증폭된다. 이런 악순환이 벌어지지 않기 위해 기성세대가 자제력을 발휘하는 한편 젊은 세대는 미래에 희생자가 되지 않도록 국민연금 운용에 대해 감시의 눈길을 게을리하지 말아야 한다.

복지제도가 가장 발달한 유럽의 경우 다른 지역에 비해 전반적 소득불평등도는 가장 안정되어 있다. 그렇지만 복지가 기성세대에 집중되어 있기 때문에 세대 간 불평등은 급격히 악화되고 있다. 최근 출간된 IMF의 〈세대 간 불평등 보고서〉는 EU 내에서 소득불평등의 대표적 지수인 지니계수는 2008년 세계금융위기 이후 거의 변화가 없지만(〈그림 6-1〉), 65세 이상 은퇴세대와 25~54세 근로세대 간의 불평등은 빠르게 확대됐다고 지적한다.

65세 이상 은퇴세대의 실질평균순수입(*real median equivalized net income*)은 세계금융위기 이후에도 꾸준히 올라서 2016년에는 2007년 대비 10% 이상 상승한 수준이다. 반면 25~54세 근로세대의 실질평균순수입은 세계금융위기 이후 지속적으로 하락해서 2013년에 2007년 대비 93% 수준까지 떨어진 뒤 상승해서 2016년에는 2007년 수준을 간신히 회복했다. 18~24세 청년계층의 순수입도 마찬가지 추세를 보였다(〈그림 6-2〉).

유럽의 근로세대나 청년층이 나중에 은퇴했을 때에 지금의 은퇴세대가 누리는 것과 같은 수준의 복지혜택을 누릴 수 있으리라고 기대하기 힘들다.

---

[1] 1장 2절의 1) "'펀드자본주의'의 급진전과 대형공공연금" 참조.

그림 6-1 세계금융위기 이후 EU의 지니계수 추이

(지수, 0~100)

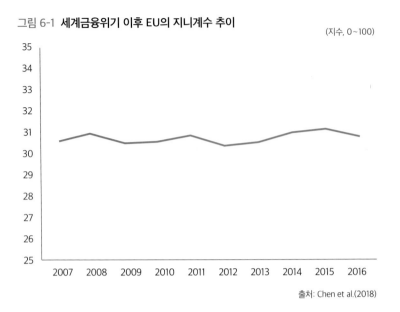

출처: Chen et al.(2018)

그림 6-2 세계금융위기 이후 EU의 세대 간 불평등 확대 추세

(실질평균순수입 지수, 2007년 = 100)

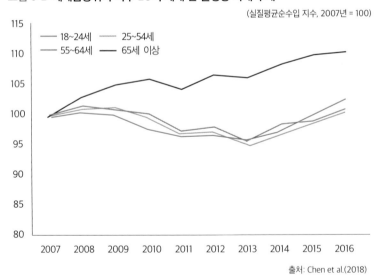

출처: Chen et al.(2018)

국민연금을 제대로 관리하고 세대 간 부담을 공정하게 나누는 사회적 합의가 마련되지 않는 한, 한국에서도 유럽과 같은 일이 반복해서 벌어질 수밖에 없다. 유럽과 비교해서 상대적으로 취약한 복지 제도나 재정형편, 훨씬 더 빠른 고령화·저출산 추세 등을 감안할 때에 한국에서는 이런 세대 간 불평등 문제가 더 심각하게 벌어질 가능성이 높다.

국민연금은 국민의 노후자금을 잘 관리하는 공기업 본연의 업무를 다하는 데만도 벅찬 과제들을 안고 있다. 한국의 최대 공기업인 국민연금에 대해 근거 없는 비판을 하며 그 힘을 다른 목적에 쓰도록 몰아가서는 안 된다. 연금제도를 잘 운영하면서 기금에서 안정적·장기적 수익률을 낼 수 있는 여건을 마련해 주는 데에 지혜를 모아야 한다. 왜곡·변질된 스튜어드십 코드는 국민연금이 국민의 집사로서 의무를 성실히 수행해가는 데에 방해만 될 뿐이다.

부록

국민연금 스튜어드십 코드 용역
중간보고서 비판적 검토

여기서 소개하고 비판하는 국민연금의 〈스튜어드십 코드 용역 중간보고서〉인 "국민연금의 한국 스튜어드십 코드 도입 방안"(2017. 11. 15 송민경 연구위원 발표)은 현재 한국 스튜어드십 코드의 제정 및 도입 주체인 한국기업지배구조원의 공식 입장이라고 볼 수 있다. 형식적으로는 고려대 산학협력단이 용역을 받는 모양새를 취했지만 그 팀에 한국기업지배구조원의 송민경 연구위원이 합류해 연구를 수행했다. 또 한국기업지배구조원 조명현 원장이 고려대 경영대 교수라는 사실을 감안할 때에 한국기업지배구조원이 고려대 산학협력단의 이름을 빌려 똑같은 연구를 진행한 것으로도 볼 수 있다. 실제로 이 보고서의 내용을 보면 그전에 한국기업지배구조원에서 내놓았던 연구와 거의 차이가 없다.

독자들의 편의를 위해 파워포인트로 만들어진 이 보고서 주요내용을 그대로 옮긴 뒤 각 항목별로 이 책의 논의에 비추어 볼 때에 어떻게 평가할 수 있는지를 다른 색의 고딕체로 적었다. 최종보고서는 2018년 2월 말까지 국민연금공단에 제출할 예정이라는데, 이 책을 탈고할 때까지 최종보고서를 구할 수 없었다.

1. 기관투자자의 수탁자 책임과 한국 스튜어드십 코드

1) 한국 스튜어드십 코드 도입 배경

(1) 해외요인

① 2000년대 후반 세계금융위기의 중요한 원인 중 하나는 대상회사의 이사회나 경영진을 견제하지 못한 기관투자자라는 반성에서 국제적으로 기관투자자 역할 강화를 강조한 것이다.

> 세계금융위기는 금융기관들이 파생상품 바이러스를 퍼뜨리다가 터진 대형 사고였다. 금융기관들의 파생상품 및 레버리지 사용을 직접 규제하면 될 일이었다. 실제로 미국은 〈도드-프랭크법〉을 통해 금융기관에 대한 직접규제를 도입했다. 그러나 영국은 런던이 '자유로운' 국제금융센터로서의 위치를 지키기 위해 EU로부터 직접규제가 들어오기 전에 '대안적 선택'으로서 기관투자자 행동주의를 강조하는 '자율규제'를 도입했다.[1] 한국은 당시 세계금융위기의 피해자였고 국제금융센터도 아닌데, 왜 이런 식의 대책을 도입할 필요가 있다고 할 수 있나?

---

1 제2장 "영국과 미국의 왜곡된 스튜어드십 코드: '대안적 선택'" 참조.

② 환경, 사회, 지배구조(ESG)를 투자의 전 과정에서 고려하며, 주주의 적극적 역할(*active ownership*)을 강조하는 책임투자 원칙이 국제적으로 확산되었다.

> 이 슬라이드의 큰 제목에 '수탁자 책임'이란 말을 사용하면서 'active ownership'이란 표현을 함께 쓰는 것은 로버트 몽크스가 했던 것처럼 기관투자자의 법적 지위를 의도적으로 혼동시키면서 적극적 행동을 강조하는 수법이라고 할 수 있다.[2] 필자는 이 책에서 '정직한 전문성'을 계속 강조했다. 정직한 전문가라면 기관투자자의 주식보유분에 대해 'ownership'이라는 표현을 쓰면 안 된다. 또 '책임투자'에 대한 '국제적 인식'이라는 것이 아무리 높아진다 하더라도 연기금의 '안정적·장기적 수익률'이라는 지상과제에 복속돼야 한다는 대명제에는 변함이 없다.

③ 중장기적 관점에서 주주 특히 기관투자자와 대상회사의 이사회 또는 경영진과의 대화를 강조하는 국제적 흐름이 형성되었다.

> 중장기적 관점에서 기관투자자와 기업이 대화하는 것은 항상 바람직한 일이다. 그러나 과거 기관투자자 행동주의는 그렇지 못했다. 이 얘기를 내놓으려면 과거 기관투자자 행동주의가 왜 그렇지 못했는지에 대한 솔직한 검토가 선행되어야 한다.

---

2 1장 2절의 2) "기관투자자 투표의무화, ISS와 몽크스의 행동주의" 참조.

(2) 국내요인

① 상법 등 관계법령 개정만으로는 실질적 기업지배구조 개선 효과
  를 거두기 어렵다.

> 한국은 현재 전 세계에서 가장 강력한 재벌정책을 사용하고 있다. 가장 강력
> 한 〈공정거래법〉을 적용하고, 상법에서 '1주 1의결권'을 강제하며, 기업상속
> 세율도 전 세계에서 가장 높다. 또 전 세계에서 유일하게 순환출자도 법으로
> 금지한다. 이렇게 강력한 재벌정책을 집행하는데도 분배문제가 나빠지고
> 있다면 그것이 '기업지배구조' 때문이라고 원인을 잘못 진단한 것은 아닌지
> 근본적으로 다시 검토해 봐야 한다.
> '기업지배구조 개선'이라는 것의 궁극적 목적이 구체적으로 무엇인지
> 도 밝혀야 한다. 혹시 재벌이 해체되지 않는 한 기업지배구조 개선은 영
> 원히 지속되어야 하는 과제라고 전제하는 것은 아닌가? 재벌이라는 기
> 업지배구조 형태는 한국에만 특이한 것이 아니라 전 세계에서 보편적 현
> 상이다 .3

② 기업관련 스캔들과 주주가치 하락으로 인한 연기금·운용사 등
  기관투자자의 손실확대, 그에 따른 한국 자본시장의 정체와 국제
  적 신뢰도 및 위상의 저하가 불가피하다.
③ 투자손실 우려에도 불구하고 주주총회에서 반대투표를 행사하거
  나 투자대상 회사와 대화나 주주제안에 나서기를 꺼리는 등 국내
  기관투자자가 주주활동에 극히 소극적이다.

---

3 신장섭(2016a) 제2장 참조.

이 두 가지 항목의 기본 전제는 한국에 커다란 기업관련 스캔들이 있었고 그로 인해 기관투자자가 큰 손실을 봤다는 것이다. 그러나 이것이 사실인가? 2000년대 이후 한국에는 미국의 엔론 사태와 같은 큰 기업 스캔들이 없었고 따라서 그로 인한 기관투자자들의 '손실확대란 것이 없었다. 자본시장이 정체된 것은 한국경제가 저성장 체제에 빠졌던 것이 가장 큰 원인 아닌가?

여기서 '기업관련 스캔들'이나 '투자손실 우려에도 불구하고' 주주총회에서 반대투표를 행사하지 않았다고 전제하는 실질적 내용은 2015년 삼성물산-제일모직 합병 건이라고 할 수 있다. 그러나 당시 투자손실을 우려하던 기관투자자는 거의 없었다. 외국인 기관투자자들도 마찬가지였다. 투자수익률이라는 관점에서 국내 기관투자자들이 찬성표를 던진 것은 합리적 선택이었다.4 한국 스튜어드십 코드 추진 세력은 국민연금이 당시 찬성표를 던진 것이 잘못이었고 그로 인해 큰 손실을 봤다는 근거 없는 주장을 국민연금 스튜어드십 코드 도입의 핵심적 구실로 사용하고 있다.

2) 한국 스튜어드십 코드: 기관투자자의 수탁자 책임에 관한 원칙

① 기관투자자는 타인자산을 관리·운용하는 자로서 '수탁자'에 해당한다.
- (신인의무) 자신의 자산을 위탁한 고객·수익자의 이익을 위해 최선을 다해 운용할 필요가 있다.
- (주주로서의 역할) 소유자로서 주주권 등을 활용해 투자대상 회사의 주요 의사결정 사항에 영향력 행사가 가능하고 이를 통해 회사의 중장기 발전과 회사가치 향상에 기여가 가능하다.

---

4 3장 2절 "'삼성물산-제일모직 합병' 투표 5대 쟁점 다시 보기" 참조.

② 기관투자자의 수탁자 책임은 다음 두 가지 요소로 구성한다.

- 대상회사 주주로서 (단순매매가 아니라) 회사의 중장기 발전과 회사가치의 향상을 좀더 적극적으로 추구함으로써
- 자신의 자산을 맡긴 고객과 수익자의 중장기이익을 도모한다.

> 위 항목에서는 수탁자에게 '신인의무'가 있다고 말하면서 아래 항목에서는 '주주로서의 수탁자 책임'만을 강조했다. 또 '주주로서의 수탁자 책임'에서 '단순매매'가 아니라 기업관여가 더 중요하다고 말한다. 두 가지 다 잘못됐다.
>
> 첫째, 고객의 돈을 관리하는 집사로서 '신인의무'에는 수수료나 내부거래 투명성이 굉장히 중요하다. 투자기업 관여를 통해 주가수익 올려주기를 기대하는 고객은 별로 없다. 미국에서는 이런 '신인의무'에 관한 내용이 '수탁자 규정'이란 이름으로 도입되려다 지금 트럼프 행정부에서 표류하고 있는 상태다.[5] 스튜어드십 코드 추진 주체들은 이에 대해 언급조차 하지 않는다. '스튜어드'(*steward*)를 고객 돈 관리 집사에서 투자기업 관리 집사로 환치 (換置)해서 사용하기 때문이다.
>
> 둘째, 기관투자자가 주식투자를 통해 고객에게 수익을 올려주는 가장 중요한 방법은 옛날이나 지금이나 '단순매매'다. 국제금융시장의 대세인 인덱스펀드는 주가지수를 '단순매매'해서 고객에게 수익을 안겨 준다. 개별 기업이 어떻게 돌아가는지에 대해서는 무관심하고 무능력하다.[6]

③ 여기서 주주로서의 적극적 역할의 핵심은 아래와 같다.

- 기존의 재무사항 외에 경영전략, 기업지배구조 등과 같은 비재무 요소에 관하여

---

5 2장 2절의 2) "노동부의 '수탁자 규정' 도입과 트럼프 행정부에서의 표류" 참조.
6 1장 4절 "인덱스펀드 대세와 복마전 기업투표, 행동주의 헤지펀드의 횡행" 참조.

- 대상회사 점검, 이사회와의 대화, 주주제안 등과 같은 적극적 주
주활동을 수행한다.

> 기관투자자들이 개별 기업의 '경영전략'과 '지배구조'를 다 들여다보고 관여
> 할 수 있을 정도로 시간이 있고 능력이 있나? 기관투자자의 '관여'를 통해 회
> 사의 중장기 가치가 올라갔다는 증거도 아직까지 없다.[7] 왜 실증과 논리가
> 없는 얘기를 반복하나?

2. 국민연금의 스튜어드십 코드 참여 필요성

1) 스튜어드십 코드는 세계적 추세

① 스튜어드십 코드 도입 국가는 2017년에도 5개국이 증가하여 모
든 대륙에서 총 20개 국가에 이르렀다는 점에서 스튜어드십 코드
는 명실상부한 세계적 추세이다.
- (기존 도입 국가 15개국) 영국(2010, 2012), 네덜란드(2011), 스위스
(2013), 이탈리아(2015, 2016), 덴마크(2016) (이상 유럽), 캐나다
(2010), 브라질(2016) (이상 아메리카), 일본(2014, 2017), 말레이시
아(2014), 홍콩(2016), 대만(2016), 싱가포르(2016), 한국(2016),
태국(2016) (이상 아시아), 남아프리카공화국(2011) (아프리카)
- (2017년 신규 도입 국가 5개국) 미국, 호주, 인도, 카자흐스탄, 케냐

---

7 1장 3절의 〈따로 읽기 2〉 "행동주의 성과에 대한 실증분석 종합검토" 참조.

② 각국 스튜어드십 코드는 모두 기관투자자가 적극적 관여활동 등을 통해 대상회사의 중장기 발전과 고객의 중장기이익을 도모할 책임이 있음을 명시하며, 동시에 장기투자자인 연기금이 핵심적 스튜어드십 코드 가입 대상이라는 점을 명확히 한다.

③ 국민연금이 해외 스튜어드십 코드와 동일한 목적 및 가입대상을 명시한 한국 스튜어드십 코드에 참여하는 것은 해외 주요 연기금과 마찬가지로 세계자본시장의 추세를 따른다는 점에서 불가피한 측면이 있다.

> 해외의 '립서비스' 자율규제를 왜 한국이 따라야 하나? 그것이 왜 불가피한가? 이렇게 '불가피하다'고 단정하는 것은 해외의 왜곡된 스튜어드십에 대해서 알지 못하는 '전문성' 결여 때문일 수 있고, 해외사례를 필요에 따라 선택적으로 들여오는 '정직성' 결여 때문일 수도 있고, 두 가지 모두 때문일 수도 있다.

2) 해외 주요 연기금은 상당수 스튜어드십 코드에 참여

① 해외 주요 연기금은 자국 혹은 해외의 스튜어드십 코드에 다양하게 참여하면서 수탁자 책임활동을 이행한다.
- AP4(스웨덴) : 일본 스튜어드십 코드 참여
- GPIF(일본) : 일본 스튜어드십 코드 참여
- APG(네덜란드) : 미국 스튜어드십 코드 참여 (*endorser*)
- CalPERS(미국 캘리포니아) : 일본 스튜어드십 코드 참여
- CalSTRS(미국 캘리포니아) : 미국 스튜어드십 코드 참여

해외투자를 하려면 그 나라에서 행하는 규제에 순응하는 것이 어쩔 수 없는 일이다. 해당국에서 스튜어드십 코드라는 '립서비스 자율규제'를 하고 있으면 외국인 기관투자자도 자신에게 특별히 문제되지 않는 한 그 규제를 그냥 따라가는 것이 편한 일이다. 해외 스튜어드십 코드에 가입했다는 사실이 해당 연금들이 스튜어드십 코드가 꼭 필요하다고 동의하는 것이라고 단정할 수 없다.

② 스튜어드십 코드에 가입하지 않은 해외 주요 연기금의 경우에도 책임투자 원칙(PRI)에 가입해 관여활동 등 (동 원칙상) 적극적 소유자로서의 역할을 책임 있게 수행한다는 점을 투자정책서(SIP) 또는 책임투자 원칙 공시문서 등에 명시하여 공개함으로써 사실상 스튜어드십 코드 가입 기관투자자와 동일하게 간주할 수 있다. NBIM(노르웨이), CPPIB(캐나다) 등이 그와 유사한 사례이다.

'스튜어드십 코드'와 '책임투자'를 동의어인 듯이 사용하는데, 이것이 누구의 해석인가?

3) 해외 주요 연기금은 다양한 형태의 주주활동 적극 수행

① 해외 주요 연기금은 이사회와의 미팅, 배제 리스트(exclusion list) 작성·공개, 이사후보 추천, 캠페인 등 다양한 형태의 주주활동을 수행한다.
- NBIM(노르웨이) : 이사회와의 대화(2016년 233건), 이사후보 추천 등
- CPPIB(캐나다) : 이사회와의 대화, 여타 기관투자자와의 협력, 산업 대화 등

② 해외 주요 연기금은 ICGN(International Corporate Governance Network), ACGA(Asian Corporate Governance Association) 등에 참여해 각국 기업지배구조 개선을 위해 다양한 활동을 전개함과 아울러 자체 스튜어드십 코드를 제정해 공개한다.

- ICGN에는 AP, APG, CalPERS, CalSTRS, CPPIB, NBIM, OTPP(캐나다) 등 주요 연기금이 참여하며, 자체 스튜어드십 코드인 'Global Stewardship Principles'를 발표해 각국이 참고토록 함
- ACGA에는 APG, CalPERS, CalSTRS, CPPIB, NBIM, OTPP, PGGM(네덜란드) 등이 참여하여 아시아 국가 기업지배구조 개선을 위한 다양한 활동을 수행한다.

연구자가 마치 ICGN과 ACGA의 홍보대사인 듯한 착각이 든다.

4) 스튜어드십 코드의 긍정적 효과 확인

① 영국의 경우 스튜어드십 코드 도입 이후 주주관여 활동의 범위, 양 및 질 측면 모두에서 상당한 개선이 있었다는 것이 조사에 참여한 공식적 기관들의 전반적 평가이다(FRC, 2016, Developments in Corporate Governance and Stewardship, 2015).
② 투자협회(IA)의 조사에 답한 자산운용사의 90%는 관여의 결과, 회사의 반응성 등에 만족을 표시했다.

힘센 기관투자자들이 적극적 관여 정책을 취할 때에 해당 기업이 '반응성'을 높이는 것은 너무나 당연한 일이다. 그렇지만 이러한 '반응'이 기업가치의 중장기적 상승으로 이어지는 것은 별개의 사안이다. 스튜어드십 코드에 관해 기업의 중장기 가치상승 효과를 분석한 실증연구는 아직 없다.[8]

기관투자자 행동주의나 헤지펀드 행동주의에 관한 수많은 실증연구 중에도 행동주의가 기업의 중장기적 가치상승을 가져왔다는 것을 밝힌 사례는 없다. 스튜어드십 추진 세력은 마치 '반응성'이 높아진 것이 스튜어드십 코드 도입의 커다란 성과인 듯이 내세운다. 이것은 기업가치가 상승했다는 실증연구가 없다는 사실을 잘 모르는 독자에게 마치 중장기 가치상승이 이루어진 것으로 느끼게끔 실상을 호도하는 것이 될 수 있다.

5) 스튜어드십 코드는 이해상충 우려를 최소화하는 수단

① 국내 자본시장에는 정부가 국민연금의 의결권 행사 등에 영향력을 행사해 정책목적 달성의 수단으로 활용하려는 게 아닌가 하는 현실적 우려가 존재한다.

② 이외에도 자산운용, 배분, 의결권 행사 관련 책임자들의 개인적 이해관계로 부적절한 의결권 행사 등 이해상충 문제가 나타날 가능성이 있다.

③ 의결권 행사 등 주주활동이 관치 등의 이해상충 문제로 왜곡될 우려가 있다면, 오히려 스튜어드십 코드에 참여해 세부원칙을 적극 이행해야 한다.

스튜어드십 코드를 '기업투명성 제고'를 통한 '공정경제' 실현 수단으로 만들겠다는 정부의 방침이야말로 '관치' 아닌가? 연구자는 〈2018년 경제정책방향〉에 나와 있는 정부의 방침을 알고 이런 얘기를 하는 건가, 아니면 모르고 이런 얘기를 하는 것인가? 어떻게 스튜어드십 코드를 '관치' 해소 수단이라고 주장할 수 있는가?

---

8 2장 1절 "영국의 왜곡된 스튜어드십 코드 탄생과 초라한 성과" 참조.

④ 독립성 있는 조직구조를 갖추고, 사전에 정한 절차와 기준을 따라 의결권 행사 등 주주활동을 수행하며, 그 내용을 투명하게 공개함으로써 자본시장의 우려를 적극적으로 해소하면서 자산가치의 보호와 증진을 꾀하는 것이 바람직하다.

⑤ 최근 의결권 행사 관련 논란은 사전에 정한 절차와 세부지침에 따라 투명하게 의결권을 행사했는지에 관한 국민적 불신에서 비롯된 측면이 크므로 이를 극복할 필요가 있다.

> 여기서 '최근 의결권 행사 관련 논란'은 삼성물산-제일모직 합병 건을 지칭하는 것 같은데, 국민연금은 합리적 투표결정을 한 것이었다. 오히려 스튜어드십 추진 주체들이 근거 없는 주장을 내세우면서 '국민적 불신'을 만들어낸 것이 아닌지 자성해 봐야 한다.

6) 대규모 장기투자자(*universal owner*)로서 세대 간 형평 추구, 부(-)의 외부성 관리를 위해 적극적인 주주활동 필요

(본문 일부 생략)

> 'universal owner'란 표현은 연금의 기본성격을 왜곡하는 것이다. '주인'이 아니라 '수탁자'일 뿐이다. 돈 주인은 연금가입자들이지 연금공단이 아니다. 'universal'이란 표현도 틀린 말이다. 주요 대기업 주식을 많이 갖고 있어서, 한국 대기업에 대해 집합적으로 봤을 때에 '단일 최대주주'가 되어 있을 뿐이다. 모든 기업의 주식을 갖고 있는 것이 아니다. 또 그렇기 때문에 국민연금의 영향력을 행사하는 데 조심해야 한다. '세대 간 형평 추구, 부의 외부성 관리'를 위해 더더욱 '안정적·장기적 수익률'이라는 국민연금 본연의 임무에 충실하도록 만들어야 한다.

3. 스튜어드십 코드 세부 원칙별 이행 방안

1) 원칙 1: 수탁자 책임정책 제정·공개

(본문 일부 생략)

2) 원칙 2: 이해상충 해소

(본문 일부 생략)

(1) 〈국민연금법〉 개정하지 않는 경우의 해소방안

① (상호 견제) 현재의 의결권행사 전문위원회를 확대·개편한 수탁자 책임위원회(가칭)를 두되 현재와 마찬가지로 사용자 및 근로자 단체 등이 추천한 전문가들로 구성함으로써 위원들 간에 상호 감시와 견제가 이루질 수 있도록 하고, 이를 통해 국민연금의 이익이 특정 이해관계자의 이익에 의해 침해받지 않도록 한다.

② (권한에 상응하는 책임) 기금운용본부 책임투자팀을 수탁자책임팀(가칭)으로 확대·개편하되 이를 수탁자 책임위원회의 감독을 받도록 하고(수탁자책임팀에 대한 안건회부 요청권도 부여), 수탁자 책임위원회의 법적 근거(예컨대, 시행령 개정)를 마련함으로써 강화된 권한에 상응하는 책임을 지도록 함(예컨대, 벌칙적용 시 공무원 의제, 금융투자상품 매매금지 의무 부과)

③ (가이드라인과 투명성) 수탁자 책임이행에 관한 구체적 가이드라인을 만들어 이를 사전에 공개하는 한편, 수탁자 책임이행의 구체적 내역을 즉시 또는 사후에 공개함으로써 수탁자 책임활동이 오로지 국민연금의 기금운용 목적에 맞게 이루어지고 있는지 외부에서 충분히 모니터링이 가능하도록 한다.

그림 I-1 **국민연금 기금운용위원회 조직의 변경 전과 변경 후**

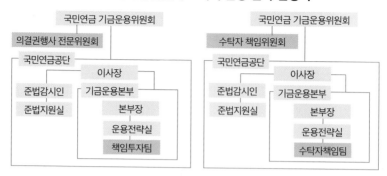

④ (업무범위와 조직구성) 수탁자 책임위원회와 수탁자책임팀은 단순
   히 의결권 행사뿐만 아니라 다양한 형태의 다른 주주권 행사도 관
   장하고, 투자대상 기업의 사회적 책임과 관련한 투자도 관장한다.

⑤ 책임투자는 주식에만 적용되지 않고, 종국적으로 국민연금의 모
   든 자산에 적용되어야 할 것이므로 수탁자책임팀은 특정 금융자
   산운용부서(예컨대 주식운용실) 밑에 두지 않고, 현재처럼 운용
   전략실 산하에 두는 것이 적절하다.

> 기존 의결권행사 전문위원회를 확대한 수탁자 책임위원회에 주식투자 및 의
> 결권 관련 전권을 밀어주어야 한다는 주장이다. 여기서 '이해상충'이라는 말
> 은 기금운용본부의 투자위원회가 의결권을 행사하는 것이 정부 관계자의 '외
> 압'을 쉽게 받는다는 것이고, 그렇게 해서 잘못된 사례가 삼성합병 건이라는
> 전제를 갖고 있다. 그렇지만 이 책에서 강조했듯이 현행 의결권 행사 체계에
> 서 '독립성'이 문제될 여지는 별로 없다. 오히려 수탁자 책임위원회가 외압을
> 더 쉽게 받는 구조이다. 필자는 또 국민연금은 '안정적·장기적 수익률'이 지
> 상목표이고 의결권 행사는 그 목표에 복속시키는 구조를 가져야 한다고 주장
> 했다. 그러나 이 보고서는 의결권 행사를 중심으로 하는 외부 위원회에 투자
> 결정기구를 복속시키자는 '본말전도'(本末轉倒) 제안이라고 할 수 있다. 9

3) 원칙 7: 역량·전문성 강화 (4) 수탁사·자문사에 대한 적정 보수지급

① (필요성) 적정보수 지급은 수탁사·자문사의 전문성을 높이고, 이를 통해 서비스 품질·성과가 향상되면 국민연금 자산가치 제고로 이어지는 선순환이 가능하다.

> 수탁자 책임의 구체적인 이행을 자산운용자에 맡긴 자산소유자는 자산운용자가 역량을 축적하고 이를 바탕으로 투자대상 회사와의 대화와 주주활동을 효과적으로 수행할 수 있도록 적정보수를 지급하고 해당 자산운용자를 관리할 방안을 모색해야 한다.
>
> 〈한국 스튜어드십 코드 원칙 7 안내지침〉 중에서

② (적정보수 지급 방향) 수탁사·자문사에 지급하는 보수는 매우 낮은 수준이므로 다음을 전제로 해외수준을 참고하여 단계별로 현실화할 필요가 있다.

• 엄격한 역량평가 및 업무관리
• 합리적 기준에 따른 성과평가

투표자문사는 로버트 몽크스가 만들어낸 괴물이다. 정치민주주의를 왜곡해서 기관투자자 투표에 갖다 붙여 기관투자자의 투표의무화를 도입했기 때문에 기관투자자들이 '립서비스 투표'를 하는 수단으로 발전했고, 인덱스펀드 등 투표 무능력·무관심 펀드가 급증하는 공백을 이용해서 영향력을 확대했다. 투표자문사 문제는 투표의무화를 폐기함으로써 원천적으로 해결해야 한다.

---

9 4장 2절의 2) "기금운용본부"와 4장 3절의 〈따로 읽기 10〉"우려되는 국민연금의 '위원회 정치'" 참조.

투표자문사에 아무리 보수를 높이 준다 하더라도 투표자문사가 개별 기업 투표에 찬반을 명확히 권고할 수 있는 역량을 갖출 수 없을 뿐더러, 투표자문사 소유주의 성향에 따라 투표추천 방향이 정해질 수 있고 투표자문과 컨설팅을 동시에 수행하면서 나타나는 이해상충의 문제도 있다. '자문사의 전문성을 높이고'라는 말은 애초부터 달성할 수 없는 과제이다.[10]

한국기업지배구조원 소속인 연구자는 한국기업지배구조원이 만든 〈한국 스튜어드십 코드 원칙 7 안내지침〉을 박스에 넣어 별도로 인용하면서 투표자문사에 '적정보수'를 지급해야 한다는 점을 강조했다. 한국기업지배구조원은 현재 '한국의 ISS'가 될 가능성이 크다. ISS처럼 투표자문도 하면서 기업이나 금융기관을 대상으로 투표 및 지배구조 관련 컨설팅 사업을 하고 있기 때문이다. 자신이 낸 공공 보고서에서 자신에게 '적정보수'를 지급해야 한다고 강조했다고 할 수 있다.

한 가지 유의할 사실은 '안내지침'에는 자문사에 대한 '적정보수' 지급은 언급되지 않았다는 점이다. 자산운용사에 대한 적정보수만 적혀 있다. 위에서 인용한 안내지침에 이어서 한국기업지배구조원은 "기관투자자는 내부 가용자원, 재정상황 등을 고려하여 외부의 전문적 자문 서비스를 활용함으로써 수탁자 책임의 충실한 이행을 도모할 수 있다"고 설명한다. 여기서 전문적 자문 서비스 활용을 권고하는 기관투자자는 내부 가용자원 등이 별로 없는 기관이다. 국민연금은 해당되지 않는다. 그러나 연구자는 국민연금으로부터 용역받은 중간보고서에서 추가로 투표자문사에 대해 '적정보수'를 지급해야 한다는 얘기를 명기했다. 이것은 '이해상충'에 해당되는 사항이 아닌가?

---

10 1장 4절의 2) "투표의무화의 폐해: '투표괴물' ISS와 대형 기관투자자의 '립서비스' 투표" 및 3장 2절 〈따로 읽기 4〉 "ISS 보고서는 바보 같은 분석, 볼 가치 없다: YTN 생생 인터뷰 참조.

조명현 한국기업지배구조원장
인터뷰 비판적 검토

〈조선일보〉의 주말 경제섹션인 '위클리 비즈'(*Weekly Biz*)는 2018년 1월 13일 스튜어드십 코드에 관해 조명현 한국기업지배구조원장의 인터뷰를 실은 뒤 필자에게 이에 대한 비판 원고를 기고해 달라고 요청했다. 필자가 준 원제목은 "스튜어드십 코드가 왜 '공정경제' 실현 수단인가?"였지만 이 원고는 2018년 1월 27일자에 "스튜어드십 코드, 국민연금 앞세워 기업 길들이기 우려"라는 제목으로 실렸다. 여기서는 독자들의 이해를 돕기 위해 조명현 원장의 인터뷰 기사 안에 항목별로 필자의 비판적 검토를 다른 색의 고딕체 글자로 적어넣었다.

'스튜어드십 코드'란 무엇인가?

'스튜어드'는 우리말로 '집사'다. '스튜어드십'은 '집사 정신', '청지기 정신'을 뜻한다. 주인의 재산을 맡아서 잘 운용하는 것을 가리킨다. '스튜어드십 코드'는 기관투자자들이 이런 정신을 받아들여 투자자들이 맡긴 수탁자산을 자기 돈처럼 책임감을 가지고 운용하도록 하기 위한 지침이다. 영국에서 처음 시작돼 유럽 여러 나라와 일본·미국 등 세계 20여 개국이 도입했다. 나라별로 조금씩 다른 형태로 운영하고 있는데 굉장히 자율적인 규제, 연성 규제다.

> 영국이나 미국 등 주요국이 정말 '집사 정신'을 제대로 실현하기 위해 스튜어드십 코드를 도입한 것이라고 착각하고 있든지, 사실을 왜곡하는 것이다. 이들은 정부의 직접규제가 들어오는 것에 대한 '대안적 선택'으로 '립서비스 자율규제'를 도입했다.[1] '굉장히 자율적인 규제, 연성규제'라고 강조한 것은 한국의 스튜어드십 코드도 그렇다는 뉘앙스를 풍긴다. 그렇지만 한국의 스튜어드십 코드는 정부가 적극 도입하고 있고 정치적 색깔이 강하게 칠해져 있다. 재벌개혁을 위한 대통령 공약사항일 뿐만 아니라 〈2018년 경제정책방향〉에는 "기업지배구조 개선을 통해 경영의 투명성 및 효율성을 제고"해서 '공정경제'를 확립하는 수단으로 들어가 있다. 주요 정책담당자들 또한 이구동성으로 스튜어드십 코드 도입이 필요하다고 강조한다.[2] 어떻게 이것을 '굉장히 자율적인 규제'라고 할 수 있는가?

---

1 제2장 "영국과 미국의 왜곡된 스튜어드십 코드: '대안적 선택'" 참조.
2 "3장 1절 한국 스튜어드십 코드의 추진 과정: 정부주도의 정치적 스튜어드십 코드" 참조.

'연금사회주의'로 변질될 수 있다는 비판도 있다.

기업경영에 간섭하고 기업을 길들이려 한다는 비판을 비롯해 많은 오해가 있다. 스튜어드십 코드의 핵심은 투자한 회사의 중장기 기업 가치를 높이기 위해 경영진과 심도 있게 대화한다는 것이다. 배당에 대한 요구나 오너일가 소유기업에 대한 일감 몰아주기 지적 등은 주주 입장에서 당연히 할 수 있는 이야기다.

깊이 있는 대화는 기업 입장에서도 도움이 된다. 예를 들어 "내년 전망이 극히 불투명하기 때문에 현금을 확보할 필요가 있다"는 식으로 회사사정과 애로를 설명하며 기관투자자들과 공감대를 형성할 수 있다. 스튜어드십 코드 참여 기관들은 아주 온화하고 순한 행동주의를 추구한다. 기업들이 대화와 설득을 통해 얼마든지 기관투자자를 우군으로 확보하고, 도움을 요청할 수도 있다. 그런 측면에서 스튜어드십 코드는 '파트너십 코드'다.

> 조 원장은 질문에 대한 직답을 회피했다. 연금사회주의 우려에 관한 핵심은 5% 룰까지 완화하고 스튜어드십 코드 도입 자산운용사에 국민연금 위탁자산 배분 시 가산점을 준다고 하면서 국민연금을 기업관여에 동원하려는 것이다.[3] 그러나 조 원장은 여기서 "투자한 회사의 중장기 기업가치를 높이기 위해 경영진과 심도 있게 대화한다"는 얘기밖에 하지 않는다. 국민연금을 언급하려 하지 않는다.

---

[3] 3장 1절 "한국 스튜어드십 코드의 추진 과정: 정부주도의 정치적 스튜어드십 코드" 참조.

조 원장은 스튜어드십 코드의 기본원칙도 한국 실정에 맞게 순화시켰다고 강조했다. 영국에서 기관투자자들이 공동으로 주주행동주의를 추구할 수 있도록 권장한 조항 같은 것을 뺐다는 것이다.

> '원칙'에서는 공동행동 조항을 뺐지만 '안내지침'에서 기관투자자 간 '포럼'을 만드는 것을 권장한다. "뺐다"는 말은 정확한 표현이 아니다. '원칙'에서만 빼고 '안내지침'에 잘 안 보이게 넣은 것이다.

이미 현행법이 기관투자자의 수탁자 의무를 명시하고 있지만 별 소용이 없다. 법적 강제성이 없는 스튜어드십 코드가 효과가 있을까?

법은 기업이 해야 할 최소한의 기준만 정한 것이다. 〈자본시장법〉에 수탁자 책임 원칙에 대한 조항이 한 줄 있지만 어떻게 해야 하는지 아무도 모른다. 스튜어드십 코드는 기본원칙이 7개 있고, 이를 어떻게 해야 하는지에 대한 상세한 설명도 있다. 일종의 가이드라인, 행동규범이 생긴 것이라고 할 수 있다. 구체적으로 무엇을 해야 하는지 지침이 있기 때문에 효과가 있을 것으로 생각한다.

> 현장에 있는 펀드매니저들은 이미 있는 정부규제에 추가 규제가 더해진 것으로 받아들인다. 한 연기금의 CIO는 스튜어드십 코드가 감사원의 감사 항목으로 들어갈 수밖에 없을 것이라고 말한다. 그렇다면 연기금에 스튜어드십 코드는 실질적 정부규제가 된다.[4]

---

4 3장 3절의 3) "시장주의적 '연금자본주의'?" 참조.

조 원장은 오랫동안 2000~2200선의 박스권에 머물렀던 코스피지수가 최근 2500선까지 상승한 것은 스튜어드십 코드 도입과 관련이 있다고 했다. "한국기업들의 지배구조가 개선될 것이라는 기대감이 커지면서 '코리아 디스카운트'(한국 저평가)가 해소되는 과정으로 본다"고 했다. (조 원장은 2017년 9월 13일에 '위클리 비즈'와의 인터뷰에서 "스튜어드십 코드 도입으로 개선이 기대되는 '기업지배구조'는 외국인들에게 굉장히 중요한 투자 고려사항인데도 국내에선 중요성이 간과되고 있다"며 "실제로 올 들어 코스피가 박스권을 뚫고 상승한 것에는 스튜어드십 코드 제정으로 높아진 대내외의 기대감이 큰 몫을 했다"고 말했다. 더 나아가 "〔스튜어드십 코드〕 제도가 성공적으로 정착된다면 '코리아 프리미엄'이 만들어질 것"이라고까지 강조했다.)

조 원장은 인터뷰의 앞부분에서 '투자한 회사의 중장기 기업가치'를 강조했다. 2017년 한 해 동안에 한국주가가 올라간 것을 갖고 스튜어드십 코드를 통한 '중장기 기업가치' 상승 가능성이 반영됐다고 어떻게 단정지을 수 있나? 2017년에 주가가 오른 것은 세계경제가 회복되고 따라서 한국기업들의 성과가 좋아졌기 때문이 아닌가? 코스피 박스권을 뚫은 일등공신은 삼성전자이다. 반도체 부문에서 막대한 이익을 올렸기 때문이다. 대형연기금이나 뮤추얼펀드의 '기업지배구조팀'이나 '스튜어드십팀'에 있는 사람들은 스튜어드십 코드로 한국의 지배구조가 곧 개선되고 이에 따라 주가가 오를 것이라고 얘기할지 모른다. 그러나 외국기관에서 일하는 펀드매니저들이나 AI 모델의 주가 움직임 판단기준에는 기업지배구조 개선 '기대감'이 거의 들어가 있지 않다.

삼성물산-제일모직 합병의 경우 이러한 기업지배구조팀의 입장과 펀드매니저들 간의 시각차가 명확히 드러난다. 박유경 네덜란드 연금 이사가 2015년 가을 국정감사에 증언했듯이 외국인 기관투자자들은 기업지배구조팀에서 사용하는 기업지배구조 등의 기계적 기준 때문에 반대표를 던졌을 가능성이 높다. 그렇지만 펀드매니저들은 주가 움직임에 대해 긍정적 전망을 유지했다. 삼성물산 주가가 주주명부확정기에 15~20% 오른 가격에서 유지됐고 외국인투자자들이 주식을 거의 팔지 않았다는 사실이 이를 반증한다.[5]

기업지배구조와 주가 움직임을 직접적으로 연결시키는 것은 기업지배구조 개혁론자들의 '믿고 싶은 생각'(*wishful thinking*)일 뿐이다. 지난 30여 년 동안 이루어진 기관투자자 행동주의에 관한 실증연구에서 행동주의가 장기적 주가상승 및 기업가치 상승에 긍정적 기여를 했다고 나온 것은 아직 없다. 논리적으로 그렇게 되어야 할 이유를 찾을 수도 없다.

스튜어드십 코드를 둘러싼 논란의 핵심은 국민연금이다. 정치적 독립성이 매우 약하기 때문에 국민연금의 주주권 행사에 대해 우려할 수밖에 없다.

국민연금을 정치적 목적으로 이용하는 데 대해서는 절대 반대한다. 투자한 회사의 중장기적 가치를 높이는 게 국민연금이 추구해야 할 지고지순의 지향점이다. 이를 위해 기금운용본부의 독립성을 확보하는 게 중요하다. 당초 거론됐던 것처럼 기금운용본부를 떼어내 공사화하는 게 바람직한데 이뤄지지 않았다.

'정치적 목적'으로 국민연금을 이용하는 것에 대해 '절대 반대'한다면 조 원장은 금융위원장에게 5% 룰을 국민연금에 예외적용한다거나 스튜어드십 코드를 도입하는 자산운용사에 국민연금 위탁자산 배분 시 가산점을 주겠다는 등의 얘기를 하지 말라고 강력하게 건의했어야 한다. 또 정부 관계자들에게

---

5 3장 2절의 〈따로 읽기 5〉 "삼성물산 합병에서 나타난 외국인투자자의 왜곡된 투표 행태: 투표와 매매의 분리" 참조.

스튜어드십 코드를 '공정경제' 확립수단으로 사용하지 말아야 한다고 건의했어야 한다. 그러나 조 원장이 그런 건의를 했다는 얘기는 듣지 못했다.

기금운용본부를 떼어내 공사화한다고 해서 그것만으로 '독립성'이 확보되지는 않는다. 현행 제도상으로도 기금운용본부의 독립성은 충분히 확보되어 있다. 삼성합병에 '외압'을 넣었다는 전 복지부 장관과 전 기금운용본부장이 법원에서 '직권남용'으로 유죄선고를 받을 정도이다.[6] 기금운용본부를 공사화하면 현재보다 어떻게 추가로 독립성을 보장할 수 있는지 설명해야 한다. 대통령부터 '재벌개혁'을 하는 수단으로 국민연금을 언급하고, 정부의 〈2018년 경제정책방향〉에 스튜어드십 코드가 '공정경제' 확립수단으로 들어가 있는데 국민연금 기금운용본부가 공사화한다고 '독립성'에서 달라질 바는 별로 없는 것 같다.

좀더 현실적인 대안도 있다. 국민연금이 주식운용을 100% 민간 자산운용사들에 위탁하고, 의결권도 자산운용사에 완전히 일임하는 것이다. 자산운용사들은 스튜어드십 코드에 따라 투자한 회사의 중장기 기업가치를 어떻게 높일 것인지를 판단기준으로 삼아 의결권을 행사하면 된다. 이렇게 하면 연금사회주의라는 논란의 소지를 없앨 수 있다. 일본이 이렇게 하고 있다.

> 필자가 조 원장과 유일하게 공감하는 부분이다. 연금사회주의 우려를 원천적으로 차단하려면 주식운용과 의결권을 모두 민간 자산운용사에 위탁하면 된다. 그러면 정부가 국민연금을 기업관련 정책수단으로 사용할 여지가 없어진다.[7]

---

6 4장 2절의 2) "기금운용본부" 참조.
7 5장 2절의 7) "투표와 관여는 투자결정 부서에서 함께 관장해야 한다" 참조.

국민연금과 자산운용사들이 기업가치를 높이는 방법을 판단할 능력이 있나?

그런 측면에서 주주총회 안건을 분석하여 의견을 제시하는 의결권 자문사의 역할이 중요하다. 현재 국내 의결권 자문시장 규모는 연 5억~6억 원 정도에 지나지 않는다. 여의도에서 가장 큰 치킨맥줏집 1년 매출이 10억 원 가까이 되는 것과 비교하면 창피한 수준이다. 의결권 자문 서비스의 가치를 인정하지 않고 있어 자문사들이 제대로 인력을 갖추지 못하고, 분석능력도 떨어진다. ISS 같은 세계적 의결권 자문사들은 가격이 싸더라도 전 세계 많은 기관투자자를 상대로 장사하기 때문에 문제가 없다. 하지만 토종 자문사들은 시장 자체가 너무 작아서 유지하기 힘들다. 여기서도 국민연금의 역할이 중요하다. 현재는 조달청을 통해 공개입찰을 하면서 가격을 후려치고 있지만 앞으로는 제값을 쳐줘서 의결권 자문 서비스 시장을 키워야 한다.

> 국민연금이나 자산운용사가 기업가치 높이는 방법을 판단할 능력이 있느냐는 질문에 대답하지 않았다. 맥락상으로는 그 능력이 없고 그러니까 의결권 자문사에 의존해야 한다고 얘기하는 것 같다. 국민연금이나 자산운용사가 능력을 가졌는지 여부는 별도로 치자. 그런데 과연 능력이 없을 때에 의결권 자문사가 보충해 줄 능력을 갖추고 있나? 조 원장은 ISS가 굉장히 역량 있고 객관적인 의결권 자문사란 전제를 가진 것 같다. 또 자문료가 충분히 높으면 투표자문사들이 공정하고 정확한 투표자문을 할 것이라고 기대한다.
>
> 그러나 이 기대는 사상누각(沙上樓閣)이다. 인덱스펀드 등 대부분의 패시브 펀드에서 투표할 때 필요한 것은 투표의무를 잘 수행했다는 합리화다.

투표자문사는 그 합리화 서비스를 공급하는 것일 뿐이다.[8] 조 원장이 높이 평가하는 ISS의 자문 보고서를 실제로 살펴보면 수준 이하의 내용이 많다. 삼성합병의 경우는 "합병 프리미엄이 없는데도 불구하고 주가가 15%가량 올라가는 긍정적 시장반응이 나왔다"는 한심한 수준의 분석을 내놓았다.[9] 한국기업지배구조원 등 국내 투표자문사에 자문료를 높여 준다고 해서 이런 근본적 문제가 해결되지는 않을 것이다. 물론 한국기업지배구조원에 들어오는 수입은 많아질 것이다.

조 원장은 인터뷰 도중 여러 차례 "스튜어드십 코드는 기업가치를 높이고 경쟁력을 제고하는 게 궁극적 목표"라고 강조했다. "한국기업지배구조원은 반기업적 기관이 절대 아니다"라며 "오해가 풀렸으면 좋겠다"고 했다. 정부정책 방향을 둘러싼 논란과 얽혀 스튜어드십 코드가 필요 이상으로 예민한 이슈가 되는 현실에 큰 부담을 느끼는 모습이었다.

'반기업적 기관'이라는 인식은 한국기업지배구조원이 '재벌개혁'을 목표로 삼는 정부의 민간 집행기구 역할을 하기 때문에 생겼다고 봐야 할 것이다. 집행기관의 담당자가 자신은 아무리 다른 뜻으로 일했다고 해도 정부의 전반적인 정책 내에서 일했다면 그 정책을 집행한 것이 된다. 한국기업지배구조원은 반기업적이 아닌데 정부정책은 반기업적이라고 얘기할 수 없다.

스튜어드십 코드가 "필요 이상으로 예민한 이슈가 되고 있다"는 얘기는 스튜어드십 코드가 가진 중요성을 일부러 평가절하하려는 것처럼 들린다.

---

8 1장 4절의 2) "투표의무화의 폐해: '투표괴물' ISS와 대형 기관투자자의 '립서비스' 투표" 참조.
9 3장 2절의 〈따로 읽기 4〉 "ISS 보고서는 바보 같은 분석, 볼 가치 없다: YTN 생생 인터뷰" 참조.

자신은 중요한 일이라고 추진하지만 여기에 반대하는 사람들은 '예민하게' 받아들이지 말기를 바라는 것처럼도 들린다. 스튜어드십 코드는 국민연금의 자산 620조 원, 다른 연기금의 자산 4백조 원을 포함하여 국민 노후자금 1천조 원 이상이 걸린 중차대한 사안이다. 또 국민연금은 한국 주요 대기업 지분을 평균 9% 가진 한국 대기업의 단일 최대주주다. 필자는 이 책에서 국민연금 문제는 앞으로 모든 정부에서 3대 국정과제에 넣어야 할 정도로 중요한 사안이라고 강조했다.[10] 스튜어드십 코드는 원천적으로 예민한 이슈다. 그동안 이에 대해 '예민하게' 반대하는 목소리가 별로 없었을 뿐이다.

---

10 맺는말 "최대 공기업 국민연금의 진로" 참조.

한국기업지배구조원과 ISS의 '이해상충'

필자는 ISS의 탄생과정 및 운영실태를 설명하면서 ISS가 안고 있는 '이해상충' 문제를 강조했다. ISS에서 이해상충이 일어난 근본적 이유는 ISS를 만든 로버트 몽크스가 처음부터 ISS를 통해 영향력을 행사하고 돈을 벌 목적으로 노동부 연금국장을 하면서 기관투자자 투표의무화를 추진했다는 사실에 있다.

몽크스는 처음부터 1년만 연금국장으로 일하고 민간에 나와서 '기업지배구조' 관련 일을 한다는 목표를 갖고 있었고, 계획대로 1년 후 퇴임하자마자 ISS를 설립했다. 그리고 연금국에 남아 있던 몽크스의 동료들이 연금 투표의무화를 실행하자 당시 독점 투표자문사였던 ISS의 영향력과 비즈니스는 날개를 달았다. 몽크스는 실질적으로 기관투자자 투표의무화 '입법'을 성사시켰고 그 입법의 최대 수혜자가 되는 민간회사를 차려 돈을 벌었다. 그래서 필자는 이러한 몽크스의 행위가 국내에서 문제되고 있는 '전관예우'보다도 훨씬 심

각한 이해상충 문제를 안고 있다고 지적했다. [1]

ISS의 이해상충은 여기서 그치지 않는다. 투표자문과 투표 및 기업지배구조 관련 컨설팅을 동시에 수행하기 때문이다. 투표자문보고서를 내놓을 때에 자신으로부터 투표관련 컨설팅을 받는 기업이나 금융기관에 유리한 방향으로 추천할 가능성이 열려 있다. 실제로 행동주의 헤지펀드들이 기업에 대한 캠페인을 전개하기 전에 ISS에 컨설팅 용역을 주는 경우도 있다. ISS의 소유구조상 '객관적' 투표보고서를 내놓지 못할 가능성도 열려 있다. 주주행동주의자 몽크스가 만들었고, 현재 소유주는 기업사냥꾼 출신들이 만든 사모펀드 베스타캐피탈이기 때문이다. 행동주의적 펀드와 사업 중심으로 운영하는 기업 경영진 간에 분쟁이 벌어졌을 때에 행동주의적 펀드 쪽의 입장을 지지할 가능성이 높은 것이다. [2]

이와 거의 똑같은 이해상충 문제가 현재 스튜어드십 코드 제정과 도입을 주관하는 한국기업지배구조원에도 적용된다. 금융위원회는 2015년 중반부터 한국기업지배구조원에 스튜어드십 코드 제정 및 도입 업무를 형식적으로 넘겨줬다. '민간 자율규제'라는 명분을 살리기 위해서였다. 한국기업지배구조원이 민간 연구소로서 스튜어드십 코드 제정 및 도입에 관한 용역만 맡아서 수행했다면 별 문제가 없을 것이다.

그러나 한국기업지배구조원은 이미 정부허가를 받아 투표자문사업을 하는 기관이다. 스튜어드십 코드가 도입되면 투표자문사업이

---

1 1장 2절의 2) "기관투자자 투표의무화, ISS와 몽크스의 행동주의" 참조.
2 1장 4절의 2) "투표의무화의 폐해: '투표괴물' ISS와 대형 기관투자자의 '립서비스' 투표" 참조.

커질 수밖에 없다. 한국기업지배구조원은 여기에 더해 투표 및 관여를 포함한 스튜어드십 코드 전반에 관한 컨설팅도 수행한다. 기관투자자의 스튜어드십 코드 도입 '점검'까지도 수행한다. 한국기업지배구조원은 스튜어드십 코드와 관련해서 입법권과 행정서비스권, 그리고 사법권까지 다 맡고 있다고 할 수 있다.

이해상충 해소는 스튜어드십 코드에서 중요한 항목이다. 영국 스튜어드십 코드의 '원칙 2', 미국 ISG의 스튜어드십 '원칙 3', 일본 스튜어드십 코드의 '원칙 2'가 모두 이해상충에 관한 조항이다.[3] 한국기업지배구조원이 제정한 한국 스튜어드십 코드의 '원칙 2'도 이해상충에 관한 것이다. 그러나 이해상충의 여지가 큰 한국기업지배구조원이 기관투자자의 이해상충을 해소하라는 코드를 제정하고 점검하는 역할을 하는 한편 관련 서비스를 제공해서 돈까지 버는 상황이 만들어졌다.

한 언론은 "운영사 돈 받는 CGS(기업지배구조원)에 스튜어드십 위탁 논란"이라는 제목의 기사에서 증권사 관계자의 말을 빌려 "자동차 수리업체가 자동차 점검기준을 강화하자는 매뉴얼을 만드는 셈"이라며 "금융위원회가 왜 스튜어드십 코드 제정과 운영을 CGS에 일임했는지 이해할 수 없다"고 지적했다.[4] 필자는 기관투자자들이 자신의 수수료나 이사회 독립성, 내부거래 등의 문제에 대해서는 아무런 언급을 하지 않으면서 기업의 이사회 독립성, 내부거래 등의 지배구조 등을 관리하는 스튜어드십 코드를 집행할 주체가 될 자격이 있는지

---

3 제2장 "영국과 미국의 왜곡된 스튜어드십 코드: '대안적 선택'" 참조.
4 "운용사 돈 받는 'CGS'에 스튜어드십 위탁 논란", 〈아주경제〉, 2017. 7. 6.

질문했다. 5 마찬가지로 이해상충 요소를 많이 가진 한국지배구조원이 스튜어드십 코드의 제정과 점검을 수행할 자격을 갖추었는지 근본적으로 의문이다.

몽크스의 투표의무화는 기업투표를 복마전으로 만들었지만 ISS에 정당성 없는 파워와 비즈니스를 가져다주었다. 스튜어드십 코드 도입은 기관과 기업 관계를 혼탁하게 만들 가능성이 크지만 한국기업지배구조원에 정당성 없는 파워와 비즈니스를 가져다줄 가능성이 높다. 한국기업지배구조원은 한국의 ISS가 되기를 꿈꾸는 것 같다. 스튜어드십 코드 도입이 누구를 위해 바람직한 일인지 다시 질문해봐야 한다.

---

5 "들어가는 말: 스튜어드십 코드에 던지는 7가지 질문" 및 5장 1절의 2) "국제금융시장 역학관계의 역전과 투표 무관심·무능력 펀드의 대세" 참조.

국회사무처(2015), 〈국정감사 정무위원회 회의록〉, 피감기관 금융위원회, 9월 14일.

금융위원회(2017a), 〈최종구 위원장 글로벌 기관투자가 〈2017 회계개혁〉 IR 개최 보도자료〉, 11월 9일.

_____(2017b), 《스튜어드십 코드 관련 법령해석집》, 금융위원회.

김수연(2015), "1주 1의결권 조항의 강행법규성에 대한 비판적 검토", 〈KERI Brief〉, 한국경제연구원, 5월 4일.

류영재(2017), "국민연금 스튜어드십 코드 도입의 필요성", 더불어민주당 박광온 의원 주관 국회 세미나 발표자료(PPT), 12월 22일.

송민경(2017), "국민연금의 한국 스튜어드십 코드 도입 방안", 고려대 산학협력단 주최, 국민연금 책임투자 활성화 및 스튜어드십 코드 도입 방안 정책 토론회 발표자료(PPT), 11월 15일.

신장섭(2009), 《금융전쟁: 한국경제의 기회와 위험》, 서울: 청림출판.

_____(2015), "'행동주의 펀드'의 실상과 재벌정책: 엘리엇-삼성 분쟁이 주는 교훈"(한글판), "The Reality of 'Actions' by Activist Hedge Funds and Public Policies on Chaebols"(영문판), *The KERI Insight*, July.

_____(2016a), 《경제민주화 … 일그러진 시대의 화두》, 파주: 나남출판.

_____(2016b), "신장섭 교수가 본 삼성물산 합병 5가지 쟁점", 〈매일경제〉 인터뷰, 12월 1일.

_____(2016c), "금융 테러리스트들의 승리", 〈매일경제〉 칼럼, 1월 15일.

_____(2017a), "왜곡된 스튜어드십 코드의 변질 도입", 〈매일경제〉 칼럼,
11월 6일.

_____(2017b), "스튜어드십 코드 논란: 국민연금 동원 기업개혁?", 〈주간조
선〉, 11월 20일

_____(2017c), "왜곡된 스튜어드십 코드와 정책 대안: 연금사회주의를 경계
한다", 국회 세미나 '왜곡된 스튜어드십 코드 도입, 무엇이 문제인가' 주
제 발표, 12월 21일.

_____(2017d), "이재용 삼성전자 부회장 1심 서울중앙지법 형사합의 27부 공
판 증언 자료", 7월 17일.

원종현(2008), "국민연금 기금운용체계 고찰", 사회연대연금지부.

장하성(1999), "재벌개혁과 소액주주 운동", 김대환·김균(편)(1999), 《한국
재벌개혁론》, 서울: 나남출판.

최 광(2017), "국민연금 기금운용의 주요쟁점과 경험적 소회", 국회 세미나
'왜곡된 스튜어드십 코드 도입, 무엇이 문제인가' 기조연설, 12월 21일.

하이자산운용(2017), "스튜어드십 코드 도입 확대에 따른 기업의 역할과 과
제", PPT 자료, 11월.

한국기업지배구조원(2016), 《한국 스튜어드십 코드 제1차 해설서》, 7월.

황인학(2016), "기관투자자 스튜어드십 코드의 쟁점과 한계", 한국경제연구원
대외세미나, 7월 19일.

Appel, I., Todd, A. G. & Donald B. K. (2016), "Passive investors, not
passive owners", *Journal of Financial Economics*, 121(1): 111~141.

Bainbridge, S. M. (2005), "Shareholder activism and institutional investors",
UCLA School of Law, *Law-Econ Research Paper*, No. 05-20.

Becht, M., Frank, J., Grant, J. & Wagner, H. F. (2015), "The returns to
hedge fund activism: An international study", *ECGI Working Paper
Series in Finance*, March 25.

Bebchuk, L., Brav, A. and Jiang, W. (2015), "The long-term effects of
hedge-fund activism", *Columbia Law Review*, 115(5): 1085~1155.

Bethel, J. E. & Gillan, S. L. (2002), "The impact of the institutional and regulatory environment on shareholder voting", *Financial Management*, 31(4) : 29~54.

Bew, R. & Fields, R. (2012), "Voting decisions at US mutual funds: How investors really use proxy advisers", Tapestry Networks and IRRC Institute.

Birch, S. (2009), *Full Participation: A Comparative Study of Compulsory Voting*. Manchester: Manchester University Press.

Blair, M. (1995), *Ownership and Control*, Brookings Institution.

Bogle, J. (2005), *The Battle for the Soul of Capitalism*, Yale University Press.

Boyarsky, B. (2007), *Big Daddy: Jesse Unruh and the Art of Power Politics*, California University Press.

Brennan, J. & Hill, L. (2014), *Compulsory Voting: For and Against*. Cambridge: Cambridge University Press.

Briggs, T. W. (2007), "Corporate governance and the new hedge fund activism: An empirical analysis", *Journal of Corporation Law*, 32(4).

Brown, J. (2016), 'Wall Street dodged a bullet on the retirement fiduciary rule", *Fortune*, April 6.

Burger, D. (2017), "The U. S. stock market belongs to bots", *Bloomberg*, 16 June.

Calio, J. E. & Zahralddin, R. X. (1994), "The securities and exchange commission's 1992 proxy amendments: Questions of accountability", *Pace Law Review*, 14(2) : 460~539.

Center On Executive Compensation (2011), "A call for change in the proxy advisory industry status quo: The case for greater accountability and oversight". C11-07b, January.

Cheffins, Brian R. (2010), "The stewardship code's achilles' heel", *The Modern Law Review*, 73(6). (Originally written for "FRC consultation on a stewardship code for institutional investors").

_____(2013), "The history of corporate governance", In Wright, M., Siegel, D. S., Keasey, K., & Filatotchev, I. (Eds.), *The Oxford*

Handbook of Corporate Governance, Oxford University Press.

_____ & Armour, J. (2011), "The past, present, and future of shareholder activism by hedge funds", *The Journal of Corporation Law*, 37.

Chen, T., Hallaert, Jean-Jacques, Pitt, A., Qu, H., Queyranne, M., Rhee, A., Shabunina, A., Vandenbussche, J. & Yackovlev, I. (2018), "Inequality and poverty across generations in the European Union", *IMF Staff Discussion Notes*, No. 18/01, January 24.

Cioffi, J. (2006), "Building finance capitalism: The regulatory politics of corporate governance reform in the United States and Germany", In Jonah Levy, J. (Ed.), *The State after Statism: New State Activities in the Age of Liberalization*, Harvard University Press.

Clark, G. (2000), *Pension Fund Capitalism*, Oxford University Press

Cline, W. (2013), "Japanese optical illusion", *The International Economy*, Spring.

Coffee, Jr., John, C. (1991), "Liquidity versus control: The institutional investor as corporate monitor", *Columbia Law Review*, 91 (6).

_____, John, C. & Palia, D. (2015), "The wolf at the door: The impact of hedge fund activism on corporate governance", *Columbia Law & Economics Working Paper*, No. 521.

Danneman, J. (2017), "A.I. controls the stock market", *Squawker*, 7 August.

Dayen, D. (2016), "What good are hedge funds?", *The American Prospect*.

Deloitte (2016), 'Department of Labor releases final fiduciary rule', April 6.

Denning, S. (2014), "When pension funds become vampires", *Forbes*.

Domhoff, W. (2009), "Pension fund capitalism or Wall Street bonanza?: A critique of the claim that pension funds can influence corporations."

Drucker, P. (1976), *The Unseen Revolution: How Pension Fund Socialism Came to America*, Heinemann: London.

Financial Reporting Council (2016) "Developments in corporate governance and stewardship 2015."

_____ (2017) "Developments in corporate governance and stewardship 2016."

Gandel, S. (2015), 'How DuPont went to war with activist investor Nelson Peltz', *Fortune*.

Gelter, M. (2013), "The pension system and the rise of shareholder primacy". *Seton Hall Law Review*, 43(3).

Iliev, P. & Lowry, M. (2015), "Are mutual funds active voters?", *Review of Financial Studies*, 28(2).

Laide, J. (2014), "Activists increasing success gaining board seats at U. S. companies."

Lawrence, K. F. & Krueger, A. B. (2016), "The rise and nature of alternative work arrangements in the United States, 1995~2015", *NBER Working Paper*, No. w22667.

Lazonick, W. (1992), "Controlling the market for corporate control: The historical significance of managerial capitalism", *Industrial and Corporate Change*, 1(3).

_____(2007), "The U. S. stock market and the governance of innovative enterprise', *Industrial and Corporate Change*, 16(6): 1021~1022.

_____(2009), "Sustainable prosperity in the new economy?", *Business Organization and High-Tech Employment in the United States*, Upjohn Institute Press.

_____(2014), "Innovative enterprise and shareholder value", *Law and Financial Markets Review*, 8(1).

_____ & O'Sullivan, M. (1997), "Finance and industrial development, part I: The United States and the United Kingdom", *Financial History Review*, 4(1): 7~29.

_____ & Shin, J. S. (2017), *Value Creation and Value Extraction: The Manifesto to Reclaim Sustainable Prosperity*, book draft.

Loomis, C. (2014), "BlackRock: The $4. 3 trillion force", *Fortune*, July.

Lu, C. X. W., (2016), "Unpacking wolf packs", *Yale Law Journal*, 125(3).

Malanga, S. (2013), "The pension fund that ate California", *City Journal*, Winter.

Miller, D. & Le Breton-Miller (2005), *Managing for the Long Run: Lessons in Competitive Advantage from Great Family Businesses*, Harvard Business School Press.

Monks, R. (2013), "Robert Monks: It's broke, let's fix it", *Listed Magazine*, June.

_____ & Minow, N. (1995), *Corporate Governance*, John Wiley & Sons.

Oringer, A. L. (2017), "DOL's fiduciary rule: Death by a thousand cuts", *Lexis Nexis Law*, 360, 11 September.

Orol, R. D. (2009), *Extreme Value Hedging: How Activist Hedge Fund Managers Are Taking on the World*, Wiley.

_____ (2014), "Teaming up with CalSTRS helps activist funds get their way", Harvard Roundtable on Shareholder Engagement: Consolidated Background Materials.

Ott, J. (2011), *When Wall Street Met Main Street: The Quest for Investors' Democracy*. Harvard University Press.

Parisian, E. & Bhatti, S. (2016), "All that glitters is not gold: An analysis of US public pension investments in hedge funds", Roosevelt Institute.

Preqin (2016), *2016 Preqin Global Hedge Fund Report: Sample Pages*.

Reisberg, A. (2015), "The UK stewardship code: On the road to nowhere?", *Journal of Corporate Law Studies*, 15 (2): 217~253.

Roe, M. J. (1990), "Political and legal restraints on ownership and control of public companies", *Journal of Financial Economics*, 27 (July).

_____ (1991), "Political elements in the creation of mutual fund industry", *University of Pennsylvania Law Review*, 139 (June).

Romano, R. (1993), "Public pension fund activism in corporate governance reconsidered", *Columbia Law Review*, 93 (4): 793~853.

Rosenberg, H. (1999), *A Traitor to His Class: Robert A.G. Monks and the Battle to Change Corporate America*, John Wiley & Sons.

Salmon, F. & Stokes, J. (2010), "Algorithms take control of Wall Street", *Wired*, 27 December.

Schwartz, N. D. (2014), "How Wall Street bent steel: Timken bows to activist investors, and splits in two", *The New York Time*, 7 December.

SEC (1992), "Final roxy rule amendments", Exchange Act Release No. 31, 326, [1992 Transfer Binder] Fed. Sec. L. Rep. (CCH) 1185, 051, at 83, 353 (Oct. 16, 1992).

_____(2003), "Final rule: Proxy voting by investment advisers", 17 CFR Part 275, Release No. IA2106; File No. S73802, RIN 3235AI65.

_____(2010), "Rule 14a-11. facilitating rights of shareholders to nominate directors."

Shanker, M. C. & Astrachan, J. H. (1996), "'Myths and realities: Family businesses' contribution to the US economy: A framework for assessing family business statistics", *Family Business Review*, 9(2): 107.

Sharara, N. M & Hoke-Witherspoon, A. E. (1993), "The evolution of the 1992 shareholder communication proxy rules and their impact on corporate governance", *The Business Lawyer*, 49(1).

Shin, J. S. (2014), *The Global Financial Crisis and the Korean Economy*, London: Routledge.

_____(2016), "How predatory value extraction ruined the American middle class", *IPP Review*, December.

_____(2018), "Predatory value extraction: The subversion of 'shareholder democracy' and the rise of hedge-fund activism", working paper in progress.

_____ & Chang, H. J. (2003), *Restructuring Korea Inc.* Routledge

Singh, S. P. (2015), "Compulsory voting and the turnout decision calculus", *Political Studies*, 63(3).

Smith, M. P. (1996), "Shareholder activism by institutional investors: Evidence from CalPERS", *Journal of Finance*, 11(1).

Solomon, D. (2015), "Remaking dow and DuPont for the activist shareholders", *The New York Times*, 15 December,

Stevens, M. (2014), *King Icahn: The Biography of a Renegade Capitalist*, Penguin.

Strine, Jr L. E. (2005), "The delaware way: How we do corporate law and some of the new challenges we (and Europe) face", *Delaware Journal of Corporate Law*, 30(3)∶ 673~696.

_____ (2007), "Toward common sense and common ground?∶ Reflections on the shared interests of managers and labor in a more rational system of corporate governance". *Journal of Corporation Law*, Fall.

Taylor, W. (1990), "Can big owners make a big difference?", *Harvard Business Review*, Sept. -Oct.

Topoleski, J. J. & Shorter, G. (2016), "Department of labor's 2015 proposed fiduciary rule∶ Background and issues", Congressional Research Service, April 1, 7-5700.

U.S. Court of Appeals for the District of Columbia Circuit (2011a), "Business Roundtable and Chamber of Commerce v. U.S. Securities and Exchange Commission (SEC) (Decision)", July 22.

_____ (2011b), "Business Roundtable and Chamber of Commerce v. SEC (Investment Company Institute Brief)" (p. 19). July 22.

_____ (2011c), "Business Roundtable and Chamber of Commerce v. U.S. Securities and Exchange Commission (SEC) (Final Brief)", July 22.

Walker, D. (2009), "A review of corporate governance in UK banks and other financial industry entities∶ Final recommendations", November.

Wong, S. (2010), "Why stewardship is proving elusive for institutional investors", *Butterworths Journal of International Banking and Financial Law*, 7(8)∶ 406~411 ; *Northwestern Law & Econ Research Paper*, No. 10-28.

한국국민에게 고함! 한국경제 필생의 길!

경제민주화 …
일그러진
시대의 화두

신장섭(싱가포르국립대)

위기의 한국경제, 돌파구는 어디인가?
세계적 경제학자 신장섭 교수가 제시하는 경제민주화의 진실과
한국경제의 돌파구

경제위기를 타개하기 위한 수단으로 경제민주화는 실패했음을 학자적
양심으로 낱낱이 고발한 책이다. 저자는 미국 경제민주화의 실패 사례
를 상세하게 소개한 뒤 한국 경제민주화의 시작과 현재의 실패까지 적
나라하게 파헤쳤다. 이어서 대안을 제시하고 경제민주화를 고집하는
이에게 객관적 자료와 논리적 근거를 바탕으로 따끔한 일침을 가한다.
이 책은 실패한 '경제민주화'라는 비생산적 논의에서 벗어나 한국경제
의 성장·고용·분배의 문제를 어떻게 개선할 것인지에 대한 실질적이고
건설적인 논의의 장(場)이 될 것이다.

신국판 | 262면 | 20,000원

나남 nanam   Tel:031-955-4601
www.nanam.net